KB212821

누리를 살피며 오롯한 슬기에 든 님의 마흔 둘 손만뜨라

(觀世音菩薩四十二手眞言)

르그베다 전공자가
쓴 범어 진언 풀이

누리를 살피며 오롯한 슬기에 든 님의 마흔 둘 손만뜨라

觀 世 音 菩 薩 四 十 二 手 眞 言

아발로끼따스바라 보디삳뜨보 드바짣바링샫드 무드라만뜨라흐
Avalokitasvara-Bodhisattvo Dvācatvāriṃśad Mudrāmantrāḥ

윤명구 풂

여래

차 례

글을 쓰면서 13

일러두기 14

진언의 처음과 마지막에 오는 소리 14

진언 풀이 15

그 밖에 16

준말 17

우리말 이름 18

사람 및 신 18

글 및 나머지 18

뒤풀이 18

千手千眼觀自在菩薩大圓滿 無碍大悲心大陀羅尼啓請 23

01. 觀世音菩薩如意珠手真言 25

낱말 27

덧글 27

뒤풀이 28

02. 觀世音菩薩羂索手真言 29

낱말 31

덧글 31

뒤풀이 32

03. 觀世音菩薩寶鉢手真言 33

낱말 35

덧글 35

뒤풀이 36

04. 觀世音菩薩寶釰手真言 37

낱말 39

덧글 39

절대의 처소격(locativus absolutus): 40

뒤풀이 40

05. 觀世音菩薩跋折羅手真言 41

낱말 43

덧글 43

뒤풀이 44

06. 觀世音菩薩金剛杵手真言 45

낱말 47

덧글 47

뒤풀이 48

07. 觀世音菩薩施無畏手真言 49

낱말 51

덧글 51

뒤풀이 52

08. 觀世音菩薩日精摩尼手真言 53

낱말 55

덧글 55

뒤풀이 56

09. 觀世音菩薩月精摩尼手真言 57

낱말 59

덧글 59

뒤풀이 60

10. 觀世音菩薩寶弓手真言 61

낱말 63

덧글 63

뒤풀이 64

11. 觀世音菩薩寶箭手真言 65

낱말 67

덧글 67
뒤풀이 68
12. 觀世音菩薩楊柳枝手真言 69
낱말 71
덧글 71
뒤풀이 72
13. 觀世音菩薩白拂手真言 73
낱말 75
덧글 75
뒤풀이 76
14. 觀世音菩薩寶瓶手真言 77
낱말 79
덧글 79
뒤풀이 80
15. 觀世音菩薩傍牌手真言 81
낱말 83
덧글 83
뒤풀이 84
16. 觀世音菩薩鉞斧手真言 85
낱말 87
덧글 87
뒤풀이 88
17. 觀世音菩薩玉環手真言 89
낱말 91
덧글 91
뒤풀이 92
18. 觀世音菩薩白蓮華手真言 93
낱말 95
덧글 95

뒤풀이 96
19. 觀世音菩薩靑蓮華手眞言 97
낱말 99
덧글 99
뒤풀이 100
20. 觀世音菩薩寶鏡手眞言 101
낱말 103
덧글 103
뒤풀이 104
21. 觀世音菩薩紫蓮華手眞言 105
낱말 107
덧글 107
뒤풀이 108
22. 觀世音菩薩寶篋手眞言 109
낱말 111
덧글 111
뒤풀이 112
23. 觀世音菩薩五色雲手眞言 113
낱말 115
덧글 115
뒤풀이 116
24. 觀世音菩薩君遲手眞言 117
낱말 119
덧글 119
뒤풀이 120
25. 觀世音菩薩紅蓮華手眞言 121
낱말 123
덧글 123
뒤풀이 124

26. 觀世音菩薩寶戟手真言 125
낱말 127
덧글 127
뒤풀이 128
27. 觀世音菩薩寶螺手真言 129
낱말 131
덧글 131
뒤풀이 132
28. 觀世音菩薩髑髏杖手真言 133
낱말 135
덧글 135
뒤풀이 136
29. 觀世音菩薩數珠手真言 137
낱말 139
덧글 139
소유의 여격(dativus possessivus): 139
뒤풀이 140
30. 觀世音菩薩寶鐸手真言 141
낱말 143
덧글 143
뒤풀이 144
31. 觀世音菩薩寶印手真言 145
낱말 147
덧글 147
뒤풀이 148
32. 觀世音菩薩俱尸鐵鉤手真言 149
낱말 151
덧글 151
뒤풀이 152

33. 觀世音菩薩錫杖手真言 153
낱말 155
덧글 155
뒤풀이 156
34. 觀世音菩薩合掌手真言 157
낱말 159
덧글 159
뒤풀이 160
35. 觀世音菩薩化佛手真言 161
낱말 163
덧글 163
뒤풀이 164
36. 觀世音菩薩化宮殿手真言 165
낱말 167
덧글 167
뒤풀이 168
37. 觀世音菩薩寶経手真言 169
낱말 171
덧글 171
뒤풀이 172
38. 觀世音菩薩不退金輪手真言 173
낱말 175
덧글 175
뒤풀이 176
39. 觀世音菩薩頂上化佛手真言 177
낱말 179
덧글 179
뒤풀이 180
40. 觀世音菩薩蒲桃手真言 181

낱말 183

덧글 183

뒤풀이 184

41. 觀世音菩薩甘露手真言 185

낱말 187

덧글 187

뒤풀이 188

42. 觀世音菩薩摠攝千臂手真言 189

낱말 191

덧글 191

뒤풀이 192

부　록 193

신담(𑖭𑖰𑖟𑖿𑖠𑖽) 소릿값 193

뒤풀이 196

한자 소릿값 197

되짠 소리 - 중고한음(中古漢音) 197

소리옮김[音譯] 198

곁글[傍書] 198

뒤풀이 199

훈민정음 소릿값 200

됴션말[現.됴쏀말] (훈민정음/동국정운) 200

옛 훈민정음 표기에 나오는 방점과 고리점 201

뒤풀이 202

참고 서적 203

찾아보기 205

한글/한자/가나 205

알파벧(로마/그리스/끼릴)-기본형 위주 212

글을 쓰면서

1986년 고교 2학년까지도 넉넉치 않은 형편 탓에 대학은 꿈도 못 꿨다. 그럼에도 한문, 영어, 일어 및 에스페란토에 능하셨던 할아버님에게서 한문과 영어 및 역사를 배웠다. 그 뒤 부모님의 힘겨운 뒷바라지로 대학에 들어갔고 부전공으로 현대 지나말까지 배우게 됐다. 그런 한문실력으로 서울 서부 두 대학의 역사학과 석·박사과정자 둘의 한문 과제를 번역해주기도 했다.

다른 한편 맑고 밝은 어머님께서 보시던 해어진 이희승 박사의 국어대사전 안에 담긴 범어(梵語, saṃskṛta)에 일찍이 고교시절부터 눈길을 두게 되었다. 이어져 독일에서 일곱 해 반 남짓 동안 배우며 논문(Untersuchungen zu Funktionen des Mediums im Ṛgveda, 2007)의 주제로 삼은 것도 더 오래된 꼴의 범어인 르그베다(Ṛgveda)였다. 불교에서 늘 얘기하듯 옷깃이 스쳐도 인연이라 했는데, 이런 길을 걸어 왔으니 적어도 한문과 범어로 이뤄진 글을 끄적일 만한 아주 작은 바탕은 갖추지 않았나 생각된다.

불교는 연기라고 했던가 다시 그런 한참 뒤 2018년 이곳 봉원사까지 들어오게 되었으니, 이 또한 이런 글을 쓰는데 연기적 요건을 조금이나마 채워주지 않았을까 싶다. 뜻하지 않은 일을 마주하더라도 해야 할 일까지 내팽개치지는 않는 자세로 나는 이제껏 살아왔다. 절에서 삶은 뜻하지 않게 시작됐지만, 깨우침의 시간을 주시는 부처님의 크고 고마운 뜻에 절로 고개 숙여 절하게 되었다. 그러면서 쓰기 시작했던 글인 오대진언의 첫 부분인 관세음보살사십이수진언의 모든 범어를 "누리를 살피며 오롯한 슬기에 든 님의 마흔 둘 손만뜨라"라는 우리말로 풀어서 이렇게 내놓게 되었다.

이제 이 글을 손주인 나를 때로는 엄히 때로는 어질게 가르치셨던 할아버님과 40년 세월을 남의 살 한쪽 입에 대지 않으시며 정성을 쏟아 주시고 가신 어머님과 너무 어지셨던 아버님 앞에 바치고자 한다. 또 긴 세월 부족한 형을 지켜만 봐준 두 아우와 두 제수씨, 비록 늦게 만났지만 내 곁에서 가장 큰 버팀이 되어 주는 안사람 아라에게 고마운 마음을 담고 싶다.

그리고 이곳 봉원사 안에 방을 얻을 때부터 이제껏 늘 도와 주신 유민옥 보살님과 문간방 두 칸을 내주셔서 편히 공부하며 살게 해 주신 성담 스님과 가족들, 범음범패를 몸으로 느끼게 옥천범음대로 나를 몰아넣었던 미건스님 그리고 정성으로 범음범패를 가르쳐 주신 인각 스님 및 여러 분들에게 이 글을 빌어서 고마운 마음을 전하고 싶다.

또 출판에 대해서 아무 것도 모르는 내게 여러 모로 지도해 준 눌민의 정성원 씨, 내 글을 보고 아낌없는 성원을 해주신 문을식 교수님 그리고 이런 글을 책으로 내도록 받아주신 여래의 정창진 대표님께 고맙다는 말 이렇게라도 적어 남기고 싶다.

마지막으로 여러 모로 아직 부족한 사람이 쓴 글이기에 채워지지 못한 빈 곳이 마땅히 많으리라 보기에 어느 분이시든 잘못을 나무라시고 그 빈 터를 채워주시면 달게 받으려 하니, 가르침 주시기를 또한 기꺼이 바란다.

일러두기

이 글의 저본은 상원사본으로 나뉘는 판본으로 1954년 경북대학교에서 발행된 뒤 국회도서관에 소장되어 있는 오대진언(五大眞言)이다. 누구나 웹사이트의 국회전자도서관에서 원문을 보거나 내려받을 수 있다.

그 동안 오대진언 관련하여 나온 단행본이나 논문들은 대체로 실담 문자의 글꼴이나 판본 등의 구체적인 사항은 다루면서도 아쉽게 그 안에 적힌 범어(梵語, brāhmaṇabhāṣā [1])로 된 진언의 뜻을 다룬 것은 없다시피 하다. 기껏해야 42주의 첫 줄에 나오는 쓰임을 마치 진언의 해석인 듯 적은 글 몇 편이 보일 뿐이다.

그래서 아직도 제대로 손을 대지 못하고 있는 범어로 된 만뜨라와 다라니의 뜻을 풀어보자는 마음으로 나는 이 글을 쓰게 되었다. 그러기에는 도이칠란트에서 2006년까지 발행된 르그베다 관련한 사전류의 거의 모든 동사를 낱낱이 찾아 논문을 다뤄 본 경험이 나를 더욱 부추겼다. 이 글은 그런 작업 가운데 오대진언의 첫째인 관세음보살42수진언의 범어 풀이이다.

여러 선학들은 불경의 진언이나 범어를 해석하는데 어려움이 많다고 했다. 그런 원인은 대장경이나 진언집의 실담 글자로 된 범어가 기대되는 인도의 상스끄르따와는 적잖게 다른 모습으로 적혀 있기 때문일 것이다.

이에는 인도나 서역에서 들어온 승려들이 자신들과는 근본적으로 다른 언어와 문자체계를 띄는 지나의 말과 글을 제대로 익히지 못했을 가능성이 있고, 이들의 제자였던 지나 승려들이 외국인 스승들의 뜻대로 받아 적지 못했을 가능성도 있다. 또 서역이나 지나의 승려는 그때 제대로 했는데, 시간의 흐름에 뒷날 달라졌을 가능성도 다시 있다.

불경한역의 대가였던 당(唐)의 현장(玄奘, 602~664)스님도 다라니는 비밀스러워서 옮길 수 없는 부분이 있다고 했는데[2], 무엇을 배워서 잘 아는 사람이 그렇게 말한 것은 뒷사람에게 도움은 되겠지만, 한번 배운 적도 없는 이들이 그의 말만 듣고 스스로 알려고도 않으려 함은 적어도 깨달음의 첫 길을 걷는 이들로서는 깊이 생각해 볼 문제점이 아닐까 싶다.

이번에 이런 부족함이 많은 글이라도 적어 진언의 뜻을 알고자 하시는 이들의 길에 아주 작은 보탬이라도 되길 바라는 마음으로 이 글을 내놓는다. 새로운 눈으로 진언을 살펴보고자 하시는 분들께서 한번 읽어 보시면 진언에 담긴 뜻을 새로 마주할 기회를 얻게 될 것이다.

진언의 처음과 마지막에 오는 소리

불교와 요가까지 인도에서 들어온 모든 진언(眞言)에는 옴(ॐ/ॐ, ȯ/aů)으로 시작해서 스바하(svāhā) 및 훔(hūṃ)과 팓(phaṭ)으로 끝맺는다. 그러나 이들 소리는 신앙이나 종교적 목적으로 어떤 머리글자를 따서 지어졌다고 하는 따위의 말처럼 그 뜻을 올바로 새기기가 어렵다.

ॐ Oṃ **옴**(원래는 [õ]이나 편의상 옴):
정통 힌두철학에서는 A, U, M의 세 소리로 이뤄지고 브라흐마(Brahma), 비슈누(Viṣṇu) 및 루드라(Rudra) 또는 과거, 현재 및 미래의 세 때(trikāla, trayo dhvānaḥ)를 뜻한다고 여긴다. 불교의 원형을 간직했을 수도 있는 자이나에서는 다섯 으뜸(pañca-parameṣṭhī)의 줄임꼴(AAAUM =A(arihant < skr. árhat ‘섬길 만한’), A(a-

śarīrin '몸이 없는'), A(ācārya '규범/전통을 가르치는 이'), U(upajjhaya< skr. upādhyāya '선생'), M(muni '슬기로운 이')으로 본다. 또 인도-유럽 비교언어학에서도 그런 주장을 살펴봤지만, 아직 이에 확정된 어떠한 정의나 이론은 없다[3]. 일반적으로 관세음보살의 역사적 뿌리가 되는 세 신성을 다 담은 '거룩한 것, 거룩함, 신'을 뜻한다. 또 원음인 옴/옹을 부르고, 마음 속으로 '거룩함이여, 신이시여 ~'라고 할 수도 있다. 그러나 부처님께서는 브라만교적 '신이나 영혼' 따위를 인정하지 않으셨기에 '신'보다는 '거룩함이여'가 알맞아 보인다.

Hūṃ/Huṃ 훔(원래는 [hū]이나 편의상 훔):

Huṃ이라고도 하며, 느낌씨의 하나이다. 힌두철학 및 인도-유럽비교언어학에서 그 뜻은 따로 있지 않고, 주어진 조건에 따라 의문, 긍정, 동의, 꾸짖음, 두려움 따위를 나타낸다[4]. 또 왜 진언종을 연 구까이(空海, 774~835)가 유가금강정경석자모품(瑜伽金剛頂經釋字母品) 및 대비로자나성불경소(大毘盧遮那成佛經疏) 등을 바탕으로 쓴 운지기(吽字義)에는 H(< hetva '탓, 까닭'), A(訶 ka에 있는 소리), Ū(< ūna '더 적은'), M(< 'tma(n) '스스로')이라 적고 있다[5]. 이런 생각은 실제 그런 어원에 바탕하기보다 그런 뜻을 인도에서 붙였던 것을 따른 것이다. 따라서 '긍정'이나 '동의'의 뜻을 마음에 새기며 소리 내면 될 듯하다.

Phaṭ 팓:

소리시늉말의 하나이며 '탁, 팍 따위의 갈라지거나 터지는 소리'가 본뜻으로 흰 야주르-베다의 바자사네의-상히따(Vājasaneyi-Saṃhitā)와 검은 야주르-베다의 따잍띠리야 아라냐까(Taittiriya Āraṇyaka) 및 아타르바-베다에서 처음 보인다[6]. 이것이 뒷날 악귀를 짓누르는 구실로 쓰이게 되었다.

※ 불교진언에서 자주 훔 팓처럼 함께 쓰였고, '어떤 대상을 쳐서 깨뜨린다[7]'란 뜻을 담고 있다. 따라서 좋은 뜻을 품고 삼가며 잘못된 것/마음(악귀 따위)을 억누르거나 몸과 마음을 깨끗이 한다는 생각으로 소리내면 될 듯하다.

svāhā 스바하:

sva-dhā '축복을 내리소서!'나 sva-gā '잘 되게 하소서!'처럼 짜여졌지만, 다른 한편 dur-āhā '나쁜 운, 불운/-행'처럼 su-āha- '잘/좋게 말한 것'로 나눌 수도 있다[8]. 르그베다에서는 거의 suahā라는 꼴로 나오며, 인드라나 아그니에게 바치던 이바지(음료)를 뜻했으나, 일반적으로 '건져주소서!', '복을 내리소서!'를 뜻하며 제사를 지내는 말(yajña/havis)과 함께 썼다. 불교나 힌두교의 주문에까지도 이어져 '바치나이다!' 또는 '보살펴주소서!' 및 '잘 해주소서!'란 뜻을 나타낸다.

진언 풀이

쓰임	経云若爲富饒種種珎財資具者當於此手真言 ◀ 오대진언 원문의 관세음보살42수진언마다 첫 줄에서 어떤 목적으로 이 만뜨라를 외는지를 밝혀 둠.

상스	ॐ वज्रावतार हूँ फट् ◀ 진언의 실담 문자를 고증하여 현재의 데바나가리로 나타냄. oṃ vajrāvatāra hūṃ phaṭ ◀ 데바나가리의 로마자표기임.
한글	옴 바즈라바따라 훔 팓! ◀ 데바나가리의 한글표기임.
풀이	**옴, 번개의 나투심이여, 훔 팓!** ◀ 범어진언이 담은 뜻을 새김.

<table>
<tr><td rowspan="3">오
대
진
언</td><td>싣담</td><td>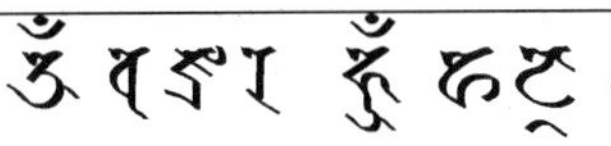 ◀ 오대진언 원문에 나오는 싣담표기임.</td></tr>
<tr><td>정음</td><td>:옴◦:바:ᅀᆞ·라◦:바다·라◦:훔 바·탁 ◀ 오대진언 원문에 나오는 훈민정음표기임.</td></tr>
<tr><td>한자</td><td>唵引 嚩日囉 嚩哆囉 吽 癹吒 ◀ 오대진언 원문에 나오는 한자표기임.</td></tr>
<tr><td colspan="2">요즘소리</td><td>옴 바아리 바다리 훔 바탁 ◀ 오대진언 원문의 현대 표기(봉원사 편)임.</td></tr>
<tr><td colspan="2">대 장 경</td><td>唵引 嚩日囉二合嚩哆囉 吽(引) 泮吒(半音) ◀ 팔만대장경 등에 적혀 있는 형태.</td></tr>
<tr><td colspan="2">되짠소리
(IPA)</td><td>ˀəm ba-^{n}ʑ-la- ba-ta-la xum p^{h}a$_{n}$-ʈ ◀ 당(唐)대의 중고 지나의 한자음[中古漢音]임.</td></tr>
</table>

요즘소리는 한국 불교의식의 총본산으로 그 대표적 의식인 영산재를 지키고 있으며, 아울러 본인이 2018년 7월 1일부터 살고 있는 봉원사에서 의식을 거행할 때 하는 소리이다. 아울러 대장장경이란 고려 팔만대장경과 이에 바탕한 왜(倭)의 다이쇼신슈다이쇼쿄(大正新修大藏經)를 가리킨다.

그 밖에

그리고 이 글에서는 우리 옆의 나라를 지나와 왜라고 나타내는데, 이는 역사적 이름이기에 그리 썼다. 中國이란 말은 적어도 불교에서 만큼은 원래 인도의 한복판을 가리키던 말이고, 일본은 백제의 딴이름이었음이 근래에 밝혀지고 있으므로 이에 따라 지나와 왜로 나타냈다.

'상스끄르따로 된 여러 이름들[梵語雜名, 839? 唐開成年間, 禮言(利言) 지음)':

中國 麼馱也泥舍 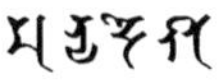 madhyadeśa 마댜데샤 '갠지스강 유역'[9]

漢國 支那泥舍  cīnadeśa 찌나데샤 '진(晉[10])이라는 나라'

大唐故右威衛將軍上柱國禰公墓誌銘(678, 唐儀鳳3, 西安):

于時日本餘噍 據(扶)桑以逋誅

'그때 졸본[11]의 나머지 살아남은 사람들은 왜섬을 붙들고 목베임을 벗어났다'

또 이 글에서는 한자어는 풀 수 있는 한 토박이말로 나타내려고 했다. 훈민정음이 지어져 제 뜻을 펼친 지도 올해(2023)로 벌써 580년이나 됐다. 이제 어렵고 불필요한 한자어는 버려야 한다. 이 글을 쓰고 있는 봉원사는 조선어학회(뒷날 한글학회)가 처음 모임을 가진 곳이어서 더욱 그런 생각이 든다. 또 이 글에서는 한자어가 외래어라던 관념을 버리고 엄연한 외국어나 차용어라고 봐서 필요에 따라 한자어에 발음을 다는 등 다른 외국어처럼 다뤘다.

그리고 마지막으로 또 밝히고자 하는 바가 있다. 하나, 이 글에서는 1933년 10월 29일 조선어학회가 제정하고 그뒤 조금씩 고쳐온 한글맞춤법통일안에 얽매이지 않으려 했다. 물론 많은 경우 그에 따랐지만, 한글조합으로 나타낼 수 있는 소리는 모두 나타내려 했다: 보기) Wyl. don yod 된**외**, Mjölnir **묄**니르.

둘, 이 글은 진언이나 상스끄르뜨라는 말에 적어도 관심이 있으시거나 좀 더 나아가 전문적으로 연구하시는 분들을 주요 대상으로 삼았기에 모든 사람들의 눈높이를 고려하지 못했다. 따라서 더 많은 다른 독자들에게는 배려심이 적은 글일 것이기에 이렇게라도 미안함을 밝힌다.

준말

잉글말(Eng.)	범어(Skr.)	빠니니(Pāṇ.)	우리말(Kor.)	쓰임
Nom(inative).	**prathamā**		~이/가	8 자리
Acc(usative).	**dvitīyā**		~을/를	
Inst(rumental).	**tṛtīyā**		~으로	
Dat(ive).	**caturthī**		~에게	
Abl(ative).	**pañcamī**		~부터	
Gen(itive).	**ṣaṣṭhī**		~의	
Loc(ative).	**saptamī**		~에	
Voc(ative).	**saṃbodhana**	**saṃbuddhi**	~아/야	
Pres(ent).	**vartamāna**	**laṭ**	이제(오늘)	때
Aor(ist).	**adyatana-bhūta**	**luṅ**	오늘 한(되어 있는)	
Past	**anadyatana-bhūta**	**laṅ**	오늘 말고 ~한/된	
Perf(ect).	**parokṣa-bhūta**	**liṭ**	눈에서 먼; 지난	
S(imple) **fut**(ure).	**sāmānya-bhaviṣyan**	**lṛṭ**	가까운 앞날	
Peri(phrastic)**fut**(ure).	**anadyatana-**	**luṭ**	오늘 말고 앞날	
S(in)**g**(ular).	**ekavacana**		홑[單數]	셈
Du(al).	**dvivacana**		겹[兩數]	
Pl(ural).	**bahu-vacana**		여럿[複數]	
Mid(dle).	**ātmane-pada**		내게 하는 말	말씨
Act(ive).	**parasmai-pada**		남에게 하는 말	
Act(ive).	**kartṛ-vācya**		하는 말	
Pass(ive).	**karmaṇi-vācya**		되는 말	
Ben(edictive).	**āśīrliṅ vidhiliṅ**	**liṅ**	바램말	
Imp(erative).	**ājñā**	**loṭ**	해라꼴	
Subj(unctive).		**leṭ**	~라면(옛 접속법)	
Cond(itional).		**lṛṅ**	~라면	
Caus(ative).		**ṇijanta**	시킴꼴	
Desid(erative).		**sannanta**	싶다꼴	
Int(ensive).		**yaṅanta**	되풀이꼴	
Den(ominative).	**nāma**-dhātu		이름씨에서 나온 말	토막말
Inf(initive).	tumann-anta		tum-으로 끝나는 말	
Ger(und).		**ktvā-anta**	ktvā-로 끝나는 말	
Ind(eclinable).	**a-vyaya**	**avyaya**	안-바뀌는 말	
m(asculine).	**puṃliṅga**		수[男]	암수
f(eminine).	**strīliṅga**		암[女]	
n(euter).	**napuṃsakaliṅga**		새[中]	
1. Pers(on).	**uttama**-puruṣa		첫째 사람	사람
2. Pers(on).	**madhyama**-puruṣa		둘째 사람	
3. Pers(on).	**prathama**-puruṣa		셋째 사람	
No(un).	**nāma**		이름씨[名詞]	씨
Adj(ective).	**viśeṣaṇa**		꾸밈씨[形容詞]	
Pron(oun).	**sarvanāman**		갈이름씨[代名詞]	
Rel(ative pronouns).			걸림갈이름씨[關係-]	
V(erb).	**tiṅanta**		움직씨[動詞]	
Adv(erb).	**kriyāviśeṣaṇa**		어찌씨[副詞]	
Interj(ection).			느낌씨[感歎詞]	
Chin(ese).	**cīna**[12]		지나말[支那語]	나라 및 사람
Deu(tsch).			도이치말[獨語]	
Eng(lish).			잉글말[英語]	
Hel(lenike< ἑλληνική).	**yavana**[13](< Ἰάϝονες)		옛헬라말[古希臘語]	
Fra(nce).			프랑스말[佛語]	
Jap(anese).			왜말[倭語]	

Kor(ean).	**mukuri**[14]		우리말[韓語]	
Lat(in).			라띤말[拉丁語]	
Pāḷ(ī).			빠알리말[巴語]	
Pāṇ(ini).			빠늬니(Pāṇinī)	
Pr-IE.			옷-인도유럽말[原印歐語]	
S(ans)**kr**(it).	**saṃskṛta**		상스끄르따[梵語]	
Tib(etan).	**bhuṭa**[15]/**bhoṭīya**		티벧말[藏語]	
Wyl(ie).			와일리 적기	

우리말 이름

사람 및 신

가르침의 살피미(Dharma-rakṣa 다르마락솨, 竺法護)

가르침의 지기(Dharma-pāla 다르마빨라, 護法)

깨달음을 즐기는 이(Bodhiruci 보디루찌, 菩提流志, 572?~727?)/(Bodhiruci 菩提流支,?~535?)

깨달음의 떠올림(Buddha-smṛti? 붇다스므르띠, 竺佛念)

깨달음이 훌륭한 이(Buddha-yaśas 붇다야샤스, 佛陀耶舍)

굳센 마음(vajrasattva 바즈라삳뜨바, 金剛薩陀)

굳센 슬기(Vajrabodhi 바즈라보디, 金剛智)

그렇게 오신 분(tathāgata 따타가따, 如來)

누리를 살피며 오롯한 슬기에 든 님(avalokitasvara bodhisattva 아발로끼따스바라, 觀世音菩薩)

마음모음의 울림(Samādhisvara 사마디스바라, 三昧蘇嚩二合羅)

맨 꼭대기(Ati-kūṭa 아띠꾸똬, 阿地瞿多(音)/無極高(意))

모두 다 보는 오롯한 슬기에 든 님(avalokiteśvara bodhisattva 아발로끼떼슈바라, 觀自在菩薩)

무리의 하늘(Saṃghadeva Gotama 상가데바, 衆天, 瞿曇僧伽提婆)

바퀴를 돌리는 이(Cakravartin 짜끄라바르띤, 轉輪聖王)

베풂의 지기(Dānapāla 다나빨라, 施護)

빈틈없고 굳센 이(Amoghavajra 아모가바즈라, 不空金剛)

슬기로 지켜진 이(Jñānagupta 즈냐나굽따, 闍那崛多)

아이처럼 사는 이(kumārajīva 꾸마라지바, 鳩摩羅什(音)/ 童壽(意))

앞선 슬기를 즐기는 이(Prajñāruci Gautama 쁘라즈냐루찌, 瞿曇般若流支)

앞선 슬기를 지닌 이(Prajñā Gautama[16] 쁘라즈냐, 般若)

어질고 뛰어난 이(Maitreya-bhadra[17] 마이뜨레야바드라, 慈賢)

연꽃에서 태어난 이(Padmasambhava 빠드마삼바바, 蓮花生)

잘되고 힘센 이(Śubhakara-siṃha[18] 수바까라싱하, 輸波迦羅(音)/善無畏 (意))

하얀 뱀[19](Nāgārjuna 나가르주나, 龍樹/龍勝)

글 및 나머지

가운데 내려온 말씀(madhyama āgama, K0648/T0026 中阿含經)

값진 이룸인 깨달음을 이루는 다라늬 글(K0648/T0962 寶悉地成佛陀羅尼經)

거룩한 따라[20]의 다라늬 일으키는 글 (Āryatārā-dhāraṇī-ālolikā, K1281/T1039 阿唎多羅陀羅尼阿嚕力[21]經)

계림의 갖가지 일[鷄林[22]類事]
고려에서 새로 새긴 말씀바구니로 고쳐 따로 적은 것[K1402 高麗國新雕大藏校正別錄]
공작새 다라니 상스끄르따 글(T0983B 孔雀經真言等梵本)
그른 생각을 고치는 숨겨진 길[K0744/T0620 治禪病祕要法]
깨끗함의 길(Pal. visuddhi-magga, 淸淨道論)
깨달은 이의 이름 5453 분의 글[23](Buddha-nāma sahasrapañca śatacatus tripañcadaśa sūtra, K0394/T0443 五千五百佛名神呪除障滅罪經)
깨달은 이의 이름 글(buddha-nāma-sūtra, K0390/T0440 佛說佛名經)
깨달은 자리가 가리키는 외자의 튼 머리로 바퀴를 굴리는 님의 글(Bodhimaṇḍa-nirdeśa-ekākṣara-uṣṇīṣa-cakravarti-rāja-sūtra, K1290/T0950 菩提場所說一字頂輪王經)
나이를 받는 글[K0688/T0050 受歲經]
네 가지 지킬 것(cāturvargīya-vinaya, K0896/T1428 四分律)
놀이하는 것이 넓은 것(lalita-vistara[24], T0186 普曜經)
다라니 모음(dhāraṇī-samuccaya, K0308/T0901 陀羅尼集經)
머리 위의 이긴 여인 요가 닦기[T0973 尊勝佛頂[25]脩瑜伽法軌儀]
매우 값진 더미의 글(Mahāratnakūṭa-sūtra, K0022/T0310 大寶積經)
매우 좋고 고르며 숨긴 마음을 모으는 딴뜨라의 큰 임금 글[T1192 妙吉祥平等祕密最上觀門大教王經[26]]
뭇 그렇게 오신 분 그대로의 모음 글(sarvatathāgata-tattva saṃgraha-sūtra, K1466/T0882 佛說一切如來真實攝大乘現證三昧大教王經)
뭇 부처 글의 소리와 뜻[K1063/C1163 一切經音義/ K1498/T2128 一切經音義]
번개꼭대기 글 - 모두 다 보며 같이 가는 이의 닦는 길[K1368/T0931 金剛頂經觀自在王如來修行法]
번개꼭대기 글 - 아름답게 빛나며 오롯한 슬기에 든 분의 아라빠짜나 다라니[K0465/T1173 金剛頂經曼殊室利菩薩五字心陀羅尼品]
번개꼭대기 글 - 해님 108 높은 가르침몸의 손짓[T0877 金剛頂經毘盧遮那一百八尊法身契印]
번개꼭대기 연꽃부의 마음으로 외는 것[K1310/T0873 金剛頂蓮華部心念誦儀軌]
번개꼭대기 요가 파란 목의 큰 가여움의 임금이자 모두 보시는 분의 외는 것[T1112 金剛頂瑜伽青頸大悲王觀自在念誦儀軌]
벼락의 무서움이 모여 모두 보는 오롯한 슬기로 들고 세 누리에서 뛰어난 마음과 앎의 으뜸인 분의 말씀[K1278/T1033 金剛恐怖集會方廣軌儀觀自在菩薩三世最勝心明王經] [27]
부처님께서 이르신 빈틈 없는 올가미의 다라니 글[T1098 佛說不空羂索陀羅尼儀軌經]
부처님께서 이르신 셀 수 없이 사는 부처의 나투심인 날랜 꼬마번개의 요가 하기 옮는 법[T1223 佛說無量壽佛 化身大忿迅俱摩羅金剛念誦瑜伽儀軌法]
부처의 길에 꼭 알 것[B0079 釋氏六帖[28], 973~1669]
빈틈없는 올가미 쓰기의 임금의 글(amoghapāśakalparāja-sūtra, K0287/T1092 不空羂索神變真言經)
빛나는 큰 하늘아씨의 내다봄[29] [K1284/T1253 大吉祥天女十二契一百八名無垢大乘經]
뿌리인 다 있다는 말의 101 할 일[30] (Mūlasarvāstivāda-ekaśatakarman, K0914/T1453 根本說一切有部百一羯磨)
상스끄르따 1000자[T2133 梵語千字文]
상스끄르따로 된 여러 이름들[T2135 梵語雜名]
세 가지 이룰 것-지옥을 깨고 지은 잘못을 돌려 세 누리를 벗어나는 다라니의 가르침[T0905 三種悉地破地獄轉業障出三界陀羅尼法]
싣담 글 적기[T2132 悉曇字記]
아똬바까 대장이 부처님께 올리는 다라니 글 닦는 것[T1239 阿吒薄俱元帥大將上佛陀羅尼經修行儀軌]

아랫바다에서 부쳐온 부처님 이야기[K1082/T2125 南海寄歸內法傳]
얼차림의 토막(Pal. appamāda-vaggo, 不放逸品)
여러 부처 나라의 참된 글[T0868 諸佛境界攝真實經]
오롯한 슬기에 든 따라 님의 외는 길[X1054 多利心菩薩念誦法]
오롯한 슬기에 든 이가 지킬 것의 풀이[T1814 菩薩戒本疏]
위없이 기댈 글(anuttarāśraya sūtra, K0235/T0669 佛說無上依經)
읊어 지킬 열 가지(daśa bhāṇavāra vinaya, K0890/T1435 十誦律)
25,000 줄의 넘어선 앞선 슬기의 글(pañcaviṃśatisāhasrikā-prajñāpāramitāsūtra K0003/T0223 摩訶般若波羅蜜經).
잘 이루게 하는 글[K0432/T0893c 悉地羯羅經]
잘 이루게 이바지하는 길[K0431/T0894a/b 蘇悉地羯羅供養法]
참된 가르침 풀이(Pal. Dhammapada-aṭṭhakathā, 法句經註釋)
참된 가르침을 떠올리는 곳의 글(Saddharma-smṛty-upasthāna-sūtra, K0801/T0721 正法念處經)
참된 가르침인 흰 연꽃의 글 [31](Saddharma Puṇḍarīka Sūtram, K0116/T0262 妙法蓮華經)
참된 가르침인 흰 연꽃의 글의 깊은 기림[T1723 妙法蓮華經玄贊]
천 개의 빛나는 눈으로 모두 다 보는 오롯한 슬기에 든 님의 숨긴 길의 글[T1065 千光眼觀自在菩薩祕密法經]
천 개의 손과 눈으로 누리를 살피는 님의 가엾이 여김 다라니[T1064 千手千眼觀世音菩薩大悲心陀羅尼]
콧소리벗기(denasalization, 去鼻音化/脫鼻音化)
큰 가르침의 임금-곡두 다루기(mahātantrarāja-māyākalpa, T0892 佛說大悲空智金剛大教王儀軌經)
큰 공작새 만뜨라여왕의 글(Mahāmāyūrī-vidyārājñī-sūtra, K0303/T0985 佛說大孔雀呪王經)
큰 넘어선 앞선 슬기를 가리킴(Mahāprajñā-pāramitopadeśa, K0549/T1509 大智度論)
큰 모임의 글(Pāḷ. mahāsamaya-sutta, 大會經)
큰 부처님 머리 위의 그렇게 오신 분의 빛나는 우산 다라니[T0944A 大佛頂如來放光悉怛多鉢怛囉陀羅尼[32]]
큰 수레를 푼 말씀[K1397/T1668 釋摩訶衍論]
큰 수레에서 나아갈 여섯 너머의 글(Mahāyāna naya ṣaṭ pāramitā sūtra, K1381/T0261 大乘理趣六波羅蜜多經)
큰 해님 그렇게 오신 분의 칼을 쥔 손짓[T0864A 大日如來劍印]
큰 해님 말씀의 넓은 의식 보기[T0851 大毘盧遮那經廣大儀軌]
큰 해님 옹근 깨달음 말씀 풀이[T1796 大毘盧遮那成佛經疏]
큰 해님 옹근 깨달음의 여러 가지 힘을 더 밝힌 글[K0427/T0848 大毘盧遮那成佛神變加持經][33]
큰 해님 옹근 깨달음의 여러 가지 힘을 더 밝힌 글을 모아 연꽃 바구니 바다에 담은 가여움이 생기는 동그라미의 두루 외는 이바지 방법 모음[T0850 攝大毘盧遮那成佛神變加持經入蓮華胎藏海會悲生曼荼攞廣大念誦儀軌供養方便會]
큰 해님 옹근 깨달음의 여러 가지 힘을 더 밝힌 글의 연꽃 바구니에서 가여움이 생기는 동그라미의 두루 이루는 이바지 방법 모음[T0852a 大毘盧遮那成佛神變加持經蓮華胎藏悲生曼荼羅廣大成就儀軌供養方便會]
튼 머리로 바퀴를 굴리는 딴뜨라(uṣṇīṣacakravartitantra[34], 一字奇特佛頂經)

뒤풀이

1 Monier Williams (1851) 708쪽: sanskrit, s. संस्कृतम्, संस्कृतोक्ति, संस्कृतभाषा, **ब्राह्मणभाषा**, देवभाषा, दैवभाषा, सादिभाषा.
2 周敦義(翻譯名義集, 序, 紹興27年丁丑, 1157) 唐奘法師論五種不翻: 一祕密故如陀羅尼, 二含多義故如薄伽梵具六義 ... 五生善故如般若尊重智慧輕淺.

[3] Mayrhofer, Manfred (Etymologishes Wörterbuch des Altindoarishen I. Band, 1992), 280-281쪽.

[4] Mayrhofer, Manfred (EWA. II. Band, 1996), 817쪽.

[5] 一賀字義. 二阿字義. 三汙字義. 四摩字義. 一賀字義者 ... 所謂賀字是因義也. 梵云係怛嚩二合 ... 二阿字義者. 訶字中有阿聲. 即是一切字之母 ... 三汙字是一切諸法損減義 ... 四摩字義者. 梵云怛麽此翻為我.

[6] Monier-Williams, Monier(Monier-Williams Sanskrit-English Dictionary, 1899), 716쪽.

[7] T0893a/b 및 K1402: 合牛字賀囊(擊也), 畔吒(二合破也)/泮吒(二合破也).

[8] Mayrhofer, Manfred (EWA. II. Band, 1996), 799쪽.

[9] Monier-Williams (1851) 781쪽.

[10] china 및 Skr. cīna가 秦에서 나왔다고 하나, 秦의 상·중고음은 *dzjin이며, 평성으로 짧다. 반면 인도 및 동남아와 직접 교류했던 晉(317~420)은 *tsjin이며, 거성으로 길어서 Skr. cīna와 이어진다.

[11] 백제의 시조 비류와 온조는 졸본-부여 사람들이고, 日本 *ŋzjə-t/r puən도 졸본의 가차표기로 볼 수 있다. 여기서 日의 입성 *-t도 문제가 안된다. 왜냐하면 범한대역을 보면 일찍부터 마치 미국 잉글말 Peter, party 및 What are you?의 {t}처럼 [-r]이 [-t]의 다른 소리(allophone, 異音)였을 가능성이 크기 때문이다.

[12] 상스끄르따로 된 여러 이름들[梵語雜名]: 漢國 支那泥舍 𑖓𑖱𑖡𑖟𑖸𑖫, cīnadeśa.

[13] 이오니아(Ἰωνία < Ἴωνες), 즉 그리이스를 인도에서 일컫는 이름이다.

[14] 상스끄르따로 된 여러 이름들: 高麗 畝俱理 𑖦𑖲𑖎𑖲𑖨𑖰 mukuri. 비고: 옛말/사투리 머구리, 武骨, 木骨閭.

[15] 상스끄르따로 된 여러 이름들: 吐蕃 僕吒 𑖥𑖲𑖘, bhuṭa. 현재 부탄이라는 나라이름에 남아 있다.

[16] 任继愈: 佛教大辞典(2002), 1026~1027쪽. 般若(734—?), 唐代密教僧人, 译经家. 姓乔答摩 Gautama, 尊称 "般若三藏 Prajñā-tripiṭaka". 迦毕试 Kapisi 国(今阿富汗境内之Be-gram)人.

[17] 범어 bhadra를 賢으로 옮겼는데, 설문해자(說文解字 卷7, 貝部)에는 多才也 '재능이 많다'로 나오며, Monier-Williams (745쪽)에도 exellent, skilful이라는 뜻이 적혀 있다. 즉, (잘)난사람이란 뜻이다.

[18] Monier Williams (1851) 1213쪽: सिंह siṉha, m. (ifc. f(ā).; prob. fr. √sah-'힘세다, 이기다') 'the powerful one'.

[19] Gandhi, Menka: The Penguin Book of Hindu Names (1992), 255쪽. Nāgārjuna (S) (M) 1. best among the snakes '뱀의 으뜸'; a white snake '하얀 뱀'.

[20] 원래 怛嚩多唎의 준말이다. 따라(tārā)나 아랴따라(Āryatārā)라고 하며, 빈틈없고 굳센 이가 옮긴 '거룩한 따라의 다라니 일으키는 글(K1281/T1039)에는 阿唎多ㅁ梨菩薩로도 적혀 있다.

[21] Skr. ālolikā보다 Pāḷ. āloḷī(< Skr. āluḍ- '휘젓-, 일으키다')꼴일 수 있다.

[22] 鷄林 '투르크의 수풀/서울'. 돍 (< *turk) + 수플(< 神市/徐伐/始林/柴原/柴足 *supul >) 셔블.
서울의 어원: 오희복(고조선시기의 우리 말서울의 의미-중국조선어문(3), 2019) 33~34쪽.

[23] Tib. sangs rgyas kyi mtshan lnga stong bzhi brgya lnga bcu rtsa gsum pa '부처님의 이름 5453'

[24] Skr. lalita-vistara를 옮긴 티벧. རྒྱ་ཆེར་རོལ་པ་ Wyl. rgya cher rol pa 갸체르 롤빠 '아주 넓은 장난놀음'이 보여주듯이 이 말의 뜻은 mahāyāna '큰 수레[大乘]'를 비유적으로 나타낸 말이다.

[25] 상스. uṣṇīṣavijayā, 티벳. གཙུག་གཏོར་རྣམ་རྒྱལ་མ།, Wyl. gtsug tor rnam rgyal ma 쭉또르 남겔마 '머리 위의 이긴 여인', 지나. 尊勝佛頂 및 烏瑟膩沙尊勝佛母로 따라 (Tārā)를 가리킨다.

[26] 妙吉祥은 mañjuśrī '매우 좋은'의 새김이고, 祕密最上觀門大教王은 祕密三昧大教王이라고도 하며, 범어로는 guhya mahāsamayatattva-tantrarāja '마음을 모으는 딴뜨라의 큰 임금'이라고 한다. 그 밖에 Manjuśrī-guhya-tantra라는 말도 있는데 妙吉祥祕密大教 쯤으로 새겨질 수 있다.

[27] 佛說聖寶藏神儀軌經(1759): 지나. 金剛恐怖集會方廣軌儀觀自在菩薩三世最勝心明王經; 티벧. ཤིན་ཏུ་རྒྱས་པ་ རྡོ་རྗེ་ འཇིགས་པ་ ཐམས་ཅད་ འདུས་པ་ བྱང་ཆུབ་སེམས་དཔའ་ སྤྱན་རས་གཟིགས་དབང་ཕྱུག་ འཇིག་རྟེན་གསུམ་ ལས་ རྣམ་པར་རྒྱལ་བའི་ སྙིང་པོ་རིག་པའི་རྒྱལ་པོའི་ཆོག
'벼락처럼 무서움이 곳곳에서 모이고, 꿰뚫어볼 줄 아시는 가장 깨긋한 마음의 분[觀自在菩薩]이며, 세 누

리에서 다 이긴 참된 깨달음이며, 앎의 으뜸이신 분의 더 많은 말씀.'

[28] 六帖은 당의 과거의 하나인 帖經試로 글을 쪽지로 가린 10 개에서 6을 맞춰야 통과한다는 뜻이 있다.

[29] Skr. Śrī-mahādevī-vyākaraṇa-sūtra, Tib. ལྷ་མོ་ཆེན་མོ་དཔལ་ལུང་བསྟན་པ་, Wyl. lha mo chen mo dpal lung bstan pa.

[30] 다 있다는 부(파)의 뿌리인지, 다 있다는 뿌리 부(파)인지 뚜렷하지 않다.

[31] Skr. Saddharma Puṇḍarīka Sūtram, Tib. ལྷ་མོ་ཆེན་མོ་དཔལ་ལུང་བསྟན་པ་, Wyl. dam pa'i chos pad ma dkar po.

[32] 42. 攝千臂手真言의 뒤풀이 14를 보라.

[33] Skr. mahā-vairocana abhisaṃbodhi-vikurvita-adhiṣṭhāna-vaipulya-sūtra.

[34] 원래는 ekākṣara-uṣṇīṣa-cakravarti-tantra-sūtra였을 것이다.

비교) ekākṣara-uṣṇīṣa-cakra, 翳迦訖沙羅-烏瑟尼沙-斫訖羅...一字頂輪王(T2174A 新書寫請來法門等目錄).

千手千眼觀自在菩薩大圓滿 無碍大悲心大陀羅尼啓請

稽首觀音大悲主 願力洪深相好身 千臂莊嚴普護持 千眼光明遍觀照
真實語中宣密語 無爲心內起悲心 速令滿足諸希求 永使滅除諸罪業
龍天衆聖同慈護 百千三昧頓薰修 受持身是光明幢 受持心是神通藏
洗滌塵勞願濟海 超證菩提方便門 我今稱誦誓歸依 所願從心悉圓滿
南無大悲觀世音 願我速知一切法 南無大悲觀世音 願我早得智慧眼
南無大悲觀世音 願我速度一切衆 南無大悲觀世音 願我早得善方便
南無大悲觀世音 願我速乘般若船 南無大悲觀世音 願我早得越苦海
南無大悲觀世音 願我速得戒定道 南無大悲觀世音 願我早登涅槃山
南無大悲觀世音 願我速會無為舍 南無大悲觀世音 願我早同法性身

我若向刀山 刀山自摧折 我若向火湯 火湯自枯竭
我若向地獄 地獄自消滅 我若向餓鬼 餓鬼自飽滿
我若向修羅 惡心自調伏 我若向畜生 自得大智慧

經云發是願已至心念我本師 阿弥陁佛名号而後訟此真言
開府儀同三司特進試鴻臚卿檢校司空肅國公
謚大辯正大廣智三藏沙門 不空奉 詔譯

오대진언의 첫 4쪽에 나오는 머리말이다. 천 갈래 팔과 천 개의 눈으로 오롯하며 걸림 없고 매우 가엾이 여기는 마음의 거룩한 다라니를 처음 청한다며 시작한다.

이리 바램을 일으켜 그지없는 마음으로 우리의 스승이신 아미타부처님의 이름을 떠올리고 이 진언을 왼다고 경이 이르고 있다.

아울러 이 글을 개부에서 삼사(三司)와 같고 특별 진시로 손맞이담당[鴻臚卿]이자 임시직[檢校司空]이며 나라를 맑게 한 분[肅國公]으로 잘못을 바로잡는 큰 분[大辯正]이라 불리며 매우 큰 슬기[大廣智]를 지닌 삼장 승려인 '빈틈없고 굳센 이[不空金剛]'가 황제의 뜻[詔]을 받들어 옮겼다고 적었다.

1. 觀世音菩薩如意珠手真言

누리를 살피며 오롯한 슬기에 든 님의 뜻대로 되는 구슬을 쥔 손 만뜨라
(Avalokitasvara[1] Bodhisattvaś Cintāmaṇi-mudrāmantraḥ)

𑖓𑖰𑖡𑖿𑖝𑖯𑖦𑖜𑖰 cintāmaṇi 찐따마니;

티벧. ཡིད་བཞིན་ནོར་བུ།, Wyl. yid bzhin nor bu 이쉰노르부;

지나. 振多摩尼, 真多末尼(音)/如意珠(意)

m. 뜻대로 되는 구슬, 여의주.

cintā '뜻[意圖]하는'와 maṇi '보석'로 이뤄진 말이다. 티벧말도 ཡིད་བཞིན་ '바람'과 ནོར་བུ། '값진 돌'로 이뤄졌다. 지나말 如意珠도 같은 뜻으로 일찍이 삼국시대에 불교를 따라 들어왔다. 우리말로는 '뜻대로 되는 구슬'이다.

원래 옛 인도에서는 비슈누(Viṣṇu) 및 가네샤(Gaṇeśa)와 이어지는 보석이었다. 일찍이 상좌불교에서도 이것은 빚자(Pāḷ.vijjā, Skr. vidyā, 지나. 明, 智)의 딴이름이라고 했다[2]. 이것이 힌두의 여러 요소처럼 밀교(密敎, Skr. tantra)로 잘 싸여 대승불교 속으로 들어왔다. '아이처럼 사는 이'(Kumārajīva, 鳩摩羅什)가 한자로 옮긴 하얀뱀(Nāgārjuna, 龍樹/龍勝, 150?~250?)의 '큰 넘어선 앞선 슬기를 가리킴(Mahāprajñā-pāramitopadeśa 大智度論)'에는 이것이 부처님의 몸(Buddha-śarīra/-dhātu, 佛舍利/-性)에서 나왔다고 한다[3].

서양에서도 이와 비슷한 드루이드들(Druids)의 "수정구슬(crystal ball < 라띤. crystallum orbis > 중세 라띤. orbuculum)"이나 연금술사(Alchemist)의 "현자들의 돌(라띤. lapis philosophorum)"이 잘 알려져 있다. 이것들은 기독교가 공인된 뒤로 이교도적이라고 여겨졌지만, 서양문학에서는 끈질기게 살아남은 문화의 소산이다.

그 밖에 동아시아에서 여의주를 문 용(龍)이 대표적으로 묘사되는데, 이 또한 동아시아 고유의 것이 결코 아니다. 인도에서 나가(Skr. ***nāga*** < PIE. *(s)**nēg-** > Eng. ***snake***)라 불리던 큰 뱀과 그 뱀의 이마에 놓여있던 나가마니(nāgamaṇi, 龍珠)의 변용이라고 볼 수 있다. 이 나가에서 더 나아간 것이 또한 나가라자(nāgarāja)로 지나에서는 마찬가지로 용왕(龍王)이라고 옮겼다.

觀世音菩薩如意珠手真言

經云若爲富饒種種珍財
資具者當於此手真言

옴。바 아라。바 다 라。옴

唵(引)嚩囉嚩哆囉吽

바탁

發吒

쓰임		経云若爲富繞種種珎財資具者當於此手真言[4] 경이 이르길, 온갖 보배와 살림살이를 많이 두르려는 이는 이 손만뜨라를 해야 한다.

상스		ॐ वज्रावतार हूँ फट् auṃ[5]/oṃ vajrāvatāra hūṃ phaṭ
한글		옴 바즈라바따라 훔 팓!
풀이		**옴, 번개의 나투심이여, 훔 팓!**
오대진언	실담	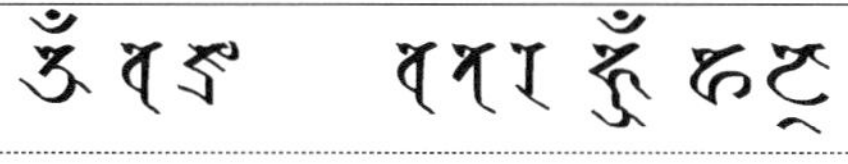
	정음	:옴◦ :바: ᄼ·라◦ :바다·라◦ :훔 바·탁[6]
	한자	唵引 嚩日囉 嚩哆囉 吽 癹吒
요즘소리		옴 바아리 바다리 훔 바탁
대 장 경		唵引 嚩日囉[7]二合嚩哆囉 吽(引)[8]泮吒(半音)[7]
되짠소리 (IPA)		ˀəm ba-ⁿʑ-la- ba-ta-la xum pʰaₙ-ʈ

낱말

vajra (Pāḷ. **vajira**): No. m. Sg. 번개, 다이아몬드.

avatāra (< ava '아래로'-√***tṛ***- 1. '건너다'): No. m. Sg. 내려옴, 나타남, 나투심(< 중세. 나토샴).

vajrāvatāra: Voc. 바즈라의 나퉁/드러남.

덧글

빈틈없고 굳센 이(Amoghavajra, 不空金剛)께서 옮긴 '값진 이룸인 깨달음을 이루는 다라니 글(K0648/T0962 寶悉地成佛陀羅尼經 卷1)'에 찐따마니와 직접 이어질 수 있어 보이는 진언이 있다:

唵 振 多 摩 尼 馱 都 吽 娑婆訶
oṃ cintāmaṇi- dhātu hūṃ svāhā
'옴, 뜻대로 되는 구슬에 있는 것이여, 훔, 잘 되게 해주소서!

뒤풀이

---

[1] 꾸마라지바가 avalokita '보는' + svara '(목)소리'로 이뤄진 Avalokitasvara를 옮긴 것이 관세음이다. 이와 달리 Avalokiteśvara는 뒷날 현장이 옮긴 觀自在이다. Lokesh Chandra (1984), 189쪽.

[2] Stede, W (1931) 389쪽; Maṇikā nāma vijjā ti: Cintāmaṇi ti evaŋ laddhanāmā loke ekā vijjā atthi, yāya paresaŋ cittaŋ vijānantī ti dīpeti. '마늬는 vijjā '슬기'로서: 찐따마늬는 여기서는 이른바 vijjā와 같으며, 남을 보면 그 마음을 알게 한다.'

[3] 大智度論 卷10: 如意珠出自佛舍利. 若法沒盡時, 諸舍利皆變爲如意珠. '뜻대로 되는 구슬은 부처님의 뼈에서 나왔다. 본질이 다하면, 모든 뼈가 뜻대로 되는 구슬이 된다.'

[4] 한글판 오대진언(성암고서박물관)/하정수: 한글판 <千手千眼觀自在菩薩廣大圓滿無礙大悲心大陀羅尼> 연구 - <부록> 한글판 「대비심다라니」 현대어역 (2019), 117쪽.
ᄒᆞ다가 죵죵앳 보ᄇᆡ와 쳔량과ᄅᆞᆯ 만히 두고 가ᅀᆞ며 살며 ᄯᅩ 法법財ᄌᆡ도 ᄀᆞ초 잇긔코져 ᄒᆞ거든 이 진언을 닐그라
'만약 종종의 보배와 천량을 많이 두고 부유하게 살며 또 법재도 갖추어 있게 하고자 하거든 이 진언을 읽으라.'

[5] 일반적으로 oṃ으로 적지만, 오대진언 및 대장경 및 여러 진언에 나오는 싣담 글꼴 𑖌𑖼은 원래 auṃ이다. 따라서 데바나가리도 이에 따른 ॐ을 썼다. 다만 /au/는 통시적으로 /ou/를 거쳐 /o/로 달라짐 뿐만 아니라, 공시적으로 사투리[方言]에서는 /o/로 쓰여짐도 잘 알려져 있다.

[6] 큰 수레에서 나아갈 여섯 너머의 글(Mahāyāna naya ṣaṭpāramitā sūtra, K1381/T0261 大乘理趣六波羅蜜多經) 권2에도 나온다: 南謨薄伽伐諦曳二合賀囉賀囉獷施略上乃刀反下盧遮反迺以羝曷噤撥囉二合沒馱吽**發吒**. 그러나 뒤의 3寶鉢手真言만 發吒이고 나머지 2, 4, 7, 12, 19, 20, 21, 26, 33, 35, 36과 대장경에는 **泮吒**과 때로 **唆吒**이다. 싣담 𑖣𑖘𑖿은 **바탁** 및 **發吒**과 성운학상 안 맞다. 시대상 절운(切韻)과 광운(廣韻) 사이여서 **泮吒** 및 **唆吒**이 옳다. 아마 당말 탁음이 울림숨소리(breathy voice)였거나 전탁청화(全濁淸化)가 일었거나 이다. 다만 半音에도 **바탁** 및 **fazha**라 소리를 냈음은 범어와 곁글의 뜻을 몰랐거나 잊었음을 뜻한다.

[7] 대장경에는 日羅二合으로 나온다. 범어나 곁글을 제대로 알았다면 **바ᅀ라**라고 썼을 것이다.

[8] 실제 장경에서는 引이나 半音이 적혀 있지 않지만, 빈틈없고 굳센이의 다른 글에는 적혀 있다.

2. 觀世音菩薩羂索手眞言

누리를 살피며 오롯한 슬기에 든 님의 올가미를 쥔 손 만뜨라
(Avalokitasvara Bodhisattvaḥ Pāśa-mudrāmantraḥ)

𑖢𑖯𑖫 pāśa 빠샤/Pāḷ. pāsa 빠사;

티벧. ཞགས་པ།, Wyl. zhags pa 샥빠;

지나. 播捨(音)/羂索(意)

m. 끈, 밧줄, 올가미[羂索], 덫.

인도의 여러 종교에서 슬기와 장애의 신 가네샤가 왼손에 쥔 무기를 가리켜서 가네샤의 올가미라고도 한다. 그것으로 참나를 모름(avidyā), 잘못된 짓(karma) 및 잘못된 생각(vāsanā) 같은 장애를 물리친다. 또 야마라자(Yamarāja, 閻羅 염라)와 시바(Śiva) 및 바루나(Varuṇa)가 쥐고 저마다 사람들을 저승과 진리로 이끄는 데 쓰기도 한다.

이런 올가미 빠샤는 인드라의 번개몽둥이 바즈라처럼 구체적으로 물리쳐야 할 것(이민족, 악마 따위)과 추상적으로 물리쳐야 할 것(잘못, 무지[1] 따위)을 다루는 상징적인 무기이다.

이것이 힌두의 여러 요소와 마찬가지로 밀교를 타고 대승불교로 들어왔다. 이는 특히 시바와 이어지는데 그의 별명 아짤라(A-cala '흔들림 없는')나 사하스라부자(Sahasrabhuja '천 갈래 팔')가 그것이다. 이들은 저마다 지나에서 不動-明王과 千手-觀音으로 옮겨 적혔다.

또 𑖀𑖦𑖺𑖑𑖢𑖯𑖫 amoghapāśa 아모가빠샤 (티벧. དོན་ཡོད་ཞགས་པ། Wyl. don yod zhags pa 된외 샥빠 '다 있는 올가미[不空羂索]')는 관세음보살의 또 다른 특성을 나타내는 이름이다. 글자 그대로 살아있는 모든 것[衆生] 어느 하나도 빠뜨리지 않고 다 건지는 올가미로 비유한 것이다. 그 불상은 한국과 지나에서는 유교로 배척되어 거의 사라졌고, 유교의 영향이 16세기까지 미약했던 왜에 많이 남아 있다.

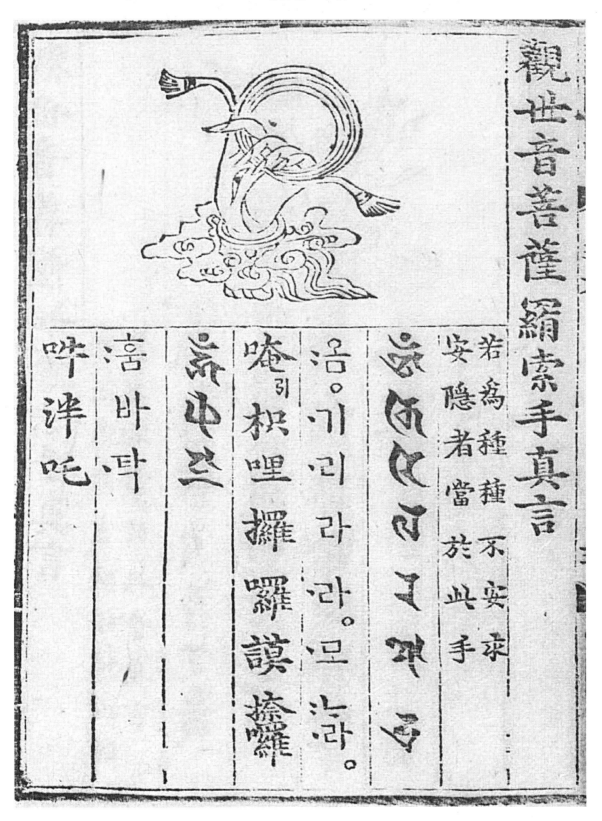

觀世音菩薩羂索手真言

若爲種種不安求安隱者當於此手

옴。기리라라。모나라。

唵枳哩攞囉謨捺囉

훔 바탁

吽泮吒

쓰임		若爲種種不安求安隱者當於此手[2] 온갖 불안으로 아늑한 곳을 찾는 이라면, 이 손(만뜨라)을 해라!
상스		**ॐ किरिलर मुद्र / मुद्रा हूं फट्** oṃ kirilara mudra/mudrā huṃ phaṭ
한글		옴 끼릴라라 무드라 훔 팓!
풀이		**옴, 빛나며 기쁘신 분이여/ 빛나는 손짓이여, 훔 팓!**
오대진언	실담	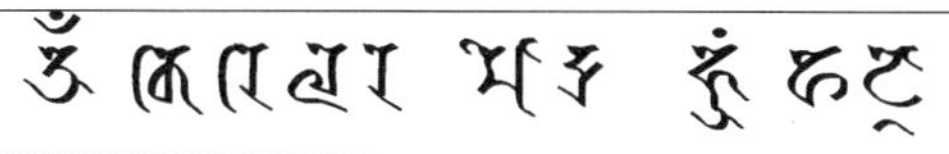
	정음	:옴◦ ·기·리라·라◦ ·모:ㄴ·라◦ :훔 바·탁
	한자	唵引 枳哩攞囉 模捺囉 吽 泮吒
요즘소리		옴 기리나라 모나라 훔 바탁
장경표기		唵引 枳哩攞囉 模捺[3]囉二合 吽 泮吒半音
되짠소리 (IPA)		$^{?}$əm ki-li-la-la mu-^{n}d-la xum p^{h}a$_{n}$ʈ

낱말

kiri(= kirika < √***kṝ***- 6. 흩뿌리다, 붓다) Adj. 반짝이는, 빛나는.

-lara: 뜻 없는 씨끝[語尾].

mudra: Adj. m. Sg. Voc. 기쁜, 즐거운.

mudrā: No. f. Sg. Voc. 도장, 상징, 보람[標識], 손짓/손꼴 [手印], 몸짓.

덧글

뒤에 나오는 22. 觀世音菩薩寶篋手真言이 올가미[羂索]와 더 직접적으로 이어져 보인다:

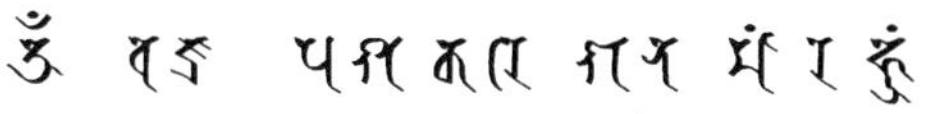

唵引 嚩日囉 播設迦哩 揭曩 羚囉 吽

oṃ vajra-pāśa-kari gaṇa māṃ ra huṃ

옴, 번개올가미를 휘두르는 무리이시며, 옮아맴을 지닌 분이여, 훔!

뒤풀이

[1] 배우지 않거나 잘못 배워서 제대로 알지 못함(avidyā)이란 말은 벗어나야 할 괴로움의 굴레(duḥkha < dus '잘못, 나쁨' + kha '것, 일')도 뜻했다. 불교에서 자주 지혜는 지식과 다르다고 말하는데, 꼭 그렇지만은 않다. 옛 인도의 눈(darśana)에서 세상과 삶에 대해 이치(dharma)를 배우지도 깨우치지도 않고 넘어선 앞선 슬기(Prajñā pāramitā)에 이르렀다는 말은 세상에 태어날 까닭이 없다는 말과 다르지 않기 때문이다. 그들은 지난 세상에서 지은 일(karma)의 모자르는 만큼을 채워 괴로운 세상을 벗어나는 것(mokṣa)이 이 세상에 태어난 의무와 이유라 봤다.

[2] 한글판 오대진언(성암고서박물관)/하정수 (2019), 117쪽:
ᄒᆞ다가 죵죵앳 편안티 아니ᄒᆞᆫ 게 편안코져 ᄒᆞ거든 이 진언을 닐그라
'만약 종종의 편안하지 않은 것이 편안하고자 하거든 이 진언을 읽으라.'

[3] 현재 한국 및 지나의 한자음은 **나**와 **nà**이나, 이 글을 적던 때는 ^{n}**da**로도 소리냈다. 이런 흔적은 중세국어의 쟈**실**(遮日)과 현대 국어의 삼**짇**[三日]-날에 보이고, 현대 왜 간온(漢音)에도 **콧소리벗기**(denasalization, 去鼻音化)라는 현상으로 나타난다:
보기) 馬 *ma > ^{m}ba > ば, 泥 *niei > *^{n}diei > でい, 擬 ŋi > ^{ŋ}gi > ぎ; 日 ŋjit > ^{ɲ}ʑit > ジツ.

3. 觀世音菩薩寶鉢手真言

누리를 살피며 오롯한 슬기에 든 님의 바리를 쥔 손 만뜨라
(Avalokitasvara Bodhisattvaḥ Pātra-mudrāmantraḥ)

𑖢𑖯𑖝𑖿𑖨 pātra 빠뜨라/Pāḷ. patta 빧따;

티벧. ལྷུང་བཟེད།, Wyl. lhung bzed 룽제 '동냥 그릇';

지나. 波怛囉, 鉢怛囉, 鉢多羅(音)/應量器(意)

n. 바리, 접시, 잔; (소유/처소격과 함께)잘하는 이[達人], 잎(=pattra); 계피나무.

먹거리와 사람의 됨됨이를 담는 그릇이나 무엇을 잘하는 사람을 함께 뜻한다. 우리말의 "그릇이 크다"거나 지나의 논어 속 <管仲之器小哉 '관중의 그릇(됨)이 작구나!'>도 같은 뜻이 담겨 있다. 아울러 바리는 바루 (< 발우 鉢盂 'pat라는 그릇' < Skr. pātra)의 소리가 달라져 생겨난 말이다[1].

그 밖에 인도의 전통의학인 아유르베다(Āyurveda '삶의 앎')에서 계피나무(Laurus Cassia)나 그 잎(Skr. pattra)도 가리킨다. 계피는 아유르베다는 물론 중의학과 동의학에서 위장장애 및 소화 등 배앓이에 효능이 있다고 공통적으로 언급되고 있다.

옛날에는 동서양과 종교를 막론하고 나쁜 것(악마)이 사람에게 끼친 것을 병으로 봤다. 그러므로 인도에서 그런 악을 없애는 데 가장 알맞은 것은 관세음보살의 바탕이 되는 인드라의 바즈라였다.

觀世音菩薩寶鉢手真言

若爲除滅腹中諸病苦者當於此手

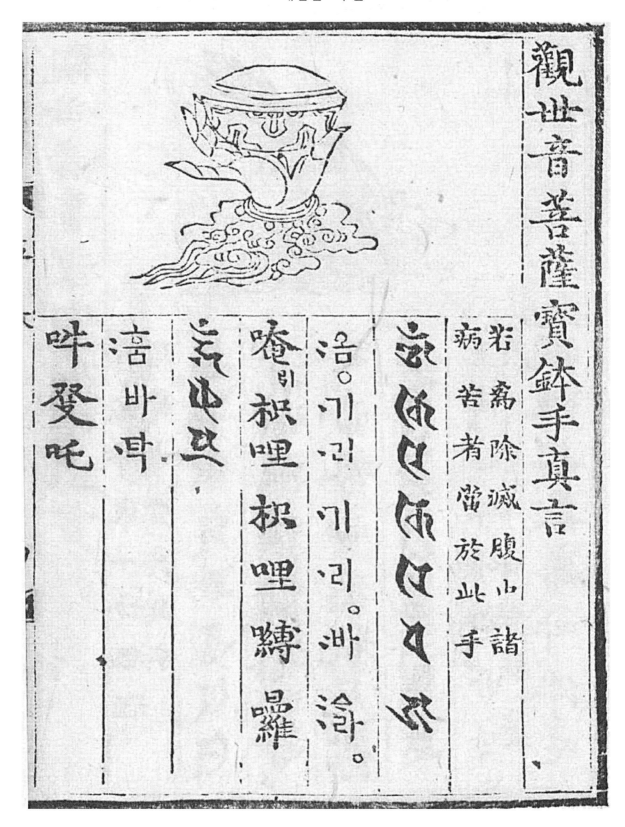

옴。기리기리。바아라。

唵 枳哩枳哩嚩日囉

훔 바탁

吽 發吒

쓰임		若爲除滅腹中諸病苦者當於此手[2] 뱃속이 여러 병으로 아픈 것을 없애려는 이라면, 이 손(만뜨라)을 해라!
상스		ॐ किरिकिरि वज्र हूं फट् oṃ kirikiri[3] vajra huṃ phaṭ
한글		옴 끼리끼리 바즈라 훔 팓!
풀이		**옴, 번쩍이며 빛나는 번개여, 훔 팓!**
오대진언	실담	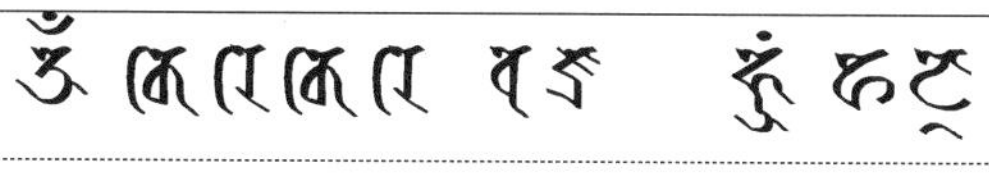
	정음	:옴◦ ·기·리·기·리◦ :바:ᄉᆞ·라◦ :훔 바·탁
	한자	唵引 枳哩枳哩 嚩日囉 吽 癹吒
요즘소리		옴 기리기리 바아라 훔 바탁
장경표기		唵引 枳哩枳哩 嚩日囉二合 吽 泮吒半音
되짠소리 (IPA)		^{ʔ}əm ki-li-ki-li ba-^{n}ʑ-la xum p^{h}a$_{n}$ʈ

낱말

kirikiri: Adj./No. n. (시늉말)
kilikili-ta: No. n. 기쁨을 나타내는 소리.

덧글

잘되고 힘센 이(Śubhakara-siṃha, 지나. 輸波迦羅(音)/善無畏(意))가 옮긴 '큰 해님 말씀의 넓은 의식 보기[T0851 大毘盧遮那經廣大儀軌 卷2]'와 큰 해님 옹근 깨달음의 여러 가지 힘을 더 밝힌 글을 모아 연꽃 바구니 바다에 담은 가여움이 생기는 동그라미의 두루 외는 이바지 방법 모음[T0850 攝大毘盧遮那成佛神變加持經入蓮華胎藏海會悲生曼荼攞廣大念誦儀軌供養方便會 卷2]'에는 빠뜨라와 더 직접적으로 이어질 수 있어 보이는 진언이 있다:

一嚂 二悉怛引多 **鉢怛囉**二合鄔瑟抳二合灑 三娑嚩二合賀
raṃ[4] siddhānta pātra uṣṇīṣa svāhā
'람, 이룩하신 가르침이자, 알맞은 그릇이시며, 머리를 튼 분이시여, 잘 되게 해주소서!

一一五 曩莫三滿多沒馱喃一 嚂悉怛多**鉢怛囉**二合鄔瑟抳二合灑二 娑嚩二合賀
namaḥ samantabuddhānāṃ raṃ siddhānta pātra uṣṇīṣa svāhā
'곳곳의 깨우친 분들께 절합니다. 람, 이룩하신 가르침이자, 알맞은 그릇이시며, 머리를 튼[5] 분이시여, 잘 되게 해주소서!'

뒤풀이

---

[1] 첫째, 바**루**에서 바**리**로 달라짐은 이른바 앞소리되기(Vowel fonting)이다. 둘째, 鉢盂 '그릇-그릇'는 겹말짜임(pleonasm)이다. 보기: 역**전-앞**, 잉글. the **Sahara-desert** '사막-사막', 왜. **アイヌ-人** '사람-사람'.

[2] 한글판 오대진언(성암고서박물관)/하정수 (2019), 117쪽:

ᄒᆞ다가 ᄇᆡ소뱃 여러 가지로 알하 ᄎᆞ림 몯ᄒᆞ요ᄆᆞᆯ 스러디여 업긔 ᄒᆞ고져 커든 이 진언을 닐그라

'만약 뱃속에 여러 가지로 앓아 정신차림 못함을 없어지게 없게 하고자 하거든 이 진언을 읽으라.'

[3] Lokesh Chandra(1988)는 kilikili(52쪽)로 적었는데, 원문 𑖎𑖰𑖨𑖰 𑖎𑖰𑖨𑖰는 kirikiri로 자이나 진언에서도 볼 수 있다. 참조: https://jainqq.org/explore/006251/487.

[4] 첫째, 세 가지 이룰 것-지옥을 깨고 지은 잘못을 돌려 세 누리를 벗어나는 다라늬의 가르침[T0905 三種悉地破地獄轉業障出三界陀羅尼法] 卷1: "𑖨𑖽 藍字 寶部主心. 藍字是大日如來心地種火大種子 三世諸佛室宅 焚燒一切眾生無始無明塵垢妄執 出生菩提心牙種 轉釋阿字義也. 即是應化身如來 實是智法身火生曼荼羅也. 心主神 其形如鳥 為南方火. 火主夏 其色赤 赤色從火生 火從木生 五陰中受陰心持火 受心從想心生 又心從赤氣及肝生 心出為舌 主血 血竅為乳 又主耳 轉鼻喉鼻梁額頤等 苦味多入心 增心損肺 若心中無神 多忘失前後 腎害心成病 若如水剋火 腎強心弱 當止心於腎 以赤氣攝取黑氣 心病則差 赤氣者字也." 라고 적혔듯이 raṃ은 일반적으로 아유르베다를 포함한 인도 문화에서 불(Agni, tejas)과 이어지는 씨-마디(bīja-mantra/-syllable)로 더러운 것을 태워없애 깨끗하게 함을 나타낸다.

둘째, 어원적으로 만약 √ram- 1. '멈추다, 가만히 있다; 기쁘다, 즐겁다'에서 나온 말이라면, 그에 맞게 '마음의 가라앉힘 및 고요함(samādhi)이나 기쁨(ānanda)'을 뜻하는 느낌씨로 볼 수도 있다.

[5] 39. 觀世音菩薩頂上化佛手真言를 보라.

4. 觀世音菩薩寶釼手真言

누리를 살피며 오롯한 슬기에 든 님의 칼을 쥔 손 만뜨라
(Avalokitasvara Bodhisattvaḥ Khaḍga-mudrāmantraḥ)

𑖏𑖚𑖿𑖐 khaḍga 칻가/Pāḷ. khagga 칵가;
티벧. རལ་གྲི, Wyl. ral gri 랄드리 '찢는 칼';
지나. 佉伽, 佉加, 朅伽, 朅誐(音)/ 麟角(意)
m. 칼[寶釼], 코뿔소의 뿔

칻가는 '앞선 슬기(prajñā)'를 대표하며, 원래 시바의 손에 쥐어 있던 것으로 힌두의 여러 요소와 마찬가지로 밀교를 타고 대승불교로 들어왔다. 이 갈은 인도의 일반적인 종교에서 바즈라의 쓰임처럼 어리석음(ajñāna, 無智)을 깨뜨리는 데 쓰인다. 자이나(Jainism)에서도 모든 저항을 부수는 무기이자 '바퀴를 돌리는 이'(Cakravartin, 轉輪聖王)를 섬기는 14 보석(ratna) 가운데 하나이다.

옛 조선의 사인검(四寅劍) 및 삼인검(三寅劍)과 더 멀리 역사를 거슬러 올라가 청동검도 인류문화사적으로 같은 맥락에서 만들어진 칼이다. 그 옛날 사람들은 칼이란 실제 무기로서 적을 물리칠 뿐만 아니라, 상징물로서 나쁜 기운도 물리친다고 믿었다. 이어져서 현재 한국의 무당들이 쓰는 무칼 또는 신칼도 이런 옛 의식이 오늘에까지 이어진 것이라고 볼 수 있겠다.

觀世音菩薩寶鉤手真言

若爲降伏一切魍魎鬼神者當於此手

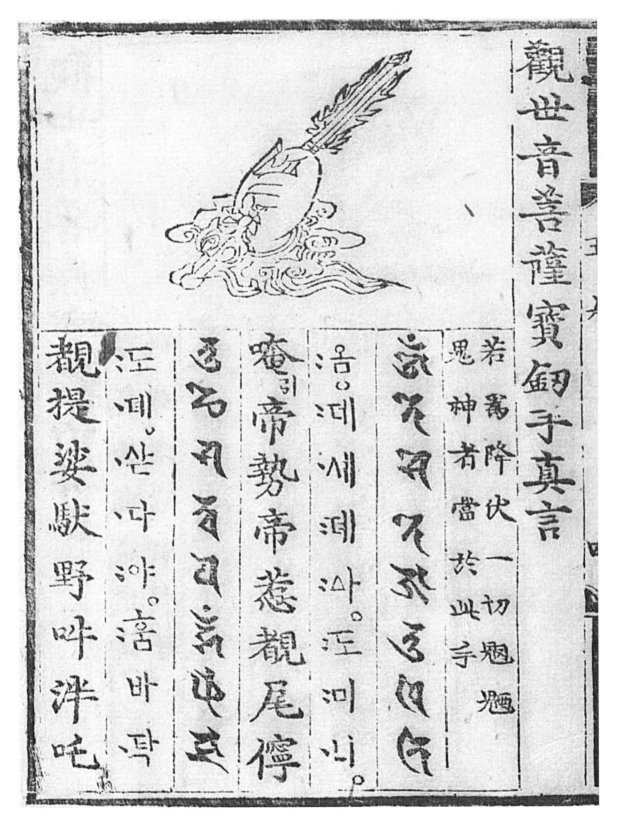

옴。데 세 데 ᅀᅡ。도 미 니。

唵帝勢帝惹覩尾儜

도 뎨。산 다 야。훔 바 탁

覩提婆馱野吽泮吒

쓰임		若爲降伏一切魍魎鬼神[1]者當於此手[2] 온갖 나쁜 것이며 사람이 아닌 것을 무릎 꿇리려는 이는 이 손(만뜨라)을 해라!
상스		**ॐ तेजे तेज तु विनितोदे साधय हूं फट्** oṃ teje teja tu vinitode sādhaya hūṃ phaṭ[3]
한글		옴 떼제 떼자 뚜 비니또데 사다야 훔 팥
풀이		**옴, 따끔할 때 지켜주소서, 또 쏘고 찌르듯 아플 때 낫게 하소서, 훔팥!**
오대진언	실담	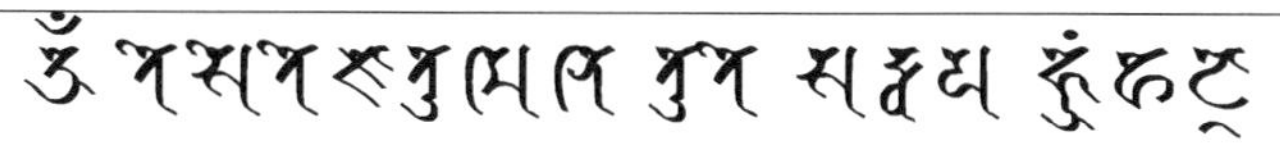
	정음	:옴◦:데·셰:데:쌰◦:도:미·니◦:도·뎨◦ ·삳·다:야◦:훔바·탁
	한자	唵引 帝勢帝惹 覩尾儜 覩提 娑駄野 吽 泮吒
요즘소리		옴 데세데야 도미니 도데 삿다야 훔 바탁
장경표기		唵引 帝勢 帝惹 覩尾[4]儜[5] 覩提 娑駄野 吽(引) 泮吒半音
되짠소리 (IPA)		ˀəm t$_{i}$e$_{i}$-ɕjɛ$_{i}$ t$_{i}$e$_{i}$-^{ń}źja tu$_{o}$-^{m}bi-ɳɛ$_{(ŋ)}$ t$_{u}$o-d$_{i}$e$_{i}$ sa-da-ja xum p^{h}a$_{n}$ʈ

낱말

teje(< **teja** < √tij-): No. m. Sg. Loc. 날카로움, 따금함, 뜨거움.

teja (< √**tej**- 1): Pres. 2. Sg. Imp. 지키다[6].

tu: Ind. 그러나, 그래도, 그리고, 또는.

(vi-)***nitode***(< vi- '쏘-'+ ni~ '찌르다' + **toda** < √tud- 6.): No. m. Sg. Loc. 쏘고 찌르는 아픔.

sādhaya (< √sādh- **)**: Caus. Pres. 2. Sg. Imp. 바로잡다, 고치다, 힘쓰다.

덧글

잘되고 힘센 이(Śubhakara-siṃha, 善無畏)가 옮긴 '큰 해님 옹근 깨달음의 여러 가지 힘을 더 밝힌 글[K0427/T0848 大毘盧遮那成佛神變加持經 卷4]'에 칸가와 직접 이어지는 진언이 있다:

南麼 三曼多勃駄喃一 摩訶朅伽 微囉闍二達麼 珊捺囉奢二合迦 娑訶闍三薩迦耶捺喋二合瑟致上二合掣吐曳反諾入迦四 怛他引蘖多引 地目訖底丁以反二合 儞入社多五 微囉引伽達摩儞入社多 許六[7]
namas samantabuddhānāṃ, mahākhaḍga, virajadharma saṃdarśaka sahaja-satkāya-dṛṣṭicchedaka tathāgata-adhimuktinirjāta[8] virāgadharmanirjāta hūṃ

곳곳의 깨달은 분들께 절합니다, 큰 칼이여, 깨끗한 가르침을 보이며, 타고난 마음결의 눈을 끊고, 그렇게 왔고, 믿음이 보이며 깨끗한 가르침이 보이는 것이여, 훔!

절대의 처소격(locativus absolutus):

옛 인도말에서 처소격은 우리말처럼 '~에서'뿐만 아니라, 시간적인 상황을 뜻하는 '~임/함에'도 함께 나타낸다. 특히 이런 시간이나 조건적인 뜻(~하면, ~일 때 따위)을 나타내는 것을 *locativus absolutus* '절대 처소격'이라 한다[9]. 라띤말의 *ablativus absolutus* '절대탈격'와 옛 헬라말의 *genitivus absolutus* '절대속격'도 경우에 따라 이와 비슷한 구실을 한다.

뒤풀이

---

[1] Pali 聖典- 梵漢辭典: vyāḍa '나쁜 놈, 나쁜 것(사나운 짐승 따위)' 魍魎, amanuṣya '사람이 아닌 것' 鬼神.

[2] 한글판 오대진언(성암고서박물관)/하정수 (2019), 117쪽:

ᄒᆞ다가 일체옛 귀신돌홀 항복(ᄒᆞ)긔 ᄒᆞ고져 커든 이 진언을 닐그라

'만약 일체의 귀신들을 항복하게 하고자 하거든 이 진언을 읽으라.'

[3] 비교 → Lokesh Chandra (1988) 52쪽: oṃ teje tejavati vinitude sādhaya hūṃ phaṭ.

[4] 콧소리벗기 ᵐbi.

[5] 朝鮮. 녕/東國正韻. 닁 女耕切(廣韻))의 소리인데 홀소리쪽이 들어맞지 않는다. 소리를 바꾼 자이다.

[6] Monier-Williams (1899) 454쪽: **तेज्** *tej*, *-jati*, to protect, Dhātup. vii, 56.

[7] 大毘盧遮那成佛神變加持經蓮華胎藏悲生曼荼羅廣大成就儀軌供養方便會(T0852a, 法全 엮음, 855)에는 怛他引蘖多 尾目吃底二合 ~이어서 tathāgata vimukti~ '여래의 해탈, 그렇게 오신 벗어남 ~'로 뜻이 조금 다를 수 있어 보인다.

[8] Rolf W. Giebel (2005), 102쪽: tathāgat**ā**dhimuktinirjāta > tathāgat**a-a**dhimuktinirjāta.

[9] Michael Meier-Brügge(2002) 277쪽, S412. Lokativ.

5. 觀世音菩薩跋折羅手真言

누리를 살피며 오롯한 슬기에 든 님의 번개를 쥔 손 만뜨라
(Avalokitasvara Bodhisattvo Vajra-mudrāmantraḥ)

vajra 바즈라/Pāḷ. vajira 바지라;

티벧. རྡོ་རྗེ།, Wyl. rdo rje 도르제 '으뜸가는 돌, 돌의 임금, 다이아몬드; 번개';

지나. 伐折羅, 嚩日囉, 嚩日羅(音)/ 金剛(意)

m. 번개, 가장 굳은 것[1][金剛, diamond]. 인드라가 휘두르는 번개망치로서 죄를 짓거나 알아야 할 것(주제파악)을 모르거나 잘못 아는 이들을 때려잡는 데 썼다[2].

바즈라를 닮은 제우스의 께라우노스

원래 르그베다의 으뜸 신인 인드라가 휘두르는 무기로 '번개망치 또는 번개몽둥이'였다. 또 같은 인도-유럽 갈래의 그리스 제우스(Ζεύς)의 께라우노스(κεραυνός), 로마 유삐떼르(Iupiter)의 또니뜨루스(tonitrus) 및 게르만 토르(Thor '번개')의 묄니르(Mjölnir)도 모두 번개(망치)를 뜻한다. 하지만 자주 '깨뜨리다, 부수다'라는 말과 함께 쓰였는데, 옛 이란의 아베스타 (Avesta)말 ***vazra*** '몽둥이'가 원래의 뜻을 잘 간직하고 있다.

觀世音菩薩跋折羅手真言

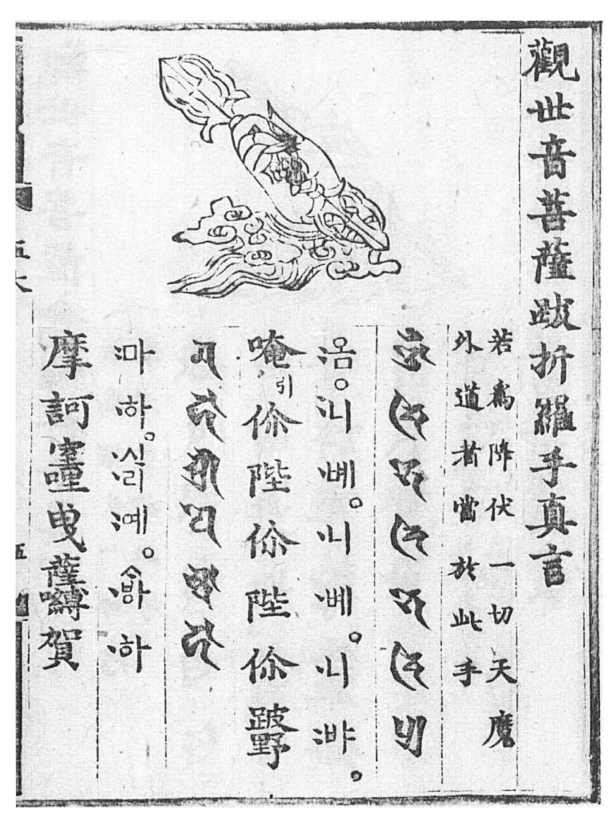

若爲降伏一切天魔外道者當於此手

옴 니베 니베 니뱌

唵引儞陛儞陛儞跛野

마하 시리예 ᄉᆞ바하

摩訶室哩曳薩嚩賀

쓰임		若爲降伏一切天魔外道[3]者當於此手[4] 온갖 허깨비와 잘못된 길을 눌러 물리치려면, 이 손(만뜨라)을 해라!

상스		ॐ दिव्ये दिव्ये **दीपाय / दीप्य** महाश्रिये स्वाहा oṃ divye divye dīpāya/(dīpya) mahāśriye svāhā
한글		옴 디볘 디볘 디빠야/(디빠) 마하슈리예 스바하
풀이		**옴, 하늘에서 빛으로 매우 빛나는 분께 잘 되게 해 주소서!** **옴, 하늘에서 불타는 분이시여, 매우 빛나는 분께 잘 되게 해 주소서!**

오대진언	싣담	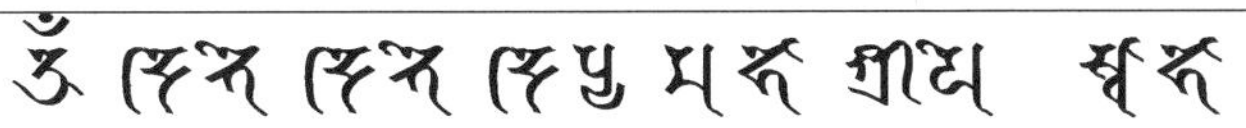
	정음	:옴◦:니·볘◦·니·볘◦·니:뱌[5]◦ :마·하◦·시[6]·리:예◦ᄉᆞ·방·하
	한자	唵引 伱陛 伱陛 伱跛野 摩訶 室哩曳 薩嚩賀
요즘소리		옴 이베이베 이야 마하 시리예 사바하
장경표기		唵引 儞[7]陛 儞陛 儞跛野(二合) 摩訶室哩二合曳 薩嚩二合賀
되짠소리 (IPA)		^{ʔ}əm ^{n}di-bie$_{i}$ ^{n}di-bie$_{i}$ ^{n}di-p-ja ma-xa-ɕ-li-jɛ$_{i}$ s-ba-ɣa

바라는 것을 비는 진언에서 풍요와 행운의 여신 Mahāśrī를 내보인 것은 śrī-의 뿌리가 śri-(9. 빛을 흩뿌리다)에 있듯이 어둠(잘못됨)을 밝히는 존재이기 때문일 듯하다.

낱말

divye(< divya) No. m. Sg. Loc. 하늘(나라)

divye(< divyā) Adj. f. Voc. 하늘의; 멋진, 훌륭한, 아름다운.

dīpāya(< dīpa < dīp- 4. 활활 타(오르)다, 빛나다) No. m. Sg. Inst. 빛, 등불, 횃불

dīpya: Adj. m. Voc. 불타오르는

mahāśriyai/mahāśriye (< mahā-śrī) No. f. Sg. Dat. 마하슈리, 매우 빛나는/좋은 분[大吉祥尊/天女]

덧글

앞에 나오는 1. 觀世音菩薩如意珠手真言이 바즈라와 더 직접적으로 이어져 보인다:

 oṃ vajra avatāra(- -tara > -tāra 고침) hūṃ phaṭ

唵引嚩日囉 嚩哆囉 吽 發吒 옴 바즈라바따라 훔 팓!

옴, 번개의 나투심이여, 훔 팓!

뒤풀이

---

[1] 월인석보 2:28: 金剛ᄋᆞᆫ 쇠예셔 난 **ᄆᆞᆺ 구든 거시**니 '금강은 쇠에서 나온 가장 굳은 것이니'. 불교가 들어올 무렵 지나나 한국에서는 다이아몬드가 무엇인지와 ***vajrasaṃhata*** **"번개처럼 굳세다"**라는 인도 사람들의 말뜻을 제대로 알지 못했던 듯하다.

[2] 르그베다(2-12-10): *yaḥ śaśvato mahy eno dadhānān amanyamānāñ* ***charv****ā jaghāna | yaḥ śardhate nānudadāti śṛdhyāṃ yo dasyor hantā sa janāsa indraḥ* ||'큰 잘못을 저지른 모두가 채 알아차리기에 앞서 **살** 날리는 것으로 죽였고, 건방진 이에게 건방을 봐주지 않고, 다슈(악마)를 때려잡은 그런 이가 인드라이다.'

[3] Pali 聖典- 梵漢辭典: 天魔 deva-māra, 外道, tīrthika는 허깨비와 그릇된 가르침을 뜻한다.

[4] 한글판 오대진언(성암고서박물관)/하정수 (2019), 117쪽:
ᄒᆞ다가 일체옛 하ᄂᆞᆶ 귓것과 외도ᄃᆞᆯᄒᆞᆯ 항복히오져 ᄒᆞ거든 이 진언을 닐그라
'만약 일체의 하늘 귀신과 외도들을 항복하게 하고자 하거든 이 진언을 읽으라.'

[5] 오대진언에만 싣담이나 한자 및 정음표기 모두 {dipya}로 보이지만, 다른 장경 어디에도 二合 표시가 없다. 아마 跛哩迦攞跛野(二合)을 따른 듯하다. 하지만 跛哩迦攞跛野도 parikalpya의 소리를 적었다면, *~攞跛野(三合)이라야 한다. 係跛野의 중고음을 고려하면 *dipaya이다.

[6] 혹 **ᄉᆡ**라고 쓴 요즘 글들이 있으나, 오대진언 원문에는 엄연히 **ᄉᆝ** *śiə이다. 또 싣담 𑖫𑖿𑖪 ś-vā나 중고한음 ś/ɕ-jet 및 중세국어 한자음도 **시ᇙ**(東韻)과 **실**(訓蒙) 모두 **ᄉᆡ** *səi를 가리킬 수 없다. 훈민정음 합자해에 ᆞ一起ㅣ聲於國語無用兒童之言 邊野之語 或有之. 'ᆞ一로 시작하는 ㅣ소리는 나라말에는 안 쓰나, 애들과 시골말에는 아마 있을 수 있다.'라는 말도 적혀 있다.

[7] 콧소리벗기 ^{n}di.

6. 觀世音菩薩金剛杵手真言

누리를 살피며 오롯한 슬기에 든 님의 번개꼬챙이를 쥔 손 만뜨라 (Avalokitasvara Bodhisattvo Vajrakīla-mudrāmantraḥ)

𑖪𑖕𑖿𑖨𑖎𑖱𑖩 vajrakīla 바즈라낄라;

티벧. རྡོ་རྗེ་ཕུར་པ།, Wyl. rdo rje phur pa 도르제 푸르바 '번개 꼬챙이';

지나. 嚩日囉二合枳引攞(音)/金剛-杵/橛(意)

m. 번갯살

바즈라낄라는 인도의 관념에서 원래 말 그대로 번갯살(vajra '번개'+kīla '(화)살, 꼬챙이')을 가리켰으나, 뒷날 딴뜨라에서 처음 추상화하여 무엇인가를 단단히 꽂아 두는 것(꼬챙이나 말뚝)을 뜻하게 된다.

역사적으로 딴뜨라불교가 인도 아대륙에서는 대중화하면서도 낄라에 대한 개념은 그리 발전하지 못한 듯하다. 왜냐하면 인도 본토의 어떤 종교나 문화에서도 낄라섬김이 드러나지 않기 때문이다. 이런 의식은 '연꽃에서 태어난 이(Padmasambhava, 蓮花生)'가 티벧으로 들어가 밀교를 알리면서 본격적으로 신격화되다 널리 퍼진 것으로 보인다[1].

티벧밀교에서는 낄라의 그런 성격이 신격화되어 마라(māra)를 물리치는 성난 신(Heruka 또는 vajrakīlaya)으로 다루지만, 여느 때에는 '굳센 마음(vajrasattva, 金剛薩陀)'으로 나투어 아늑하게 보인다[2].

觀世音菩薩金剛杵手真言

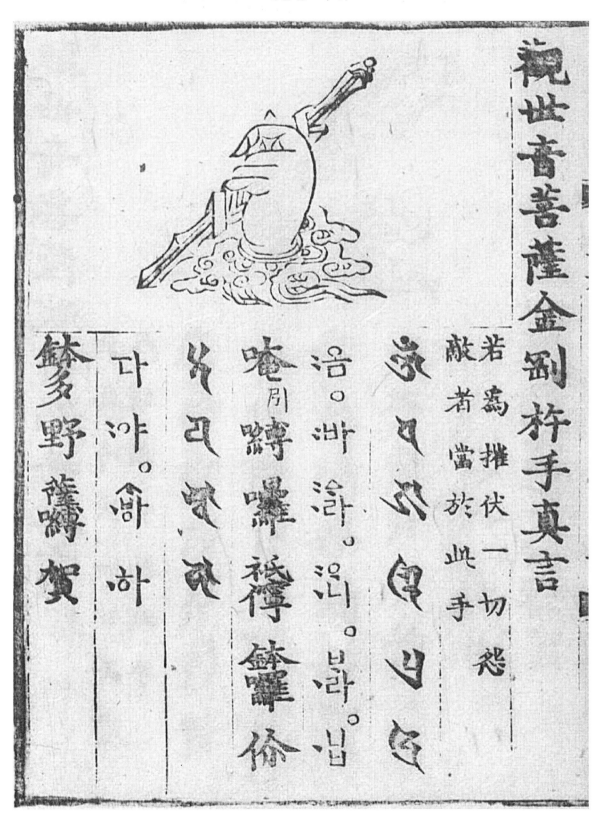

若爲摧伏一切怨
敵者當於此手

옴。바 아라。이니。바라。닙

唵(引)嚩日囉禰鉢囉儞

다야。사바 하

鉢多野薩嚩賀

쓰임	若爲摧伏一切怨敵者當於此手[3] 온갖 미워하는 적을 물리쳐 엎드리게 하려면, 이 손(만뜨라)을 해라!

상스	ॐ वज्राग्नि प्रदीप्ताय स्वाहा oṃ vajrāgni pra-dīptāya svāhā[4]
한글	옴 바즈라그니-쁘라딥따야 스바하
풀이	**옴, 번개불이 빛나시는 분에게, 잘 되게 해 주소서!**

오대진언 신담	𑖌𑖼 𑖪𑖕𑖿𑖨𑖯𑖐𑖿𑖡𑖰 𑖢𑖿𑖨𑖟𑖱𑖢𑖿𑖝𑖯𑖧 𑖭𑖿𑖪𑖯𑖮𑖯
오대진언 정음	:옴◦ :바: ᄉᆞ·라◦: ᄋᆞ·니◦ ᄇᆞ·라◦·닙다:야◦ ᄉᆞ·방·하
오대진언 한자	唵引 嚩日囉祇儜 鉢囉伱鉢多野 薩嚩賀
요즘소리	옴 바아라 아니바라 닙다야 사바하
장경표기	唵引 嚩日囉二合祇儜(二合) 鉢囉二合儞[5]鉢多(二合)野 薩嚩二合賀
되짠소리 (IPA)	^{ʔ}əm ba-^{n}z-la-g_ji-ɳɛ(ŋ) p-la ^{n}di-p-ta-ja s-ba-ɣa

낱말

vajrāgni: No. m. 번개불, 벼락불
pradīpta: Adj. 불타는, 빛나는; 들뜬, 북돋은; 소리가 날카로운
vajrāgni-pradīptāya: Adj. m. Sg. Dat. 번개불이 빛나는/번쩍이는

덧글

빈틈없고 굳센 이께서 옮긴 '벼락의 무서움이 모여 모두 보는 오롯한 슬기로 들고 세 누리에서 뛰어난 마음과 앎의 으뜸인 분의 말씀[T1033金剛恐怖集會方廣軌儀觀自在菩薩三世最勝心明王經]'[6]에는 번갯살(vajrakīla)과 바로 이어지는 금강궐진언(金剛橛真言)이 있다:

𑖌𑖼 𑖪𑖕𑖿𑖨 𑖎𑖱𑖩 𑖮𑖳𑖽 𑖣𑖘𑖿 oṃ vajrakīla hūṃ phaṭ

唵 **嚩日囉**二合**枳**引**攞** 吽 發 옴, 바즈라낄라 훔 팓!

'옴, 번갯살이여, 훔 팓!

또 잘되고 힘센 이(Śubhakara-siṃha)가 옮긴 '번개꼭대기 글 해님 108 높은 가르침 몸의 손짓 (T0877金剛頂經毘盧遮那一百八尊法身契印, 717 ~735)'과 '잘 이루게 하는 글[K0432/T0893c 蘇悉地羯羅經]'에도 번갯살(vajrakīla)과 이어지는 진언이 있다:

𑖪𑖕𑖿𑖨 𑖌𑖼[7] 𑖎𑖱𑖩 𑖮𑖳𑖽 𑖣𑖘𑖿 𑖭𑖿𑖪𑖯 金剛橛[8] 唵 **跋日囉枳羅** 唬吽 泮 莎 𑖮𑖯 訶

vajra oṃ kīla hūṃ phaṭ svā hā

金剛撅真言: 唵 吠日囉枳羅 虎吽 泮 (K0432/T0893b蘇悉地羯羅經 卷2)

金剛撅真言: 唵同上呼一句跋日囉枳羅二句虎二合許抻三句 (蘇悉地羯羅經 卷3)

그밖에 고려 고종 때 수기(守其)는 '고려에서 새로 새긴 말씀바구니로 고쳐 따로 적은 것[K1402 高麗國新雕大藏校正別錄]'과 그 밑글로 '잘되고 힘센 이(Śubhakarasiṃha)'의 '잘 이루게 하는 글'에는 낄라(kīla)를 못[釘]이라고 나타내서 그 모습이 어떠한지를 알려주고 있다[9].

뒤풀이

---

[1] Boord (1993, 107쪽)나 Mayer(1996, 103쪽)는 티벧에서 섬기는 pur-pa '낄라'와 신들이 인도에서 나왔다는 것을 들어 낄라섬김도 원래 인도에 있었다고 본다.

[2] Oxford Researche Encyclopedias: The Vajrakīla Tantras
https://oxfordre.com/view/10.1093/acrefore/9780199340378.001.0001/acrefore-9780199340378-e-555

[3] 한글판 오대진언(성암고서박물관)/하정수 (2019), 103쪽:
ᄒᆞ다가 일체옛 원슈 도ᄌᆞᆨ을 브ᅀᅳ쉬여 굿블에 ᄒᆞ고져 ᄒᆞ거든 이 진언을 닐그라
'만약 일체의 옛날 원수 도적을 부서져 엎드리게 하고자 하거든 이 진언을 읽으라.'

[4] Lokesh Chandra(1988, 52쪽): oṃ vajrāgre pra-dīptāya svāhā. 그러나 한자 및 싣담표기는 vajrāgni로 보임.

[5] 콧소리벗기 ^{n}di.

[6] 佛說聖寶藏神儀軌經(1759): 金剛恐怖集會方廣軌儀觀自在菩薩三世最勝心明王經을 티벧말로는
ཤིན་ཏུ་རྒྱས་པ་ རྡོ་རྗེ་ འཇིགས་པ་ ཐམས་ཅད་ འདུས་པ་ བྱང་ཆུབ་སེམས་དཔལ་ སྤྱན་རས་གཟིགས་དབང་ཕྱུག་
Shin-tu-rgyas-pa rdo-rje 'jigs-pa thams-cad 'dus-pa byang-chub-sems-dpal spyan-ras-gzigs-dbang-phyug
매우 넓힌 글 번개 두려움 곳곳에 모인 마음이 다 깨끗한 (보살) 꿰뚫어보는 힘이 있는
འཇིག་རྟེན་གསུམ་ ལས་ རྣམ་པར་རྒྱལ་བའི་ སྙིང་པོ་རིག་པའི་རྒྱལ་པོའི་ཆོ་ག
'jig-rten gsum las rnam-par-rgyal-ba'i snying-po-rig-pa'i rgyal-po'i cho-ga
세 누리 일 다 이겨낸 참된 깨달음 으뜸 앒
우리말로는 '벼락처럼 무서움이 곳곳에서 모이고, 꿰뚫어볼 줄 아시는 가장 깨긋한 마음의 분(觀自在菩薩)이며, 세누리에서 다 이긴 참된 깨달음이며, 앒의 으뜸이신 분의 더 많은 말씀'이다.

[7] 뒤의 한자를 보면 순서가 바뀌었다. 이는 잘되고 힘센 이(Śubhakara-siṃha)가 시켜 범자를 쓴 지나 승려가 범자를 제대로 알지 못했음을 보여준다.

[8] 원문에는 木+入 아래에 土가 이어진 글꼴이다.

[9] T0893a/b 蘇悉地羯羅經 및 K1402 高麗國新雕大藏校正別錄: 枳欏也(釘也).

7. 觀世音菩薩施無畏手真言

누리를 살피며 오롯한 슬기에 든 님의 두려움을 없애주는 손 만뜨라 (Avalokitasvara Bodhisattvo ’bhaya(da)-mudrāmantraḥ)

𑖀𑖥𑖧-𑖦𑖲𑖟𑖿𑖨𑖯 abhaya-mudrā 아바야-무드라;

티벧. སྐྱབས་སྦྱིན་གྱི་ཕྱག་རྒྱ་, Wyl. skyabs sbyin gyi phyag rgya 꺕진기착갸 ‘지켜주는 손짓’;
지나. 施無畏手(意)
m. 안 두려움의 손짓.

𑖀𑖥𑖧-(𑖟)/ 𑖀𑖥𑖧-𑖟𑖝𑖿𑖝 abhaya-da/ abhaya-datta 아바야-다/ 아바야-닫따;

티벧. མི་འཇིགས་པ་སྦྱིན་པ་, Wyl. mi ’jigs pa sbyin pa 미직빠 진빠 ‘안 두려움을 주는’;
지나. 阿婆夜達多(音)/施無畏(意)
Adj. 안 두렵게 해주는/ ~한; m. 안 두렵게 해주는 사람.

아바야(Abhaya)는 마가다(Magadha)의 임금이던 빔비사라(Bimbisāra)의 아들이자 불제자로 얘기되는 사람이다. 하지만 아바야는 또한 시바의 성질을 나타내는 딴이름이기도 하다. 진언과 관련된 abhaya는 인드라-시바-아발로끼떼슈바라(Avalokiteśvara, 觀自在菩薩)로 이어진 성격의 나투심으로 볼 수 있다.

또 아바야- 또는 아바야다(Abhayada) 무드라는 글자 그대로 ‘두려움을 없애 주는 손짓’이다. 이 손짓은 불교나 힌두 같은 인도 전통을 넘어 기독교 및 다른 문화권에서도 두루 나타나는 좋고도 착한 뜻을 나타내며, 아마 선사시대부터 그런 뜻으로 쓰였던 듯하다.

觀世音菩薩施無畏手真言

右為一切處怖畏求安隱者當於此手

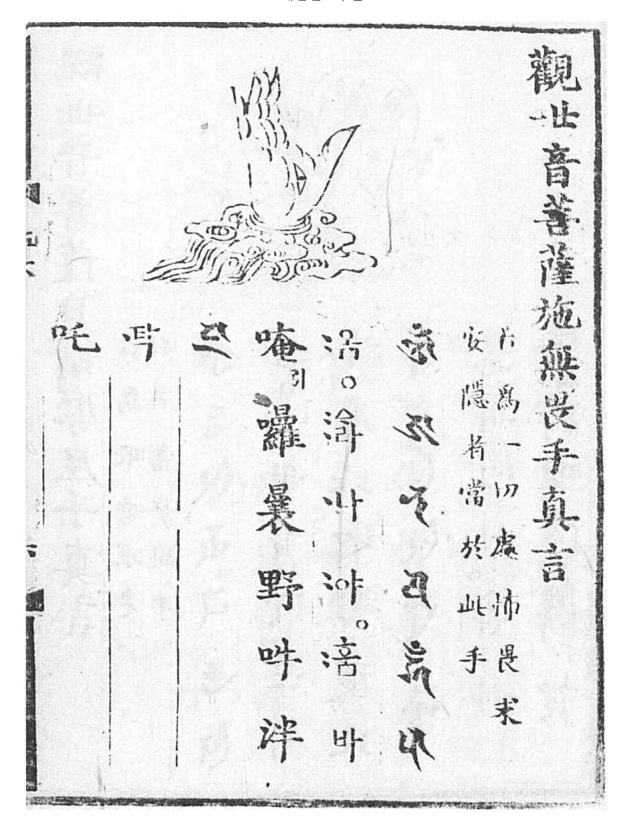

옴。라나야。훔바

唵引 囉曩野吽泮

ᄯᅡ

吒

쓰임		若爲一切處怖畏求安隱者當於此手[1] 어디서나 두렵고 무서워 아늑히 쉴 곳을 찾는 이는 이 손(만뜨라)을 해라!
상스		ॐ **वज्रनाय** हूं फट् / ॐ **ज्वलनाय** हूं फट् oṃ **vajranāya** huṃ phaṭ/ oṃ **j(va)lanāya** huṃ phaṭ
한글		옴 **바즈라**나야 훔 팓/ 옴 **즈발라**나야 훔 팓
풀이		**옴, 번개를 이끄는 분이시여, 훔 팓! / 옴, 빛나는 분에게, 훔 팓!**
오대진언	실담	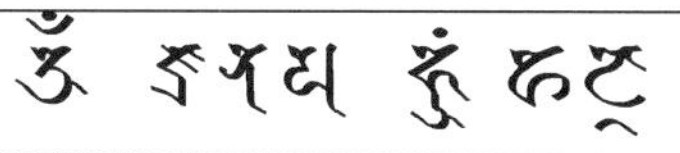
	정음	:옴ᅙ :ᄼᆞ·라·나:야ᅙ :훔 바·탁
	한자	唵引 日囉曩野[2] 吽 泮吒
요즘소리		옴 아라나야 훔 바탁
장경표기		唵引 嚩日囉二合曩[3]野 吽(引) 泮吒(半音)
되짠소리 (IPA)		^{ʔ}əm ba-^{n}ź-la-na$_{ŋ}$-ja xum p^{h}$_{u}$a$_{n}$-ṭ

낱말

vajra-nāya: No. m. Voc. 번개를 이끄는 이(< naya- < nī 1. 이끌다)

jvalanāya(< jvalana): Adj. m. Sg. Dat. 불타는, 빛나는; 성난; No. m. 불; 백화단(白花丹)

덧글

빈틈없고 굳센 이가 옮긴 '번개꼭대기 글 - 모두 다 보며 같이 가는 이의 닦는 길(K1368/T0931 金剛頂經觀自在王如來修行法)'과 그의 스승인 굳센 슬기(Vajrabodhi, 金剛智)가 옮긴 '번개꼭대기 요가 파란 목의 큰 가여움의 임금이자 모두 보시는 분의 외는 것[T1112 金剛頂瑜伽青頸大悲王[4]觀自在念誦儀軌]'에 아바야(abhaya)와 이어지는 진언이 있다:

唵一 **阿婆耶**二 鉢娜麼二合三 迦嚩制四 滿馱五 囉乞灑二合 轄六 吽七 憾八
oṃ abhaya padma kavace bandha rakṣa māṃ hūṃ haṃ

唵一 **阿婆耶** 鉢娜麼二合 迦嚩制 滿馱 囉乞灑二合 轄 吽 憾
oṃ abhaya padma kavace bandha rakṣa māṃ hūṃ haṃ
'옴, 두려움 없는 연꽃이시여, 갑옷에 묶어 지켜주시니, 맘 훔 함!

뒤풀이

---

[1] 한글판 오대진언(성암고서박물관)/하정수 (2019), 118쪽:

ᄒᆞ다가 일체옛 두립고 저픈(게) 모미 편안킈 코져 ᄒᆞ거든 이 진언을 닐그라

'만약 일체의 무섭고 두려운 몸이 편안하게 하고자 하거든 이 진언을 읽으라.'

[2] 대장경에는 唵引 嚩日囉二合曩 野 吽 泮吒이라 나와서 그럴리야 없겠지만, 그래도 日囉-曩野가 入嚩羅-曩野의 다른 표기인 日嚩羅-를 잘못 적은 것이거나 또 다른 진언이라면, jvala-도 생각해 볼 수 있다. 그 밖에 Lokesh Chandra(1988, 52쪽)는 oṃ abhaya hūṃ phaṭ로도 봤다. 실제 다음 8째 진언에도 대장경에는 入嚩二合里寧로 적혀 있는 말을 오대진언에는 嚩哩儜라고만 적혀 있어 주의해야 한다.

[3] 朝. 낭/東. 낭 奴朗切(廣韻))의 소리인데 홀소리쪽이 들어맞지 않는 음역자이다.

[4] Lochtefeld, James (The Illustrated Encyclopedia of Hinduism, 1957) 247쪽. ghṛṇeśvara/ghrneshvar 'lord of compassion 大悲王'. 또 파란 목도 시바의 상징으로, 시바는 아울러 관세음보살의 문화적 배경이다.

8. 觀世音菩薩日精摩尼手真言

누리를 살피며 오롯한 슬기에 든 님의 햇빛돌을 쥔 손 만뜨라
(Avalokitasvara Bodhisattvas Sūryakānta-mudrāmantraḥ)

𑖭𑖳𑖨𑖿𑖧𑖎𑖯𑖡𑖿𑖝 sūryakānta 수랴깐따/ 𑖭𑖳𑖨𑖿𑖧𑖦𑖜𑖰 sūryamaṇi 수랴마늬;

티벧. མེ་ཤེལ།, Wyl. me shel 메쉘 '불을 품은 수정';

지나. 蘇利耶建帝 (音)/日精珠, -摩尼(意)

m. 햇빛돌(sunstone, 日長石).

수랴깐따는 수랴(sūrya '해')와 깐따(kānta < √kam-ta '좋아하는, 좋아한')가 함께 이뤄진 낱말로 '해가 좋아하는, 해를 좋아한'이란 뜻을 가진 돌이다. 따라서 해의 밝고 따뜻한 기운을 담고 있다고 여긴다.

뭇 살아있는 것들을 괴로움의 바다에서 건지시는 부처님의 밝은 빛을 해에 빗대어 부처의 해(buddha-sūrya, 佛日)라고 한다. 또 이런 해의 빛살과 밝음이 담긴 돌을 수랴마늬(sūryamaṇi)나 수랴깐따(sūryakānta)라고 하는데 불의 기운이 담겼으며, 그 밝음은 부처님의 힘이어서 온누리에 두루 미친다고 한다[1].

觀世音菩薩日精摩尼手真言

若爲眼暗求光明者當於此手

옴。도비가야。도비

唵度比迦野度比

바라바리니。훔하

鉢囉嚩哩儜薩嚩賀

<table>
<tr><td colspan="2">쓰임</td><td>若爲眼暗求明者當於此手[2]
눈이 어두워 밝음을 찾으려는 이라면, 이 손(만뜨라)을 해라!</td></tr>
<tr><td colspan="2">상스</td><td>ॐ दूपिकाय दूपि प्र ज्वालिनि स्वाहा
oṃ dhūpikāya dhūpi-pra-jvālini svāhā</td></tr>
<tr><td colspan="2">한글</td><td>옴 두삐까야 두삐 쁘라-즈발리니 스바하</td></tr>
<tr><td colspan="2">풀이</td><td>옴, 꽃내음 나는 몸이자 그윽하고 더 빛나는 분이시여 잘 되게 해 주소서![3]</td></tr>
<tr><td rowspan="3">오대진언</td><td>싣담</td><td>𑖌𑖼 𑖠𑖳𑖢𑖰𑖎𑖯𑖧 𑖠𑖳𑖢𑖰 𑖢𑖿𑖨 𑖕𑖿𑖪𑖯𑖩𑖰𑖡𑖰 𑖭𑖿𑖪𑖯𑖮𑖯</td></tr>
<tr><td>정음</td><td>:옴◦ ·도·비가:야◦ ·도·비ᄇ·라◦ :바:리·니◦ ᄉ·바·하</td></tr>
<tr><td>한자</td><td>唵引 度比迦野 度比鉢囉 嚩哩儜 薩嚩賀</td></tr>
<tr><td colspan="2">요즘소리</td><td>옴 도비가야 도비바라 바리니 사바하</td></tr>
<tr><td colspan="2">장경표기</td><td>唵引 度比迦也 度比 鉢囉二合 入嚩二合里寧[4] 娑婆(半音)賀</td></tr>
<tr><td colspan="2">되짠소리
(IPA)</td><td>^{ʔ}əm du-pi-ka-ja du-pi p-la ^{n}ź-ba-li-niɛ$_{(ŋ)}$ sbaɣa</td></tr>
</table>

낱말

dhūpi-kāya(< dhūpin '꽃내음 나는 , 향기로운' + kāya '몸') No. m. Sg. Voc. 향내나는 몸
pra: Ind. 앞, 앞으로, 앞서는, 더욱, 매우.
jvālini(< jvālinī): No. f. Sg. Voc. 철자 v의 이름; 풀이름(Sanseviera Zeylanica); 불타는, 빛나는 이.
dhūpi-pra-jvālini: No. m. Sg. Loc. 꽃내음 그윽하고 더 빛나는 이.

덧글

당의 의정(義淨, 635~713)이 옮긴 '큰 공작새 만뜨라여왕의 글(Mahāmāyūrī-vidyārājñī-sūtra, K0303/T0985 佛說大孔雀呪王經)'과 왜의 엔닌(圓仁, 794~864)이 받아간 '공작새 다라니 상스끄르따 글(T0983B 孔雀經真言等梵本)'에 수랴깐따(sūryakānta)와 이어지는 진언이 있다:

普嚕普嚕十遍止掇止掇十遍呬計弭計 祝計僕計 室利跋姪麗 忙揭勵三曼多 跋姪囇 呬闌喏揭鞞
薩婆頞他娑憚儞阿末囇 毘末麗 旃達羅鉢喇嬔 **蘇利耶建帝** 突婢慎爾裔[5] 曇鞞杜曇鞞 畢梨咩羯囇

phuruphuru ciṭiciṭi hikkemikke cikkevikke śrībhadre maṅgalye samantabhadre hiraṇyagarbhe sarvārtha-sādhanī[6] amale vimale candra-prabhe sūryakānte durvijñeye (XXXXX) priyaṃkare

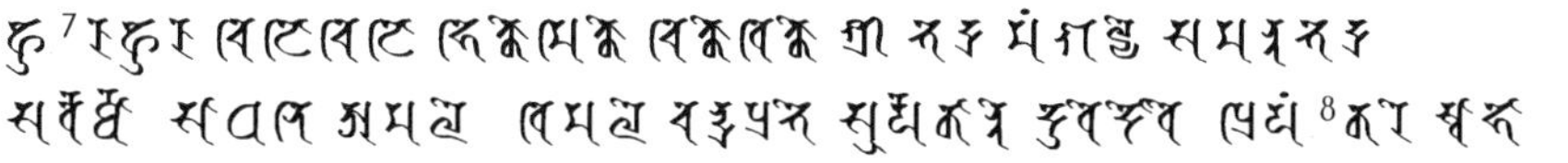

깜빡깜빡 쉿쉿 딸꾹딸꾹 맨들맨들 빛나고 뛰어나며[9] 아름답고 온통 밝은 황금알에서 나왔으며, 모든 것에 어울리며, 맑고 깨긋하며 달빛 같으며, 알 수 없고 (...) 기쁨을 주는 햇빛돌에서

뒤풀이

---

[1] 大智度 初品中放光釋論 第15: 光明有二種. 一者火氣, 二者水氣, 日珠火氣 月珠水氣 ~ 復次是光明佛力故遍至十方.

[2] 한글판 오대진언(성암고서박물관)/하정수 (2019), 118쪽:
ᄒᆞ다가 눈 어드워 불가 빗나긔 코져 ᄒᆞ거든 이 진언을 닐그라
'만약 눈 어두워 밝아 빛나게 하고자 하거든 이 진언을 읽으라.'

[3] 村上 真完(初唐における智通訳の観音経類が意味するもの, 2019, 189쪽)도 비슷하게 보고 있다:
跢姪他徒比徒比迦耶徒比娑羅闍婆羅尼駁皤二合訶 Tadyathā, dhūpi dhūpi kāya, dhūpi pra-jvalani svāhā.
/即ち芳かぐわしき芳かぐわしき身よ。芳かぐわしき輝くものよ。栄えあれ。
'곧, 향기롭고 향기로운 몸이여, 향기롭고 빛나는 이여, 번영 있으라.'

[4] 오대진언 원문과 그 밑글인 '천 개의 손과 눈으로 누리를 살피는 님의 가없이 여김 다라니'(T1064) 및 그 밖에 두 군데는 嚩哩儜 *baliniɛ라고 써있지만, 아래 보기들처럼 나머지 일곱 군데는 다 * ^{n}zbaliniɛ를 옮긴 글로 써있고, 唵 다음에도 T0894a만 빼고 모두 度比가 되풀이되어 있다:
T0894a 卷1: 唵 度比度迦去也 度比鉢囉二合支嚩去二合 里寧上莎訶三遍誦之此是持誦土眞言.
T0894a 卷2: 唵 度比度比迦引也 度比鉢囉二合入嚩引二合里寧上莎去訶去, 七遍誦之此是被甲真言.
T0894b 卷1: 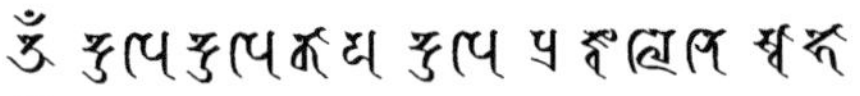 唵 度比度比迦也度比鉢囉餌嚩二 里寧莎訶三遍誦真言.
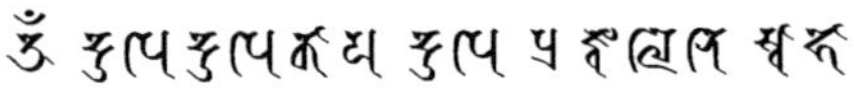 唵 度比度比迦也度比鉢囉餌嚩二 里寧莎訶誦七遍.
(원문은 가 모두 처럼 보이는데, 아마 싣담을 잘 모르던 지나의 제자들이 거꾸로 쓴 듯하다.)
T0924C 卷1: 唵 度比度比迦也 度比鉢羅入嚩里寧 娑婆賀.
K1278/T1033: 唵一 度比度比迦引也度比鉢囉二合入嚩二合里儞 婆嚩二合賀.
T1080 : 唵一 度比度比迦引野度比 三 鉢囉二合入嚩二合里儞 婆嚩二合賀.

그 밖에 두 군데에서는 *^{n}zbalaniɛ를 옮긴 글로 써있다.
T1057a 卷2: ... 徒比徒比迦耶徒比娑羅闍婆羅尼 駁皤二合訶.
T1058 : ... 徒比徙比迦耶徒比七 娑羅闍婆羅尼八 駁皤訶九.

위 아홉 보기는 이 진언이 원래 oṃ dhūpi dhūpi-kāya dhūpi pra jvālini/jvalani svāhā였음을 가리킨다.

[5] 원문에는 商 아래에 衣가 있는 모양이다.

[6] 본문에는 sādhani로 나오는데, sādhani란 꼴은 없으며, 겹씨(compound)로 쓰이는 sādhanī가 있지만, 뒤에 오는 amale를 봐도 -iy가 돼야 하므로 맞지 않다.

[7] 본문에는 처럼 보이지만, 普는 *phu이다.

[8] 본문에는 처럼 보이지만, 그런 말은 없다. 또 咩도 mi나 me가 아니라, *jaŋ을 나타낸 소리로 봐야 한다. 실제 송나라 뒤에 나온 글에는 羊으로 쓰여 있다.

[9] śrībhadra는 전남과 제주 갯가에서 나는 뙤풀로 갯뿌리방동사니, 약방동사니이며, 약재로 향부자(香附子, Cyperus rotundus)라 부른다. 따라서 '~맨들한 갯방동사니에서'로 새길 수도 있을 듯하다.

9. 觀世音菩薩月精摩尼手真言

누리를 살피며 오롯한 슬기에 든 님의 달빛돌을 쥔 손 만뜨라
(Avalokitasvara Bodhisattvaś Candra(kānta)maṇi-mudrāmantraḥ)

𑖓𑖡𑖿𑖟𑖿𑖨𑖎𑖯𑖡𑖿𑖝 candrakānta 짠드라깐따/ 𑖓𑖡𑖿𑖟𑖿𑖨𑖦𑖜𑖰 candramaṇi 짠드라마니;

티벧. ཆུ་ཤེལ།, Wyl. chu shel 추쉘 '물을 품은 수정';

지나. 旃陀羅摩尼(音)/ 月光摩尼, 月精摩尼, 月愛珠(意)

m. 달빛돌(moonstone, 月長石).

짠드라깐따는 짠드라(candra '달')와 깐따(kānta '좋아한')가 함께 이뤄진 낱말로 '달이 좋아한, 달을 좋아한'이란 뜻을 가진 돌이다. 따라서 달의 어둡고 차가운 기운을 담고 있다고 여긴다.

달빛이 담긴 짠드라마니(candramaṇi) 또는 짠드라깐따(candrakānta)는 달빛이 얼어 만들어졌다가 달빛에 녹는다고 여겨졌고, 부처님께서는 물의 기운이 담겨 있다고 하셨다[1]. 따라서 달빛을 담은 짠드라-마니/-깐따는 차가운 기운이 들어 있음을 알 수 있다.

觀世音菩薩月精摩尼手真言

若為熱毒病求清
涼者當於此手

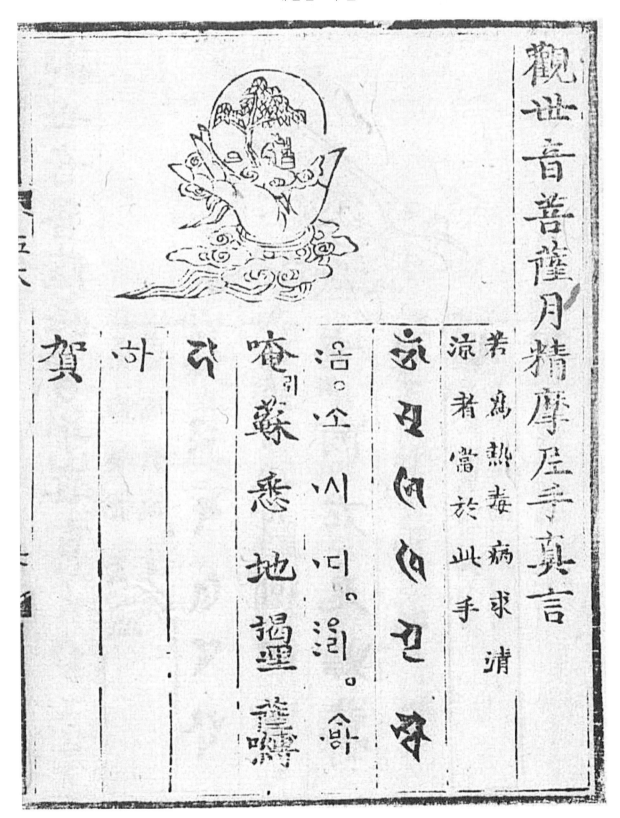

옴。소시디。리。사바

唵(引)蘇悉地揭哩薩嚩

하

賀

쓰임	若爲熱毒病求清凉者當於此手[2] 몸이 뜨거워지는 병으로 시원함을 찾는 이는 이 손(만뜨라)을 해라!

상스	ॐ सुसिद्धीकृत् स्वाहा oṃ susiddhī-kṛt svāhā
한글	옴 수싣디 끄르뜨 스바하
풀이	**옴, 아주 잘 이루신 분이여, 잘 해주소서!**

오대진언	실담	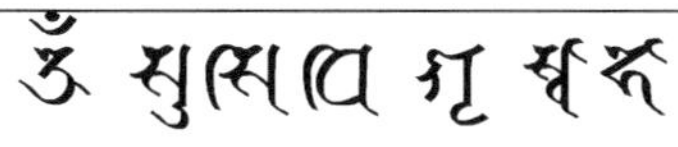
	정음	:옴◦·소·시·디◦:ᄋᆞ:리◦ᄉᆞ·방·하
	한자	唵引 蘇悉地 揭哩[3] 薩嚩賀
요즘소리		옴 소싯디 아리 사바하
장경표기		唵引 蘇悉地 揭哩二合 薩嚩二合賀
되짠소리 (IPA)		ˀəm su-sit-di g-li/k-li s-ba-ɣa

낱말

siddhi: No. f. 이룩함[成就], 다 이룸.
siddhī-kṛt: Adj. m. Sg. Voc. 끝마친, 이룬.
su-siddhi: No. f. 아주 잘 이룸[妙成就].
su-siddhī-kṛt: Adj. m. Sg. Voc. 아주 잘 이룬.

덧글

지나 남조 송(宋, 420~479)의 저거경성(沮渠京聲, ?~464)[4]이 옮긴 '그른 생각을 고치는 숨겨진 길[K0744/T0620 治禪病祕要法]과 잘되고 힘센 이(Śubhakara-siṃha)가 옮긴 '아뫄바까[5]대장이 부처님께 올리는 다라니 글 닦는 것[T1239 阿吒薄俱元帥大將上佛陀羅尼經修行儀軌]'에 짠드라마늬(candramaṇi)가 있다:

摩醯首羅 乘金色牛 持寶瓶水至行者前 ... 復持一珠名**旃陀羅摩尼**宋言月精置其頂上
거룩한 님께서는 누런 소를 타고 물병을 쥐고 행자에게 와서 ... 다시 짠드라마늬(송나라말로 月精)라는 구슬을 쥐고 그 머리 위에 둔다!

南無二十八部鬼神大將軍 ... 摩醯首羅 ... 那羅延 ... **旃陀羅摩尼** ...
28 귀신대장군께 절하나이다 ... 마헤슈바라 ... 나라야나 ... 짠드라마늬 ...

뒤풀이

---

[1] 大智度 初品中放光釋論 第15: 光明有二種. 一者火氣, 二者水氣, 日珠火氣<u>月珠水氣</u>.

[2] 한글판 오대진언(성암고서박물관)/하정수 (2019), 118쪽:

ᄒᆞ다가 덥달오 모딘 병에 ᄆᆞᆰ고 ᄎᆞ긔 코져 ᄒᆞ거든 이 진언을 닐그라

‘만약 덥고 달아 모진 병에 맑고 차게 하고자 하거든 이 진언을 읽으라.’

[3] 오대진언의 싣담은 gṛ 및 **ᄋᆞ리** 揭哩로 보이지만, 揭은 **걿/컨/컳/껋/엃/켕**(동국정운)로 적혀 있어 **ᄀᆞ리**나 **ᄏᆞ리**도 된다. 揭哩二合는 뒤 14 寶瓶手真言의 揭嚟二合보다 더 두렷하게 *kṛ-를 나타내어 보인다. 또 그때 범어 ***ṛ***는 /르/에 가까웠겠지만, 가차로는 ****li*** /리/밖에 더 나타낼 길이 없었다.

비교: 12. 觀世音菩薩楊柳枝手真言에서 나오는 蘇悉地-**迦哩**는 이어지는 딴말 kari이다.

[4] 佛光大辭典(1989) 4348쪽: 북량(北涼)의 임금 저거몽손(沮渠蒙遜)의 사촌 아우로 원래 흉노사람이다.

[5] 빠알리말로 āḷavaka 또는 āṭavaka 또는 āḷavika이며, 범어로는 āṭavi-ka ‘히말라야의 숲에 사는 이, 그 숲에 사는 이들로 모은(군대)’이다. 따라서 阿吒薄俱元帥大將은 ‘히말라야 숲에 사는 것들의 우두머리’란 뜻이다. 이것은 도깨비(yakṣa)의 하나로 얘기되는데, 단순히 지어낸 말이 아니라면 티벳에서 말하는 **예티**(< 티벳. གཡའ་དྲེད་ Wyl. g.ya' dred ‘눈사람[雪人]’)였을 수도 있다.

10. 觀世音菩薩寶弓手眞言

누리를 살피며 오롯한 슬기에 든 님의 활을 쥔 손 만뜨라
(Avalokitasvara Bodhisattvo Dhanu(r)-mudrāmantraḥ)

𑖠𑖡𑖲(𑖭𑖿) dhanu(s) 다누(스)/ 𑖎𑖯𑖨𑖿𑖦𑖲𑖎 kārmuka 까르무까/ 𑖓𑖯𑖢 cāpa 짜빠/ 𑖢𑖰𑖡𑖯𑖎 pināka 삐나까;

티벧. གཞུ།, Wyl. gzhu 슈 '활';
지나. 達耨, 達弩, 左波(音)/ 寶弓(意)
m. n. 활. 길이단위 (4 hasta '팔꿈치에서 가운데손가락까지'); (활을 쥔)시바; 궁수자리

다누스(dhanus)는 뭇 나쁜 것들을 짓누를 만큼 무섭고 성난 얼굴의 헤루까(Heruka)가 왼손에 쥐고 있는 품목의 하나인 활이다. 이것으로 밖의 걸림돌과 속의 아픔(kleśa, 煩惱)을 함께 없앨 수 있다. 안팎의 어려움을 잘 다루면 남들이 기리는 삶을 꾸릴 수 있다.

觀世音菩薩寶弓手眞言

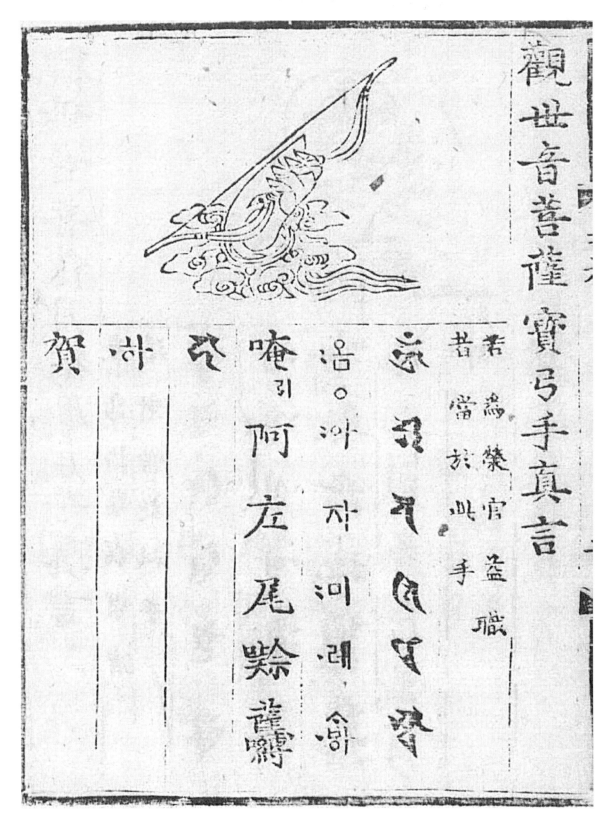

若爲榮官益職

者當於此手

옴 아자미례 사바하

唵引 阿左尾黎 薩嚩 賀

쓰임	若爲榮官益職者當於此手[1] 빛나는 관리로 벼슬을 더하려는 이라면, 이 손(만뜨라)을 해라!

상스	ॐ अच्छवीरे स्वाहा oṃ accha-vīre svāhā
한글	옴 앛차비레 스바하
풀이	**옴, 맑고 힘 있는 분에게서 잘 되게 해주소서!**

오대진언	실담	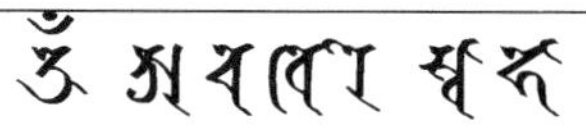
	정음	:옴◦ :아자:미·례◦ ᄉᆞ·바·하
	한자	唵引 阿左尾隸[2] 薩嚩賀
요즘소리		옴 아자미레 사바하
장경표기		唵引 阿左尾[3]隸 薩嚩二合賀
되짠소리 (IPA)		ʔəm ʔa-tsa-ᵐbi-lᵢeᵢ s-ba-ɣa

낱말

accha: Adj. 그늘지지 않은, 어둡지 않은; 맑은, 속이 비치는;
vīre(< vīra): No. m. Sg. Loc. 사나이, 큰 사람[偉人/英雄], 힘 있는 이; 수컷.

덧글

뒤에 나오는 15. 觀世音菩薩傍牌手真言과 '잘되고 힘센 이(Śubhakara-siṃha, 善無畏)'가 옮긴 '잘 이루게 이바지하는 길[K0431/T0894a/b 蘇悉地羯羅供養法]'과 '큰 해님 그렇게 오신 분의 칼을 쥔 손짓[T0864A 大日如來劍印]'에는 활(dhanu)과 더 직접적으로 이어져 보이는 진언이 있다:

唵 藥乞衫二合 囊上那去也 見引捺囉二合 達弩輕鉢哩二合也 鉢捨去鉢捨 莎訶此是通用誦鬪伽器真言之印
oṃ yakṣaṃ nadāya ścandra dhanu-priya paśa paśa svāhā
옴 약샴 나다야 슈짠드라 다누 쁘랴 빠샤 빠샤 스바하!
옴, 빛나는 활잡이시여 두 눈으로 도깨비를 떨게 하소서, 스바하!

金剛愛: 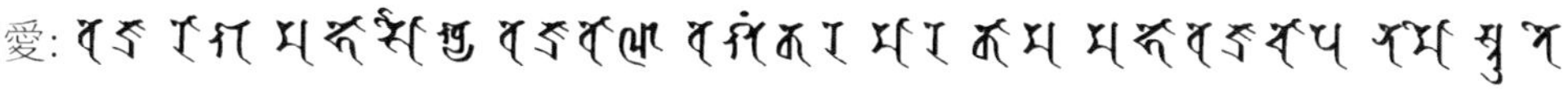
嚩日囉二合囉誐 摩訶引捺引俱也二合 嚩日囉二合, 引嚩拏 嚩商迦上囉 摩引囉迦引摩 摩訶嚩日囉引左波 曩謨引 娑都二合帝
vajra rāga mahāsaukhya vajravāṇa vaśaṃkara māra kāma mahā-vajra-cāpa namo 'stu te[4]
'굳센 물들임이여, 매우 기쁜 분이시여, 굳센 화살이여, 다스리는 분이시여, 도깨비의 사랑이여, 큰 굳센 활이여, 그대에게 절해야 하나이다.'

뒤풀이

---

[1] 한글판 오대진언(성암고서박물관)/하정수 (2019), 118쪽:

ᄒᆞ다가 빗난 구의실와 벼슬 더ᄒᆞ고져 ᄒᆞ거든 이 진언을 닐그라

‘만약 빛나는 벼슬과 직책 더하고자 하거든 이 진언을 읽으라.’

[2] 嚟의 딴꼴. 원문에는 [illegible]로 적혀 있다.

[3] 콧소리벗기 ^{m}bi.

[4] TITUS-Sarva-Tathagata-Tattva-Samgraha: https://titus.uni-frankfurt.de/texte/etcs/ind/aind/bskt/stts/stts.htm.

秋山 学: 呉音から西洋古典語へ - 第 1 部 印欧語文献とし(2012), 61쪽.

11. 觀世音菩薩寶箭手眞言

누리를 살피며 오롯한 슬기에 든 님의 화살을 쥔 손 만뜨라
(Avalokitasvara Bodhisattvā Ratna-kāṇḍa-mudrāmantraḥ)

iṣu(ka) 이슈(까)/ kāṇḍa 깐돠/ śara 샤라/ bāṇa/vāṇa 바놔;

티벧. མདའ།, Wyl. mda' 다 '화살, 갈대, 살(별[彗星])';
지나. 羅怛那二合劍努, 嚩日囉二合, 引嚩拏(音)/寶箭, 矢(意)
m. 화살, 갈대

큰 넘어선 앞선 슬기를 가리킴(K0549/T1509)에서는 아르한(arhat '섬길 만한')이란 아르(ari '적(賊)')와 한(han '죽이는')이 더해진 말로 '적을 죽이는'이란 민속어원(folk etymology)을 얘기한다. 거기서 슬기는 화살이 되어 밖으로 마왕의 군대를 깨뜨리며, 안으로 괴로움(kleśa, 煩惱)이란 적을 없애므로 이를 일러 아라한이라고 한다고 밝히고 있다[1].

밀교에서는 헤루까가 오른손에 쥐고 있는 품목의 하나인데, 이것으로 밖의 걸림돌과 안의 괴로움을 잘 다루면 좋은 이들도 따르며, 좋은 벗들도 생기게 될 것이다.

觀世音菩薩寶箭手真言

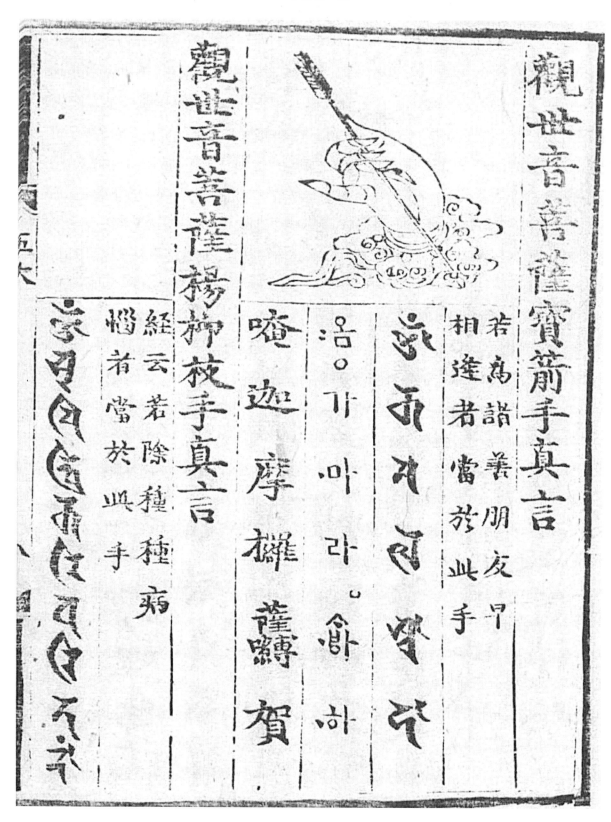

若爲諸善朋友早
相逢者當於此手

옴 가마라 。 사바하

唵迦摩攞薩嚩賀

觀世音菩薩楊柳枝手真言

經云若除種種病
惱者當於此手

쓰임		若爲諸善朋友早相逢者當於此手[2] 뭇 어진 벗을 일찍 만나려는 이는 이 손(만뜨라)을 해라!

상스		ॐ कमल स्वाहा oṃ kamala svāhā
한글		옴 까말라 스바하
풀이		**옴, 연꽃(같은 분)이시여, 잘 해주소서!**
오대진언	실담	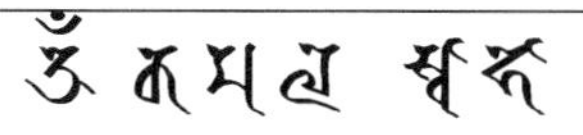 𑖌𑖼 𑖎𑖦𑖩 𑖭𑖿𑖪𑖯𑖮𑖯
	정음	:옴ᄋ 가·마라ᄋ ᄉ·바·하
	한자	唵引 迦摩攞 薩嚩賀
요즘소리		옴 가마라 사바하
장경표기		唵引 迦摩攞 薩嚩二合賀
되짠소리 (IPA)		ˀəm ka-ma-la sbaɣa

낱말

kamala: No. m. Sg. Voc. 연꽃, 번영, 약; Adj. 바라는; 희붉은, 불그레한/ 호색의, 육욕적[3].
kamalā: No. f. 훌륭한 아낙[女人]; 오랜지.

덧글

마음모음의 울림(Samādhisvara, 三昧蘇嚩二合羅)이 옮긴 '천 개의 빛나는 눈으로 모두 다 보는 오롯한 슬기에 든 님의 숨긴 길의 글[T1065 千光眼觀自在菩薩祕密法經]'과 앞 단원의덧글의 '큰 해님 그렇게 오신 분의 칼을 쥔 손짓[T0864A 大日如來劍印]'에 저마다 보배로운 화살(ratnakaṇḍa)과 굳센 화살(vajravāṇa)이 적혀 있다:

唵嚩日羅二合達磨二羅怛那二合劍努[4]寶箭曼殊妙音薩怛婆二合眾生曳醯曳呬速來羅引我羅我愛染愛染娑嚩二合賀
oṃ vajra dharma ratna-kaṇḍa mañju sattva ehyehi[5] rāgarāga svāhā
'옴, 굳센 가르침의 값진 칼이자, 갖가지 빛으로 아름다운 것이여, 어서 오세요, 스바하!'

𑖪𑖕𑖿𑖨 𑖨𑖯𑖐 𑖦𑖮𑖯𑖭𑖺𑖏𑖿𑖧 𑖪𑖕𑖿𑖨𑖪𑖯𑖜 𑖪𑖫𑖽𑖎𑖨 𑖦𑖯𑖨 𑖎𑖯𑖦 𑖦𑖮𑖯𑖪𑖕𑖿𑖨𑖓𑖯𑖢 𑖡𑖦𑖺 𑖭𑖿𑖝𑖲𑖝𑖸

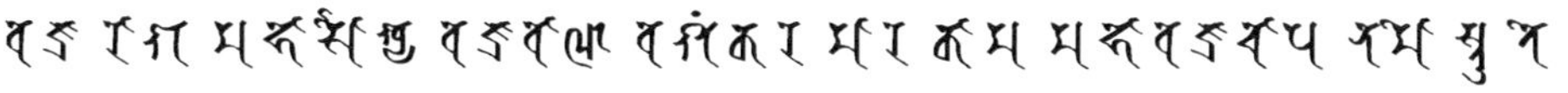

嚩日囉二合囉誐 摩訶引掃引俱也二合 嚩日囉二合, 引[6]嚩拏 嚩商迦上囉 摩引囉迦引摩 摩訶嚩日囉引左波 曩謨引 娑都二合帝
vajra rāga mahāsaukhya vajravāṇa vaśaṃkara māra kāma mahā-vajra-cāpa namo 'stu te[7]
'굳센 물들임이여, 매우 기쁜 분이시여, 굳센 화살이여, 다스리는 분이시여, 도깨비의 사랑이여, 큰 굳센 활이여, 그대에게 절해야 하나이다.'

뒤풀이

---

[1] 大智度論 卷2: 云何名阿羅呵 阿羅名賊 呵名殺 是名殺賊 如偈說 佛以忍爲鎧 精進爲剛甲 持戒爲大馬 禪定爲良弓 **智慧爲好箭** 外破魔王軍 內滅煩惱賊 是名阿羅呵.

[2] 한글판 오대진언(성암고서박물관)/하정수 (2019), 118쪽:

ᄒᆞ다가 모ᄃᆞᆫ 어딘 벋ᄃᆞᆯᄒᆞᆯ ᄲᆞᆯ리 맛나 됴ᄒᆞᆫ 일 ᄇᆡ호고져 ᄒᆞ거든 이 진언을 닐그라

'만약 모든 어진 벗들을 빨리 만나 좋은 일 배우고자 하거든 이 진언을 읽으라.'

[3] kamala는 원래 강세에 따라 kamalá와 kamála가 따로 있었다. 앞의 것은 '희불그레한' 빛깔을 나타내다 뒤에 비유적으로 그런 빛깔의 연꽃을 가리키게 된 것으로 보인다. 그것은 인도-아리아 말에서 나온 것이 아니라, 드라비다 말에 뿌리를 둔 것으로 보인다; Mayrhofer (1992, 305쪽), wohl kaum als „*lotusfärbig" zu ep. kl. kamala- 'Lotus'. (angeblich dravid. Ursprungs, s. Bur, BSOAS 12 [1948] 370. 그와 달리 뒤의 것은 √kam- '바라다'에서 나온 말이다. 역사적으로 강세가 범어에서 사라지면서 뜻이 섞이게 되어 한편으로는 '희불그레한 연꽃'과 다른 한편으로는 '~을 바라는, 육욕적인'을 함께 뜻하게 되었다. 이런 말은 문학에서 중의적인 표현으로 자주 쓰이곤 한다.

[4] 상디(saṃdhi)를 생각하더라도, 拏의 잘못이 아닌가 싶다. 콧소리벗기: 努*^{n}do.

[5] ehi (< ā + √i- '가다') Pres. 2. Sg. Imp. '다가 오라!'

T0894b 蘇悉地羯羅供養法:  噎醯曳呬婆伽梵寧賀薄底夜二合.

T0966 大聖妙吉祥菩薩說除災教令法輪:  沒囉二合軩麼二合曳引二翳醯曳呬.

[6] 올바로 받아적었다면, 嚩日囉二合嚩引拏이었어야 한다.

[7] TITUS-Sarva-Tathagata-Tattva-Samgraha: https://titus.uni-frankfurt.de/texte/etcs/ind/aind/bskt/stts/stts.htm.

秋山 学: 呉音から西洋古典語へ - 第 1 部 印欧語文献とし(2012), 61쪽.

12. 觀世音菩薩楊柳枝手真言

누리를 살피며 오롯한 슬기에 든 님의 잇솔를 쥔 손 만뜨라
(Avalokitasvara Bodhisattvo Dantakāṣṭha-mudrāmantraḥ)

𑖟𑖡𑖿𑖝𑖎𑖯𑖬𑖿𑖙 dantakāṣṭha 단따까슈타(< danta '이' + kāṣṭha '나뭇(가지)');

티벧. སོ་ཤིང།, Wyl. so shing 소 쉉 '잇나무';
지나. 憚哆家瑟多, 憚多家瑟詫, 彈多抳瑟搋, 憚哆家瑟詫(音)/ 楊柳枝, 齒木(意)
No. m. n. 잇솔, 칫솔, 이쑤시개(로 쓰는 나무).

단따까슈타(dantakāṣṭha)는 이를 닦는데 쓰이는 나뭇가지로 요즘의 칫솔과 이쑤시개의 구실을 함께 했다. 인도 고유의 의학인 아유르베다(āyurveda)에 따르면 칫솔질에 대한 중요성이 적혀 있는데, 건강을 위해 날마다 해야 하는 생활규범의 하나로 다뤄진다[1].

인도에서 이를 닦는 데 쓴 나뭇가지는 원래 버들가지가 아니고, 아열대나 건조대에 맞는 나무의 가지였으나[2], 동북아시아에서는 버들가지가 쓰였다. 실제 그 무렵 당(唐)에서는 버들가지를 깨물어 끝을 무르게 하여 약을 바르고 이를 닦는다는 글이 남아 있다[3].

이것이 불교와 함께 들어와 한. **양치**(< **양지**- 구급방언해) 및 왜. **ようじ** [楊枝·楊子]로 굳어진 듯하다. 이 **양지**라는 말은 일찍이 고려전기와 지나의 북송 무렵 손목(孫穆)이라는 사신이 고려를 둘러보고 적은 '계림의 갖가지 일[鷄林類事]'에도 나온다[4].

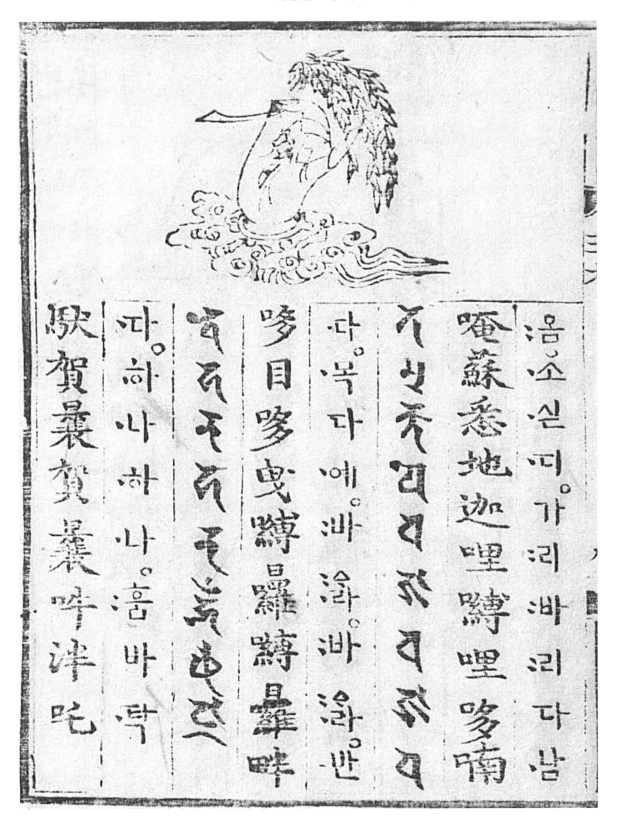

옴 소 싣 디 가 리 바 리 다 남

唵蘇悉地迦哩嚩哩哆喃

다 목 다 예 바 라 바 라 반

哆目哆曳嚩囉嚩囉畔

다 하 나 하 나 훔 바 탁

馱賀曩賀曩吽泮吒

<table>
<tr><td>쓰임</td><td>経云若除種種病惱者當於此手[5]
경에서 일컫길, 갖가지 병과 괴로움을 없애려는 이는 이 손(만뜨라)을 해라!</td></tr>
</table>

<table>
<tr><td colspan="2">상스</td><td>ॐ सुसिद्धिकरी वारितानां त आमुक्ता ये वज्र वज्रबन्ध हन हन हूं फट्
oṃ susiddhi-karī vāritānāṃ ta āmuktā ye vajra vajra-bandha hana hana huṃ phaṭ</td></tr>
<tr><td colspan="2">한글</td><td>옴 수싣디까리 바리따남 따 아묵따 예 바즈라 바즈라-반다 하나 하나 훔 팓</td></tr>
<tr><td colspan="2">풀이</td><td>옴, 옷 벗고 숨은 이들 가운데 다 이루신 님, 번개, 번개손깍지여, 다 없애소서, 훔 팓!</td></tr>
<tr><td rowspan="3">오대진언</td><td>싣담</td><td>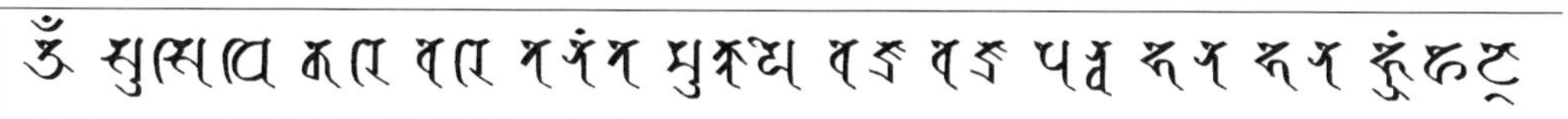</td></tr>
<tr><td>정음</td><td>:옴◦·소·시·디◦가:리 :바:리다·남·다◦ ·목다·예◦ :바:ᅀ·라◦ :바:ᅀ·라◦ ·반·다◦ ·하·나·하·나◦ :훔바·탁</td></tr>
<tr><td>한자</td><td>唵引 蘇悉地 迦哩嚩哩哆喃哆 目哆曳 嚩日囉 嚩日囉 畔馱 賀曩賀曩 吽泮吒</td></tr>
<tr><td colspan="2">요즘소리</td><td>옴 소싯지 가리바리 다남타 목다에 바아라 바아라 반다 하나하나 훔바탁</td></tr>
<tr><td colspan="2">장경표기</td><td>唵引蘇悉地迦哩 嚩哩哆喃哆目哆曳嚩日囉二合嚩日囉二合畔馱賀曩賀曩吽泮吒[6]</td></tr>
<tr><td colspan="2">되짠소리
(IPA)</td><td>^{ʔ}əm su-sit-di-kali ba-li-ta-nam ta-muk-ta jɛi ba-^{n}ʑ-la ba-^{n}ʑ-la ban-da ɣa-na$_{ŋ}$ ɣa-na$_{ŋ}$ xum p$^{h}{}_{u}$a$_{n}$ʈ</td></tr>
</table>

낱말

susiddhikarī (< su-siddhi-karin): No. m. Sg. Nom. 모두 이루게 해주는 이; 사람이름[7].

vāritānām (< vārita): Adj. m. Pl. Gen. 감춘, 숨긴, 덮은, 막은, 삼가는, 하지 못하게 한.

te … ye ~: Rel. m. Pl. Nom. ~인 사람들이 … ; te + ā > ta, -āḥ + ye > -ā + ye.

āmuktā (< āmukta): Adj. m. Pl. Nom. 입은, 걸친; 벗은, 풀어준; No. f. 갑옷.

vajra-bandha: No. m. 번개손깍지[金剛縛].

hana (< √han- 1.): Pres. 2. Sg. Imp. 죽이다, 없애다.

덧글

잇솔(dantakāṣṭha)을 소리 나는 대로 적은 가장 이른 글은 의정(義淨, 635~713)의 아랫바다에서 부쳐온 부처님 이야기(K1082/T2125南海[8]寄歸內法傳)에 보인다:

八朝嚼齒木 '여덟, 아침에 잇나무를 씹는다.'
每日旦朝須嚼齒木揩齒刮舌 務令如法. 盥漱清淨方行敬禮 若其不然 受禮禮他悉皆得罪 其齒木者 梵云**憚哆家瑟詑 憚哆**譯之為齒 **家瑟詑**即是其木.
'날마다 새벽 잇나무를 씹어 이를 닦고 혀를 긁는 일을 규칙으로 삼는다. 깨끗이 한 다음 절한다. 그렇지 않으면, 절을 받거나 남에게 하는 것 모두 죄가 된다. 그 잇나무를 범어로는 단따까슈타라고 하는데, 단따란 이이며, 까슈타는 바로 그 나무이다.'

뒤풀이

---

[1] 수슈루따상히따(Suśrutasaṃhitā)의 4권인 찌낃사스타나(cikitsāsthāna '진료사항')의 24장.

[2] Monier-Williams(1899), 468쪽: Flacourtia sapida '인도 자두'; Asclepias gigantea '牛角瓜', Ficus indica '벵골보리수', Acacia Catech '깓타 아카시아', Pongamia glabra '인도 너도밤나무', Terminalia alata '인도 월계수' 따위의 인도와 그 이웃인 동남아시아에 있는 나무로 楊柳 '버드나무'가 아니다.

[3] 外臺秘要(752) 卷第22: 每朝**楊柳枝**咬頭軟 點取藥揩齒 香而光潔.

[4] 鷄林類事(12세기) 272항: 齒刷曰**養支**.

[5] 한글판 오대진언(성암고서박물관)/하정수 (2019), 118쪽:

ᄒᆞ다가 죵죵앳 병의 보채요ᄆᆞᆯ 덜오져 ᄒᆞ거든 이 진언을 닐그라

'만약 종종의 병에 보챔을 덜고자 하거든 이 진언을 읽으라.'

[6] 唵蘇上悉地迦哩 入嚩二合里多去難馱慕輕利多上二合曳入嚩二合囉入嚩二合囉滿馱賀囊上賀囊合𤙖泮吒輕, 此是金剛部淨治路真言, 亦呼二部(T894a 蘇悉地羯羅供養法, 卷2)와 唵一蘇悉地迦哩二惹嚩二合理跢引難引跢三慕㗚怛曳四惹嚩二合攞惹嚩二合攞滿馱滿馱賀曩賀曩吽發吒半音(T0921 阿閦如來念誦供養法, 卷1)은 嚩哩가 入嚩(二合)里와 惹嚩二合理로, 目哆曳가 -馱慕輕利多上二合曳와 慕㗚怛曳로 저마다 jvalita와 amṛtaye로 바꿔 나타냈다.

[7] Alex Wayman: Introduction to the Buddhist Tantric Systems(1978), 137쪽.

[8] 스리비자야(Sriwijaya)를 비롯하여 인도까지 이르는 바다에 있던 나라들을 함께 가리킨다. 의정은 25년 동안 인도의 날란다와 스리비자야 등에 머무르며 불경을 지나말로 옮겼다.

13. 觀世音菩薩白拂手真言

누리를 살피며 오롯한 슬기에 든 님의 하얀 먼지떨이를 쥔 손 만뜨라
(Avalokitasvara Bodhisattvaś Śukla-vālavyajana-mudrāmantraḥ)

𑖫𑖲𑖎𑖿𑖩-𑖪𑖯𑖩𑖪𑖿𑖧𑖕𑖡 śukla-vālavyajana (< vāla ‘꼬리털’ + vyajana ‘부채’) 슈끌라-발라뱌자나;

티벹. རྔ་ཡབ།, Wyl. rnga yab 아/응아-얍 ‘꼬리의 아버지; 야크의 꼬리’;

지나. 戍迦羅-嚩囉弭也制曩(音)/ 白拂(意)

No. m. 하얀 먼지털이.

발라뱌자나(vālavyajana)는 히말라야 소인 ‘야크’의 꼬리털(camara)로 만든 먼지털이이다. 아유르베다에는 먼지떨이가 파리와 모기를 막아 준다고 적혀 있다[1]. 모든 나쁘고 막히고 어려운 것은 건강이 나빠지면서 생겨남을 헤아려 볼 수 있다.

觀世音菩薩白拂手真言

若為除滅一切惡障難者當於此手

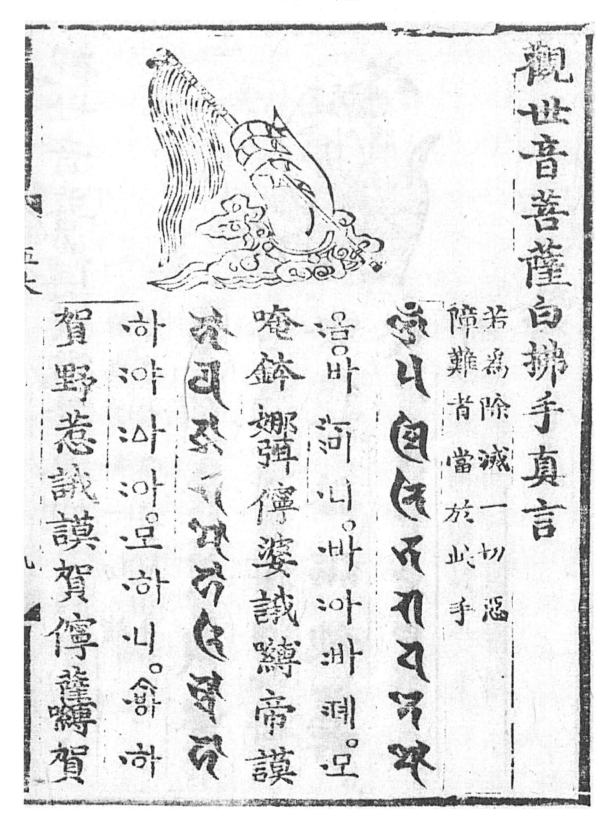

옴바나미바아바뎨모

唵鉢娜彌儜婆誐嚩帝謨

하야ᅀᅡ아모하니사바하

賀野惹誐謨賀儜娑嚩賀

쓰임		若爲除滅一切惡障難者當於此手[2] 모든 나쁘고 막히고 어려운 것을 없애려는 이는 이 손(만뜨라)을 해라!
상스		ॐ पद्मिनि भगवते मोहय जगमोहने स्वाहा oṃ padmini bhagavate mohaya jagamohane svāhā
한글		옴 빠드미니 바가바떼 모하야 자가모하네 스바하
풀이		**옴, 연꽃이 있는 본당에서 거룩한 분을 위해** (나쁜 것들을)**놀래키소서, 스바하!**
오대진언	실담	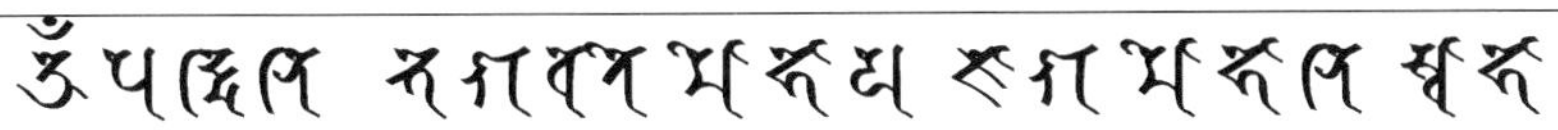
	정음	:옴◦바:ㄴ:미·니◦·바:아:바:데◦·모·하:야:ᅀᅡ:아◦·모·하·니◦ ᄉ·ᄫᅡ·하
	한자	唵引 鉢娜弭儜 婆誐嚩帝 謨賀野惹誐 謨賀儜 薩嚩賀
요즘소리		옴 바나미니 바아바제 모하야아아 모하니 사바하
장경표기		唵引 鉢娜[3]弭二合儜 婆誐嚩帝 謨賀野 惹誐謨賀儜 薩嚩二合賀
되짠소리 (IPA)		ˀəm pa$_{t}$-nd-mi-ŋ̊ε$_{(ŋ)}$ ba-ᵑga-ba-t$_{i}$e$_{i}$ mo-ɣa-ja ⁿźja-ᵑga-mo-ɣa-ŋ̊ε$_{(ŋ)}$ s-ba-ɣa

낱말

padmini (< padmin): Adj. m. Sg. Loc. 연꽃을 가진, 얼룩무늬의; No. m. Sg. 코끼리.

padmini/-ye (< padminī) No. m. Sg. Voc./Dat. 연꽃(줄기); 뛰어난 여인, 암컷 코끼리.

bhagavate (< bhagavat '행운/사랑/위엄을 가진') No. m. Sg. Dat. 거룩한 분, 섬길 분[世尊].

mohaya (< √muh-): Caus. Pres. 2. Sg. Imp. 멍하게 하다, 놀라게 하다, 어지럽히다.

jagamohane (< jagamohana): No. m. Sg. Loc. 원래 자가 모하나라 불리는 신과 신화로 잘 꾸며진 절 본당 앞에 세운 현관을 뜻함.

덧글

마음모음의 울림(Samādhisvara, 三昧蘇嚩二合羅)이 옮긴 '천 개의 빛나는 눈으로 모두 다 보는 오롯한 슬기에 든 님의 숨긴 길의 글[T1065 千光眼觀自在菩薩祕密法經]'에 하얀 먼지털이(śukla-vālavyajana)와 더 직접적으로 이어져 보이는 진언이 나온다:

真言曰 十三

唵嚩日羅二合達磨一 戍迦羅(二合)[4]嚩囉弭[5]也(二合)[6]制曩白拂薩嚩魔羅娑[7]耶一切障難尾[8]目吃底二合 解脫
娑嚩二合賀
oṃ vajra dharma śukla- vālavyajana sarva-māravāya vimukti svāhā
옴, 굳센 가르침의 하얀 먼지떨이이자, 모든 거친 것에게 벗어남이여, 잘 되게 해주소서!

뒤풀이

---

[1] 수슈루따상히따(Suśrutasaṃhitā)의 4권인 찌낏사스타나(cikitsāsthāna ‘진료사항’)의 24장.

[2] 한글판 오대진언(성암고서박물관)/하정수 (2019), 118쪽:

ᄒᆞ다가 일쳬옛 업쟝과 ᄌᆡ란 을 업긔 코져 ᄒᆞ거든 이 진언을 닐그라

‘만약 일체 업장과 재난을 없게 하고자 하거든 이 진언을 읽으라.’

[3] 콧소리벗기 ^{n}di.

[4] 원문에는 二合이 없지만, ‘하얀’이란 뜻의 범어는 śukla로 戍迦羅二合이어야 한다.

[5] 콧소리벗기 ^{m}bi.

[6] 원문에는 二合이 없지만, -vya를 채워주는 소리로는 弭也二合이어야 한다.

[7] 원문에는 娑지만, 여격인 māravāya를 채워주는 소리는 婆이다.

[8] 콧소리벗기 ^{m}bi.

14. 觀世音菩薩寶甁手眞言

누리를 살피며 오롯한 슬기에 든 님의 귀때병을 쥔 손 만뜨라
(Avalokitasvara Bodhisattvaḥ Kalaśa-mudrāmantraḥ)

𑖎𑖩𑖫 kalaśa 깔라샤/ 𑖎𑖲𑖽𑖥 kumbha 꿈바/ 𑖎𑖲𑖜𑖿𑖚𑖰𑖎𑖯 kuṇḍikā 꾼디까/ 𑖔𑖘 ghaṭa 가따;

티벧. བུམ་པ།, Wyl. bum pa 붐빠 '물병';
지나. 羯攞賖/-勢, 羯羅舍, 迦羅舍(音)/ 寶甁(意)
No. m. 귀때병, 물단지[1], 물병.

깔라샤(kalaśa)는 물을 담는 단지나 병을 뜻한다. 대체로 인도의 여러 의식에서 쓰이며, 꿈바(kumbha)나 가따(ghaṭa)라고도 불린다. 힌두의식에서 아므르따(a-mṛta '안 죽는', 阿弭哩多)나 소마(soma)가 담겨 있다고 믿어서 브라흐마나 시바 또는 락슈미(Lakṣmī) 같은 신에게 이바지하는 제기(祭器)로 쓰였고, 가정의 여러 일들(풍요, 지혜, 생명, 다산 따위)의 상징이었다. 이것 또한 대승불교, 특히 밀교로 들어와 만돨라(maṇḍala)의 여러 존자들에게 이바지하는데 쓰인다.

다만 오대진언의 그림과 그 명칭이 현재 인도에서 불려지는 명칭과는 거리가 있어 보인다. 이번 장의 것은 깔라샤로 여겨지는데, 아래처럼 인도에서 깔라샤(범) 또는 깔리슈(힌)는 우리의 단지나 항아리를 가리킨다. 반면 이 단원의 그림과 가장 닮은 것은 아래의 자리(jhārī)이다.

깔라샤/가따
(kalaśa / ghaṭa)

꿈바
(kumbha)

자리
(jhārī)

까만돨루
(kamaṇḍalu)

이런 차이는 아마도 인도에서 지나로 불교가 들어와서 지나의 문화와 어우러지면서 인도의 것이 하나둘씩 지나의 것으로 갈리면서 생겨난 결과가 아닐까 싶다.

觀世音菩薩寶甁手眞言

若爲善和一切諸
眷屬者當於此手

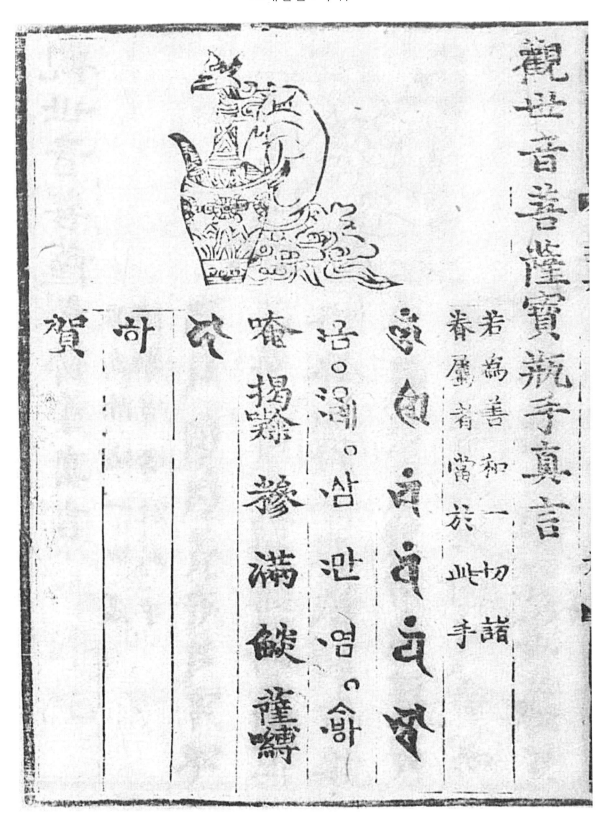

옴。아례。삼만염。사바

唵揭隸糝滿焰薩嚩

하

賀

쓰임	若爲善化[2]一切諸眷屬者當於此手[3] 모든 가족을 잘 되게 이끌려는 이는 이 손(만뜨라)을 해라!

상스	ॐ कृहि समयम् स्वाहा oṃ kṛhi samayaṃ svāhā
한글	옴 끄르히 사마얌 스바하
풀이	**옴, 서로 알게 되도록 해 주소서, 스바하!**

오대진언	싣담	
	정음	:옴◦ :ᄋᆞ·례 ·삼:만·염◦ ᄉᆞ·바·하
	한자	唵$_{引}$ 揭噤[4] 糝滿焰 薩嚩 賀

요즘소리	옴 아례 삼만염 사바하
장경표기	唵$_{引}$ 揭噤[5]$_{二合}$ 糝滿焰 薩嚩$_{二合}$賀
되짠소리 (IPA)	$^{?}$əm k-l$_{i}$e$_{i}$ sa$_{m}$-ma$_{n}$-jɛm s-ba-ɣa

낱말

samayam (< samaya): No. m. Sg. Acc. 함께 감, 서로 알게 됨; 계약/약속하다(kṛ-와 함께).
kriye (< kriyā < kṛ-): No. f. Sg. Voc: 함, 이룸, 수행, 수련.
kṛhi (< √kṛ- 2.): Pres. 2. Sg. Imp. 하다, 만들다.

덧글

북송 때 인도 마가다(Magadha)에서 왔다는 '어질고 뛰어난 이(Maitreya-bhadra, 慈賢)'가 옮긴 '매우 좋고 고르며 숨긴 마음을 모으는 딴뜨라의 큰 임금 글[T1192 妙吉祥平等祕密最上觀門大教王經]'에 깔라샤(kalaśa)가 들어 있는 진언이 보인다. 다만 당나라 때와 꽤 달라져 송대에 지나로 들어온 인도의 승려들이 소리를 옮긴 어떤 표기들은 미뤄볼 소리값을 헤아리기가 오히려 중고나 상고 지나말보다 쉽지 않다[6]:

眞言曰:

唵$_{引一}$ 謨顆嚩囉麼$_{上聲}$哩唧$_{二}$ 儞哩誐$_{二合}$多$_{上聲、三}$ 尾儞野$_{二合}$誐曩$_{上聲}$羯囉$_{四}$ 薩謨地哩$_{二合}$戴羯攞勢$_{五}$ ...
oṃ munivara mārīca nirghatā vidyā gaṇakāra samudrikte kalaśe
옴, 가장 뛰어난 까샤빠여 드러난 슬기를 나누고 가득 찬 물병에서 ...

뒤풀이

---

[1] 자주 물주전자라고 새길 수 있겠지만, 酒煎子는 원래 '술을 끓이거나 데우는 것'이란 뜻이다. 불전에 주전자란 명칭은 어울리지 않는다. 불교의식에 따르면 다공양이 있기에 다관(茶罐)이 알맞을 듯하다.

[2] 善化는 suvineya'잘 가르친, 잘 이끈, 잘 키운'를 옮긴 말이다. 다른 진언에는 一切 뒤에 善和로 나온다:
T1060 千手千眼觀世音菩薩廣大圓滿無礙大悲心陀羅尼經, 卷1: 若為一切**善和**眷屬者 當於胡瓶手;
T1064 千手千眼觀世音菩薩大悲心陀羅尼 卷1: 若為一切**善和**眷屬者 當於寶瓶手;
B0079 釋氏六帖 卷22: 若為一切**善和**眷屬者 當求胡瓶. '모든 잘 이끈 가족들을 위한다면 ~'

[3] 한글판 오대진언(성암고서박물관)/하정수 (2019), 118쪽:
ᄒᆞ다가 일쳬옛 모ᄃᆞᆫ 권쇽을 화동코져 ᄒᆞ거든 이 진언을 닐그라
'만약 일체의 모든 권속을 화동하게 하고자 하거든 이 진언을 읽으라.'

[4] 원문에는 黔로 적혀 있다. 참조: 10. 觀世音菩薩實弓手真言의 아자미례.

[5] 싣담 글꼴은 gri로 ᄋᆞ**례**(揭嚟二合)가 좀 어긋나 보이나, 揭은 동(국정)운만도 **걿**/·**컨**/**컳**/**껋**(卷3)과 ·**켕**(卷6)으로, 뒤쪽 嚟(隸/麗로 갈음)는 **·롕** *liei(卷6)과 **링**/**:링** *li(卷5)으로 적혀 있다. 따라서 앞에는 *g-/k-/kʰ-로 뒤에는 *-liei/-li를 끌어낼 수 있다. 실제로 10 寶弓手真言의 阿左尾嚟 아자미**례**와 14 寶瓶手真言의 揭嚟 ᄋᆞ**례**의 嚟는 *-liei로 보이고, 곁글 二合까지 생각하면 모두 ***kriye***나 ***-kri***를 가리켜 보인다. 그런데 ***samayam kṛ-*** '동의-, 약속하다'라는 꼴과 한자 가차의 한계를 생각하면, ***kriye***뿐 아니라, ***kṛhi***도 생각해 볼 수 있다. 비교: 9. 月精摩尼手真言의 :ᄋᆞ:리.

[6] 북송부터 시작하여 원을 거쳐 명·청까지의 지나말로 근고한어(近古漢語)나 조기관화(早期官話)라고 한다. 그런데 송의 한자소리는 원·명·청의 그것에 비해 아직 흐릿하다. 그나마 첫소리에서 울림소리가 모두 안울림소리로 달라졌고[濁音淸化], 받침인 -k, -t는 여려져 목구멍소리 ʔ이 되었거나 사라졌고 -p는 어느만큼 지켰을 것이라고 한다. 하지만 이런 가설도 확실하지 않다. 왜냐하면 북송 말이던 1104년(고려 숙종 8년) 고려에 온 손목(孫穆)이 고려말을 적은 "계림의 갖가지 일[鷄林類事]"에는 아마 중세 **다ᄉᆞᆺ**과 **여ᄉᆞᆺ**의 더 이른 소리를 나타낸 打戌과 逸戌에서 입성 받침인 *-t가 엿보이기 때문이다.

옥나영(五大眞言 千手陀羅尼 신앙의 배경과 42手 圖像, 2020, 48~49쪽)은 오대진언의 한자 음역표기에 실제로는 만당의 것(不空金剛)이 아닌, 그 뒤의 송의 것(慈賢)과 일치하며, 그 밖에 거란 요나라의 다라니 신앙도 고려와 조선에 영향을 미쳤음을 다루고 있다.

15. 觀世音菩薩傍牌手真言

누리를 살피며 오롯한 슬기에 든 님의 방패를 쥔 손 만뜨라
(Avalokitasvara Bodhisattvaḥ phalam[1]-mudrāmantraḥ)

𑖏𑖸𑖘(𑖎) kheṭa(ka) 케따(까)/ 𑖓𑖨𑖿𑖦𑖡𑖿 carman 짜르만/ 𑖛𑖯𑖩 ḍhāla 돨라/ 𑖭𑖿-𑖣𑖨(𑖎) s-phara(ka) 스-파라(까)/ 𑖣𑖩(𑖎) phala(ka) 팔라(까);

> 티벧. ཕུབ།, Wyl. phub 뿝 '방패';
> 지나. 薩頗羅/ 頗羅迦?(音)/ 傍牌/傍排/防牌/旁牌, 盾, 楯, 干(意)
> No. n. 널, 방패[2].

방패를 뜻하는 범어로는 널로 된 팔라까(phalaka), 가죽으로 된 짜르만(carman)이 알려졌고[3], 그 밖에도 케따(kheṭa), 돨라(ḍhāla), 파라(phara), 파라까(pharaka), 팔라(phala) 및 스파라(s-phara[4])와 스파라까(s-pharaka) 따위의 여러 가지로 불린다.

옛 인도말에서는 역사적으로 그 웃대의 인도-유럽말에서 인도-아리안으로 갈라지면서 한국말처럼 ***r***과 ***l*** 소리가 뒤섞였으며, s-가 붙는 것은 이른바 인도-유럽말에서의 움직이는 s(s-mobile)의 하나라고 볼 수 있어서 어느 것에는 붙고 다른 것에는 안 붙어 나타난다. 따라서 phalaka, phala와 phara, phara-ka 및 s-phara와 s-phara-ka는 같은 말이라고 볼 수 있다.

중요한 것은 어떻게 소리가 나든 이런 방패들 모두가 적의 위험한 공격으로부터 몸을 지키는 데 쓰인다는 점이다.

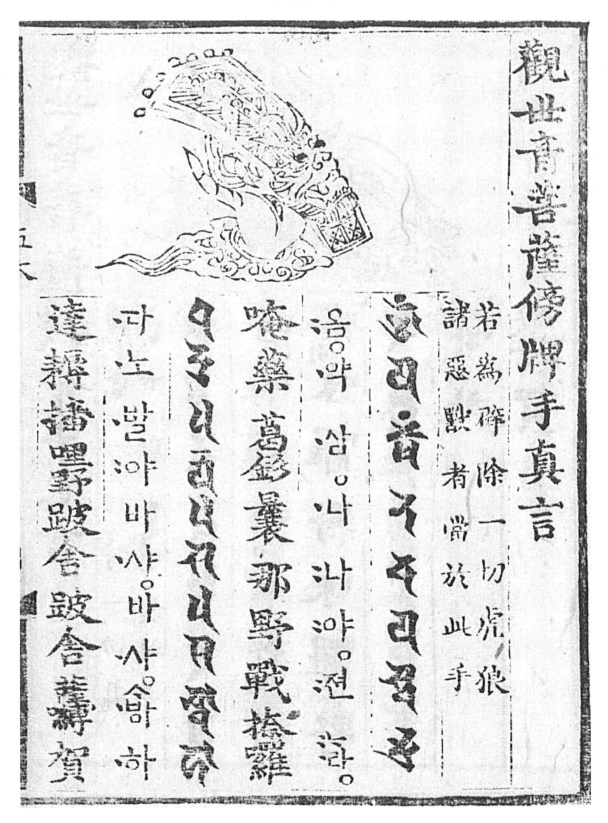

觀世音菩薩傍牌手真言

若爲辟除一切虎狼諸惡獸者當於此手

옴약 삼나 나야젼 나라

唵藥葛曩娜野戰捺囉

다노 발야 바샤 바샤 사바하

達耨播哩野跛舍跛舍薩嚩賀

쓰임		若爲 辟除一切虎狼諸惡獸者 當於此手[5] 모든 범, 이리 및 여러 나쁜 짐승들을 물리치려 이는 이 손(만뜨라)을 해라!
상스		**ॐ यक्षं नदय श्चन्द्र धनुप्रिय पशा पशा स्वाहा** oṃ yakṣaṃ nadaya ścandra dhanupriya paśā paśā svāhā
한글		옴 약샴 나다야 슈짠드라 다누쁘리야 빠샤 빠샤 스바하
풀이		**옴, 빛나는 활잡이시여 두 눈으로 도깨비를 떨게 하소서, 스바하!**
오대진언	실담	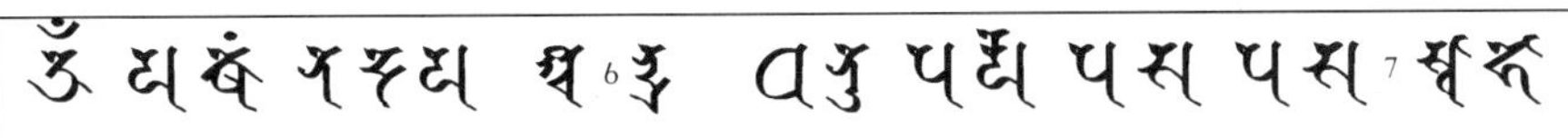
	정음	:옴◦ ·약·삼◦ ·나:나:야◦ :젼:ᄂ·라◦ ·다·노·발:야 바·샤◦ 바·샤◦ ᄉ·방·하
	한자	唵 藥[8]葛釤 曩那[9]野 戰捺[9]囉 達耨播哩野 跛舍 跛舍 薩嚩賀
요즘소리		옴 약삼나나야 전나라 다노발야 바사바사 사바하
장경표기		唵引 藥葛釤(二合) 曩(引)那(引)野 戰捺羅二合 達耨播哩野二合[10]跛舍 跛舍 薩嚩二合賀
되짠소리 (IPA)		ˀəm yaₖ-k-ʂam naŋ-ⁿda-ja tɕjɛn-ⁿd-la daₜ-nu-p-li-ja pa-ɕja pa-ɕja s-ba-ɣa

낱말

yakṣam (< yakṣa): No. m. Sg. Acc. 도깨비, 마귀; 야차(夜叉, 북방의 수호신)

nadaya (< √nad- 1.): Caus. Pres. 2. Sg. Imp. 떨게 하다, 울게 하다.

ścandra: Adj. m. Sg. Voc. 빛나는, 반짝이는.

dhanu: No. m. Sg. 활.

priya: Adj. m. Sg. Voc. (처격)좋아하는; 합성어의 앞 priya-devana- '놀이를 좋아하는'; 합성어의 뒤 akṣa-priya- '주사위를 좋아하는', gamana-priya- '가는 것이 즐거운'[11].

dhanu-priya/priya-dhanva: No. m. Sg. '활을 좋아하는 사람', 활잡이[弓手], 시바의 이름.

paśā (< paś-) No. f. Sg. Inst. 눈, 보기, 봄, 시력.

덧글

잘되고 힘센 이(Śubhakara-siṃha)가 옮긴 '번개꼭대기 글 - 해님 108 높은 가르침몸의 손짓(金剛頂經毘盧遮那一百八尊法身契印)'에는 스파라(sphara)가 들어 있는 진언이 보인다:

金剛池 唵 薩頗羅 跋日囉 莎 訶
oṃ sphara vajra svāhā
옴, 방패처럼 굳센 분이시여, 잘 해주소서![12]
옴, 번개시여 번쩍이소서/나타나소서[13], 스바하!

뒤풀이

[1] Mitra, Rājendralāla(Indo-Aryans: contributions towards the elucidation of their ancient and mediaeval history Vol. I, 1881) 327쪽 162번 그림.

[2] 傍牌는 오대십국 때 구광정(丘光庭)이 쓴 겸명서(兼名書)에 "漢書云 血流漂櫓 櫓即桿俗呼為**傍牌** 此物體輕 或可漂也"라고 했고, 송의 마감(馬鑑)이 지은 속사시(續事始)에는 傍排라고도 나오며, 그 밖에 防牌나 旁牌라고도 했다. 이것은 지나의 傍牌가 이웃의 *baŋbai라는 말에서 들어왔음을 내비친다. 실제 몽골말의 ***бамбай*** '방패, 깔개 따위', ***бамбайх*** '부풀다' 및 ***бамбагар*** '두툼하다'는 지나말에서 몽골말로 들어왔을 가능성보다 그 거꾸로일 가능성이 더 큼을 알려준다.

[3] Alois Payer(Quellenkunde zur indischen Geschichte bis 1858, 1944) 2.142.164. Schild. http://www.payer.de/amarakosa6/amara2142f.htm

[4] Monier-Williams (1899) 1269쪽에는 페르시아말 سپر [separ]에서 나왔을 수 있다지만, 꼭 그렇지만도 않다. 인도와 페르시아는 함께 인도-아리안 갈래이기에 같은 뿌리에서 나온 말[同源語]일 수도 있다.

[5] 한글판 오대진언(성암고서박물관)/하정수 (2019), 119쪽:

ᄒᆞ다가 일체옛 범과 일히와 모ᄃᆞᆫ 모딘 즁ᄉᆡᆼᄋᆞᆯ 제 에여 가긔 코져 ᄒᆞ거든 이 진언을 닐그라

'만약 일체의 범과 이리와 모든 모진 짐승을 스스로 피하여 가게 하고자 하거든 이 진언을 읽으라.'

[6] 원문에는 sca로 보이나, 인도말의 상디(saṃdhi)에 맞지 않다. 또 뒤의 𑖢𑖭 𑖢𑖭를 생각하면 𑖫𑖿𑖓 śca이다.

[7] 앞 자에 비출 때 𑖫 ś이겠지만, 𑖬 ṣ 로도 𑖭 s로도 보인다.

[8] 약 以灼切(廣韻)의 소리인데 홑소리쪽이 들어맞지 않는다. 특히 4, 7째 진언에 나왔던 양성운 儜과 曩과 달리 藥은 입성운이다. 뒤 20째 진언의 囉葛叉(二合)의 음성운 囉과 비교된다.

[9] 콧소리벗기: ⁿda, 싣담자도 각각 da, dra로 적혀 있다.

[10] 오대진언의 播哩野나 대장경의 播哩野二合는 아마도 播哩二合野를 잘못 적은 듯하다. 다음을 보라

T0894a: 唵藥乞衫二合曩上那去也見引捺囉二合達砮輕鉢哩二合也鉢捨去鉢捨莎訶

T0894b: [illegible]唵藥乞衫曩那也見引捺囉達砮 [illegible]鉢哩二合也鉢捨去鉢捨莎訶.

[11] Monier-Williams (1899), 710쪽.

[12] Acri, Andrea: Esoteric buddhism in mediaeval maritime Asia - networks of masters, texts, icons(2016) 59쪽.

[13] sphara가 √sphar- (6. √sphur-의 딴꼴)의 현재 2인칭 단수 시킴(Pres. 2. Sg. Imp.)꼴?.

16. 觀世音菩薩鉞斧手真言

누리를 살피며 오롯한 슬기에 든 님의 도끼를 쥔 손 만뜨라
(Avalokitasvara Bodhisattvaḥ Paraśu-mudrāmantraḥ)

परशु paraśu 빠라슈;

티벧. དགྲ་སྟ།, Wyl. dgra sta 드라따 '도끼';
지나. 婆去音羅輸/波羅戍 /-輸(音)/ 鉞斧(意)
No. m. 도끼

도끼(paraśu)도 나쁜 것들을 짓누를 만큼 무섭고 성난 얼굴의 헤루까가 오른 손에 쥐고 있는 품목의 하나이다. 헤루까의 원형이기도 한 가네샤도 이런 도끼를 쥐고 있는데, 일반적으로는 무엇과 이어지거나 붙들고 있지 않음(asańga, 無着)을 상징한다.

또 그보다 앞선 원형으로는 시바(Śiva, Īśvara)가 있다. 관세음보살로 옮겨 적는 아발로끼떼슈바라(Avalokita-īśvara, 觀-自在)는 힌두문화의 시바를 불교화한 존재이다. 그의 속성의 하나가 참됨(satya, 眞實/諦)이며, 그런 참됨을 뜻하는 시바의 상징물이 바로 도끼이다.

그런가 하면 '나무를 쪼갠다'라는 뜻에서 도끼는 번개를 뜻하기도 하므로 마침내 바즈라와도 이어지는 말이기도 하다.

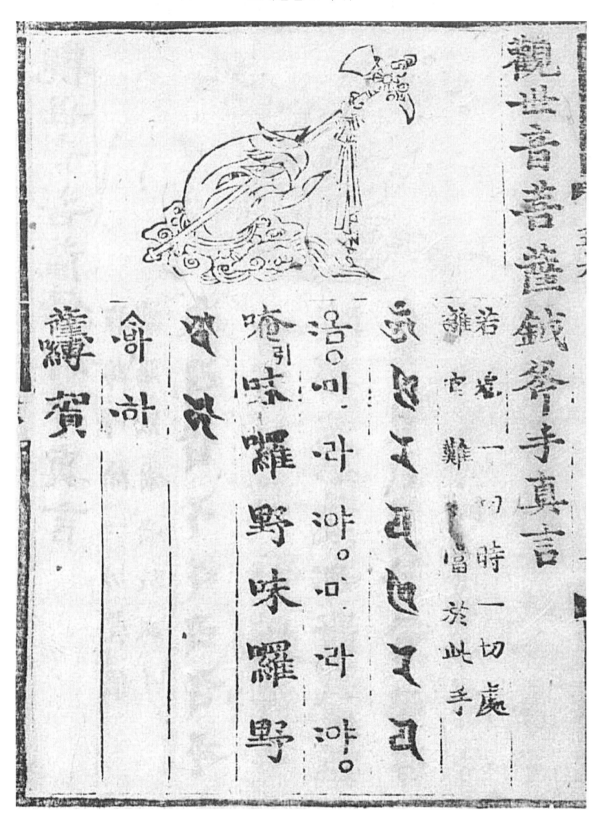

觀世音菩薩鉞斧手眞言

若爲一切時一切處

離官難 當於此手

옴 미 라 야。미 라 야。

唵 引 味 羅 野 味 羅 野

사바 하

薩嚩賀

쓰임		若爲一切時一切處離官難者當於此手[1] 언제 어디서나 관의 어려움에서 떨어지려는 이는 이 손(만뜨라)을 해라!
상스		ॐ वीराय वीराय स्वाहा oṃ vīrāya vīrāya svāhā
한글		옴 비라야 비라야 스바하
풀이		**옴, 큰 분에게 힘 있는 분에게 잘 되게 해주소서!**
오대진언	실담	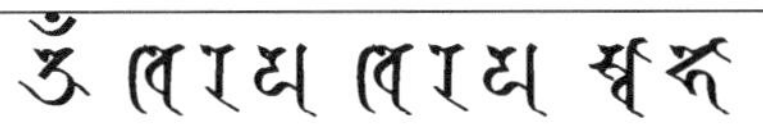
	정음	:옴◦·미·라:야◦ ·미·라:야◦ ᄉᆞ·밯·하
	한자	唵引 味囉野 味囉野 薩嚩賀
요즘소리		옴 미라야 미라야 사바하
장경표기		唵引 味[2]囉野 味[2]囉野 薩嚩二合賀
되짠소리 (IPA)		^{ʔ}əm ^{m}bi-la-ja ^{m}bi-la-ja s-ba-ɣa

낱말

vīrāya (< vīra): No. m. Sg. Dat. 사나이, 큰사람[偉人/英雄], 힘 있는 이; 수컷.

덧글

'맨 꼭대기(ati-kūṭa[3]', 阿地瞿多(音)/無極高(意))'가 옮긴 '다라니 모음(dhāraṇī-samuccaya, K0308/T0901 陀羅尼集經)'과 '굳센 슬기(Vajrabodhi, 金剛智)'가 옮긴 '오롯한 슬기에 든 따라 님의 외는 길(X1054 多利心菩薩念誦法)'에도 도끼(paraśu)가 나온다[4]:

那上音謨上音囉上音怛那二合路囉二合夜耶一 那謨同上室旃二合茶跋折囉波輕呼拏曳二 摩訶藥叉栖那波路曳三 那謨同上跋折囉骨平音嚧二合馱去音耶四 儞知夜二合鉢羅涉筏二合唎多五 婆去音羅地富多六 屋伽囉二合鄧瑟都二合嚧嚧地二合羯吒七 皤耶鞞羅皤去音耶八 阿上音私謨娑上音羅九 跋折囉娑去音羅十 輸娑去音舍訶悉馱去音二合耶十一 路姪他十二

Namo ratnatrayāya, namaś ścandra vajra-pāṇaye mahāyakṣasenāpataye[5], namo vajrakrodhāya nitya prajvalita pra-dīpta ugra-daṃṣṭro-'rdhīkṛta[6] bhaya-vilābhāya[7], asi-musala-vajra-paraśu-pāśa-hastāya tadyathā
'값진 셋께 절합니다. 빛나는 번개를 쥔 큰 도깨비무리의 으뜸께 절합니다. 번개처럼 성내는 분으로 언제나 불타고 빛나며, 무서운 이빨로 반으로 자르며, 두려움을 주며, 손에 칼이며, 몽둥이, 번개, 도끼 및 올가미를 쥔 그런 분께 절합니다.' (K0308)

那牟囉怛那怛羅耶夜一那莫始旃荼二跋折羅波拏曳三摩訶藥叉栖那波多曳四那牟跋折囉俱嚧陀那[8]五鉢囉什縛里多捻波多六鄧瑟覩嚕-嗢羯吒倍囉皤耶七阿私母娑囉八跋折囉波囉輸波舍訶婆多耶九怛地他十
Namo ratnatrayāya, namaś ścandra vajrapāṇaye mahāyakṣasenāpataye, namo vajrakrodhāya prajvalita dīpta daṃṣṭrotkaṭa bhairavaya asi musāra vajra paraśu pāśahastāya tadyathā.

‘값진 셋께 절합니다. 빛나는 번개를 쥔 큰 도깨비무리의 으뜸께 절합니다. 번개처럼 성내는 분으로 불타고 빛나며, 큰 송곳니가 많아 두려우며, 손에 칼이며, 몽둥이, 번개, 도끼 및 올가미를 쥔 그런 분께 절합니다.’ (X1054)

뒤풀이

---

[1] 한글판 오대진언(성암고서박물관)/하정수 (2019), 119쪽:

ᄒᆞ다가 일체 시ᄀᆞᆨ과 일체 쳐소애 구읫 어즈러우믈 여희오져 ᄒᆞ거든 이 진언을 닐그라

‘만약 일체 시각과 일체 처소에 벼슬 어지러움을 없애고자 하거든 이 진언을 읽으라.’

[2] 콧소리벗기 ^{m}bi.

[3] 그 밖에 adhikūṭa ‘위의 꼭대기’나 adikūṭa (Chaman Lal Raina, 2020, 76쪽)도 생각해 볼 수 있다.

[4] 비교, Kapstein, Matthew T.(2019) 277쪽:

~ namo vajrakrodhāya mahādaṃṣṭrotkaṭabhairavāya asimusalaparaśupāśagṛhitahastāya ~.

[5] 앞 9. 觀世音菩薩月精摩尼手真言의 뒤풀이 5에서 얘기한 āḷavaka 또는 āṭavaka 또는 āḷavika의 딴이름. mahā-yakṣasenā-pati는 ‘도깨비무리의 큰 우두머리’이며, 지나말로는 大元帥明王이라고 했다.

[6] 屋伽囉二合鄔瑟都二合嚧嚧地二合羯吒 *ʔu^{k}-g$^{(h)}$la dəŋ-ʂto-lo ld$^{(h)}$i-ka^{t}-ʈa는 ugra-daṃṣṭraḥ와 ardhīkṛta의 이어진 꼴로 보이나 ~嚧嚧地二合羯이 嚧地羯二合의 잘못이라면, -tkaṭa(< utkaṭa ‘~이 많은’)나 -dghāṭa(< udghāṭa ‘(이빨을)드러내는 짓’)로도 생각해 볼 수 있다.

[7] Monier-Williams (1899), 984~985쪽: vi-√labh- ... -labdha(~한), mfn. parted asunder, &c.; given, bestowed, consigned, Kathās. -labdhi, f. taking away, removing, Krishis. -lambha, m. gift, donation, liberality, L. -lābha (~하는), mfn.,.

[8] 아마 耶의 잘못.

17. 觀世音菩薩玉環手真言

누리를 살피며 오롯한 슬기에 든 님의 고리를 쥔 손 만뜨라
(Avalokitasvara Bodhisattvaḥ Kaṭaka-mudrāmantraḥ)

𑖎𑖘𑖎 kaṭaka 까따까;

티벧. གདུབ་བུ།, Wyl. gdub bu 둡부 '고리, 팔찌';
지나. 伽[1]吒迦(音)/ 環(意)
No. m. n. 팔찌, 고리, 둥근 것; 무리, 군대, 모음, 엮음.

옛 인도에는 동아시아의 옥고리[玉環]에 딱 들어맞는 대상은 없었고, 금이나 소라껍질 따위로 만든 팔찌가 그나마 비슷한 것으로 있었다. 아마도 범어로 valaya나 kaṭaka 또는 kaṅkaṇa 따위로 불리는 고리나 팔찌를 지나말로 그렇게 옮긴 것으로 보인다.

팔찌는 역사적으로 동서양을 막론하고 귀인의 장신구였다. 특히 kaṭaka의 뜻에는 이런 고리 모양의 대상물뿐만 아니라, 비유적으로 둥글게 구역화한 사람들의 무리도 함께 가리킨다.

觀世音菩薩玉環手真言

若為得男女及諸僕使者當於此手

옴 바 남 미 라 야 사바

唵引鉢納味囉野娑嚩

하

賀

쓰임		若爲得男女及諸僕使者當於此手[2] 남녀 및 여러 따르는 이를 얻고자 하는 이는 이 손(만뜨라)을 해라!

상스	ॐ पद्मं वीराय स्वाहा oṃ padmaṃ vīrāya svāhā
한글	옴 빠드망 비라야 스바하
풀이	**옴, 붉은 연꽃을 큰 분에게(바치나니) 잘 되게 해주소서!**

오대진언	싣담	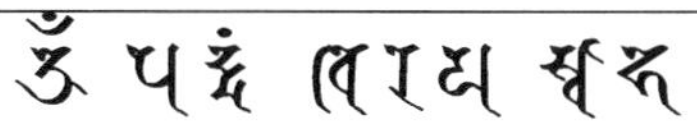
	정음	:옴◦ 바:ㄴ·맘◦ ·미·라:야◦ ㅅ·바·하
	한자	唵引 鉢娜牟含[3] 味囉野　薩嚩賀
요즘소리		옴 바나맘 미라야 사바하
장경표기		唵引 鉢娜[4]牟含 味[4]囉野 薩嚩二合賀
되짠소리 (IPA)		ˀəm paₜ-nd-mam ᵐbi-la-ja s-ba-ɣa

낱말

padmam (< padma): No. m. Sg. Acc. 붉은 연꽃, 연꽃모양의 것(명상, 군대, 절[寺]); 성교.

덧글

의정(義淨, 635~713)이 엮은 '상스끄르따 1000자(T2133 梵語千字文, 635~713)'에 아마도 고리를 뜻하는 까따까(kaṭaka)를 잘못 옮긴 듯한 말이 보인다:

 伽吒迦 環

위의 것은 싣담이나 중고한음 *g⁽ʰ⁾aṭaka를 봐도 상스끄르따 ghaṭaka로 '고리'라는 뜻이 결코 없다. 그럼에도 環이라 새긴 것은 의정이 상스끄르따 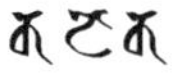 迦吒迦 kaṭaka를 헷갈려 잘못 옮겼다고 볼 수 있다. 참고로 ghaṭaka는 '이루는; 단지, 항아리 따위'를 뜻한다.

뒤풀이

---

[1] *ka로는 迦나 葛 또는 羯 따위가 성운학적으로 옳다.

[2] 한글판 오대진언(성암고서박물관)/하정수 (2019), 119쪽:

ᄒᆞ다가 (아)ᄃᆞᆯ와 ᄯᆞᆯ와 모ᄃᆞᆫ 죵과 ᄇᆞ릴 사ᄅᆞᆷ을 얻고져 ᄒᆞ거든 이 진언을 닐그라

‘만약 아들과 딸과 모든 종과 부릴 사람을 얻고자 하거든 이 진언을 읽으라.’

[3] ⿰牟含(⿰牟含)은 6서법을 따르지 않고 뜻 없이 소리 牟 m과 含 -am을 나타낸다; 字彙補: 莫感切, 音媎.

[4] 콧소리벗기 娜 ^{d}na, 味 ^{m}bi.

18. 觀世音菩薩白蓮華手真言

누리를 살피며 오롯한 슬기에 든 님의 하얀 연꽃을 쥔 손 만뜨라
(Avalokitasvara Bodhisattvaḥ Puṇḍarīka-mudrāmantraḥ)

𑖢𑖲𑖜𑖿𑖚𑖨𑖱𑖎 puṇḍarīka 뿐돠리까;

티벧. པད་མ་དཀར་པོ།, Wyl. pad ma dkar po 뻬마 까르뽀 '하얀 빠드마';

지나. 分荼利迦, 分陀利迦, 芬荼利迦, 奔荼利迦, 本拏哩迦 (音)/ 白蓮(意)

n. 하얀 연꽃[1]

하얀 연꽃(puṇḍarīka)은 인도의 모든 문화에서 절대적인 깨끗함을 나타낸다. 그런 인도문화의 한 갈래인 불교도 마찬가지로 이런 뜻을 그대로 이어받아 '더렵혀지지 않는 상태'를 가리킨다. 이 뜻은 '참된 가르침인 흰 연꽃의 글(Saddharma Puṇḍarīka Sūtram, K0116/T0262 妙法蓮華經)'에 잘 담겨 있다.

세상의 그 어떤 때로도 더렵혀지지 않는 깨끗함이 참된 이치이며, 그것을 상징하는 것이 하얀 연꽃이다. 다른 한편 하얀 연꽃을 뜻하는 뿐돠리까는 다른 빛깔의 연꽃들인 욷빨라(utpala) 및 빠드마(padma)와 함께 지옥을 가리키는 이름이기도 하다 .

觀世音菩薩白蓮華手真言

若爲成就種種功德者當於此手

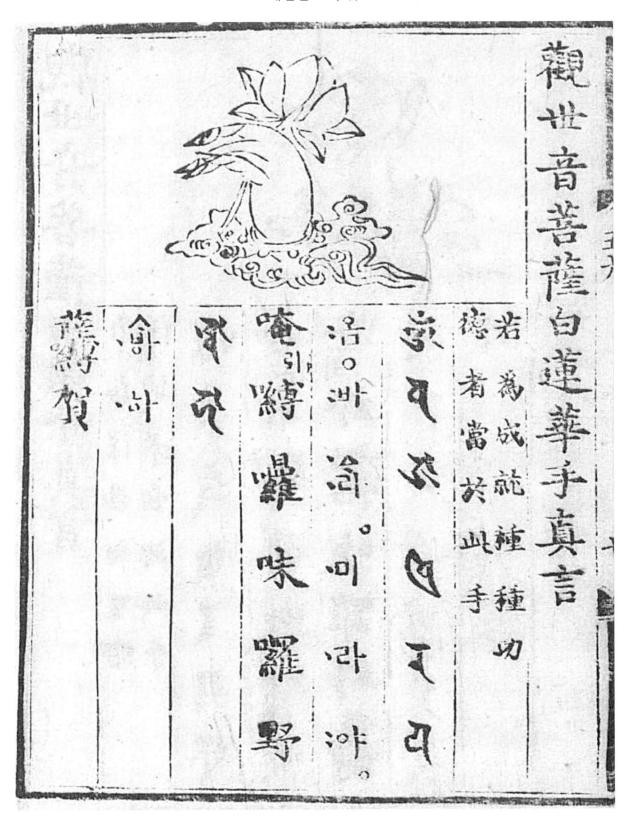

옴 바 아 미 라 야

唵 嚩(引) 日囉 味 囉 野

사、하

娑嚩賀

쓰임		若爲成就 種種功德者當於此手[2] 갖가지 공덕을 이룩하려는 이는 이 손(만뜨라)을 해라!
상스		ॐ वज्रवीराय स्वाहा oṃ vajravīrāya svāhā
한글		옴 바즈라비라야 스바하
풀이		**옴, 번개를 지닌 분에게(바치나니) 잘 되게 해주소서!**
오대진언	싣담	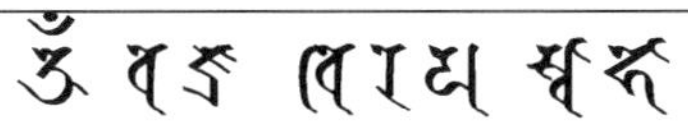
	정음	:옴◦:바:ᄾ·라◦·미·라:야◦ ᄾ·바·하
	한자	唵引 嚩日囉 味囉野 薩嚩賀
요즘소리		옴 바아라 미라야 사바하
장경표기		唵引 嚩日囉二合味[3]囉野 薩嚩二合賀
되짠소리 (IPA)		^{ʔ}əm ba-^{ɳ}ʑ-la ^{m}bi-la-ja s-ba-ɣa

낱말

vajravīrāya (< vajravīra): No. m. Sg. Dat. 가장 굳센-, 번개를 지닌 영웅, 번개사나이; 마하깔라의 딴 이름[4].

덧글

‘깨달음을 즐기는 이(Bodhiruci, 菩提流支)’가 옮긴 ‘깨달은 이의 이름 글(buddha-nāma-sūtra, 佛說佛名經)’과 ‘슬기로 지켜진 이(Jñānagupta[5] 闍那崛多)’가 옮긴 ‘깨달은 이의 이름 5453 분의 글(Buddha-nāma sahasrapañca śatacatus tripañcadaśa sūtra, K0394/T0443 五千五百佛名神呪除障滅罪經)’에는 부처님으로 나투어진 뿐돠리까에 대한 섬김을 나타내는 진언이 있다:

南無分陀利香佛 namaḥ puṇḍarīka-gandha-buddhāya (K0390/T0440, 卷4)
‘하얀 연꽃처럼 꽃내 나는 부처님께 절합니다.’

南無分荼利如來 namaḥ puṇḍarīka-tathāgatāya (K0394/T0443, 卷14)
‘하얀 연꽃처럼 그런 길을 가시는 분께 절합니다.’

뒤풀이

---

[1] 佛說方等般泥洹經 卷1: 其水底有七寶沙中有四種蓮華青曰優鉢紅曰波曇黃曰拘文白曰**分陀利**.

佛說方等般泥洹經 卷1: 及四種華優鉢羅 鉢曇摩 拘牟頭 **分陀利**(puṇḍarīka).

[2] 한글판 오대진언(성암고서박물관)/하정수 (2019), 119쪽:

ᄒᆞ다가 죵죵 앳 공덕 을 일오고져 ᄒᆞ거든 이 진언을 닐그라

'만약 종종의 공덕을 이루고자 하거든 이 진언을 읽으라.'

[3] 콧소리벗기 ^{m}bi.

[4] 마하깔라(Mahākāla '큰 검은(이)', 티벧. ནག་པོ་ཆེན་པོ།, Wyl. nag po chen po '큰 검은', 지나. 大黑天)는 원래 힌두교에서 떠받들던 비슈누와 시바(Śiva)의 모습을 나타낸 말로서 대승불교의 속화과정에서 받아들였다. 인도신화에서 번개(vajra)로 나쁜 것을 물리친 처음이자 으뜸의 신은 인드라였고, 그런 권능이 인도사상사에서 마지막으로 나투어진 것이 시바였다. '아이처럼 사는 이'(Kumārajīva)는 하얀 뱀(Nāgārjuna)의 '큰 슬기로 건네주는 가르침(Mahāprajñā-pāramitopadeśa)'을 옮기며 대자재천(大自在天/摩醯首羅天, Maheśvara)도 인드라나 비슈누보다 시바를 가리킨다고 보고 있다.

[5] 비교, 사람이름 Prajñāgupta '앞선 슬기로 지켜진'.

19. 觀世音菩薩靑蓮華手真言

누리를 살피며 오롯한 슬기에 든 님의 푸른 연꽃을 쥔 손 만뜨라
(Avalokitasvara Bodhisattva Utpala-mudrāmantraḥ)

𑖄𑖝𑖿𑖢𑖩 utpala 욷빨라/ Pāḷ. uppala 웁빨라;

티벧. ཆུ་སྐྱེས་སྔོན་པོ།, Wyl. chu skyes sngon po 추 꼐 왼/응왼 뽀 ‘푸른 연꽃’;

지나. 優缽羅, 優鉢羅, 優鉢羅, 優鉢, 嗢鉢, 嗢鉢羅, 漚鉢羅, 烏鉢羅, 鬱鉢羅(音)/ 靑蓮(意)

n. 푸른 연꽃[1]

푸른 연꽃은 욷빨라(utpala)나 닐롣빨라(nīlotpala[2]/ Pāḷ. nīluppala)로 인도의 문화 가운데 시바에게 바치는 꽃의 하나이다. 그러므로 이런 시바를 원형으로 나퉈진 관세음보살에게 이바지하는 꽃도 된다.

그러나 다른 한편 푸른 연꽃을 뜻하는 욷빨라 또는 닐롣빨라는 붉은 연꽃을 뜻하는 빠드마 및 마하빠드마(mahāpadma)와 더불어 추운 지옥 여덟(śīta-narakā aṣṭau, 八寒地獄)의 하나를 가리키는 말이기도 하다. 그곳에 떨어진 이는 추워서 몸이 파래진다고 한다.

觀世音菩薩青蓮華手真言

若為求生十方淨土者當於此手

옴。기리기리。ᄡᅡ라。

唵引枳哩枳哩嚩囉

불반다。훔바탁

部畔馱吽泮吒

쓰임		若爲求生十方淨土者當於此手[3] 열 곳의 깨끗한 땅을 찾아 살려는 이는 이 손(만뜨라)을 해라!
상스		ॐ किरि-किरि-वज्र **भृत्** बन्ध हूं फट् / ॐ किरि-किरि-वज्र **भुर** बन्ध हूं फट् oṃ kiri-kiri-vajra-**bhṛt** bandha huṃ phaṭ/oṃ kiri-kiri-vajra **bhura** bandha huṃ phaṭ
한글		옴 끼리끼리바즈라-브릍 반다 훔 팥/옴 끼리끼리바즈라 부라 반다 훔 팥
풀이		**옴, 번쩍번쩍이는 번개를 휘두르는 이여 함께 모으소서, 훔 팥!** **옴, 번쩍번쩍 번개시여 번쩍이시고 (세상에)묶으소서, 훔 팥!**
오대진언	신담	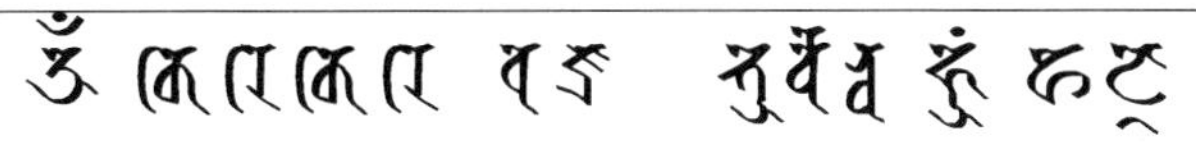
	정음	:옴◦ ·기·리·기·리◦ :바:ᅀ·라◦ ·볼·반·다◦ :훔 바·탁
	한자	唵引 枳哩枳哩 嚩日囉 部囉畔馱 吽 泮吒
요즘소리		옴 기리기리 바아라 불반다 훔바탁
장경표기		唵引 枳哩枳哩 嚩日囉二合 部囉[4]畔馱 吽 泮吒半音
되짠소리 (IPA)		ˀəm ki-li-ki-li ba-^{n}ʑ-la bo-la ban-da xum p^{h}a$_{n}$-ʈ

낱말

kiri (= kirika < √***kṝ***- 6. 흩뿌리다, 붓다) Adj. 반짝이는, 빛나는.

vajrabhṛt (< vajrabhṛt) No. Adj./m. Sg. Voc. 번개를 부리는/휘두르는 이; 인드라.

bhura (< √bhur- 6.) Pres. 2. Sg. Imp. 빨리 또는 떨며 움직이다, 번쩍이다.

bandha (< √bandh- 1./4./9.) Pres. 2. Sg. Imp. 묶다, 모으다; No. m. 묶음, 보증, 세상에 묶임/집착.

덧글

'깨달음을 즐기는 이(Bodhiruci, 菩提流支)'가 옮긴 '깨달은 이의 이름 글(K0390/T0440)'과 '슬기로 지켜진 이(Jñānagupta)'가 옮긴 '깨달은 이의 이름 5453 분의 글(K0394/T0443)'에는 부처님으로 나투어진 욷빨라에 대한 섬김을 나타내는 진언이 있다:

南無**優鉢羅**然燈佛 namo utpala dīpaṃkara buddha (K0390/T0440, 卷3)
'푸른 연꽃처럼 불을 밝히는 부처님께 절합니다.'

南無**優鉢羅**香如來 namo utpala gandha tathāgata (K0394/T0443, 卷8)
'푸른 연꽃처럼 꽃내 나며 그렇게 오신 분께 절합니다.'

뒤풀이

---

[1] T0378 佛說方等般泥洹經 卷1: 其水底有七寶沙 中有四種蓮華 <u>青曰**優鉢**</u> 紅曰波曇 黃曰拘文 白曰分陀利.
T0376 佛說方等般泥洹經 卷1: 及四種華 **優鉢羅** 鉢曇摩 拘牟頭 分陀利.

[2] X0438 大日經義釋(618~907) [卷11]: **優鉢羅**(亦有赤白二色又有不赤不白者形似泥盧鉢羅華也) … **泥盧鉢羅**(此奉從牛糞種生極香是文殊所執者目如**青蓮華**亦是此也更有蘇健地迦華亦相似而小華).

[3] 한글판 오대진언(성암고서박물관)/하정수 (2019), 119쪽:
ᄒᆞ다가 시방앳 조ᄒᆞᆫ 싸 해 구ᄒᆞ야 나고져 ᄒᆞ거든 이 진언을 닐그라
'만약 시방의 깨끗한 땅에 구하여 나고자 하거든 이 진언을 읽으라.'

[4] 비교: 唵枳里枳里嚩日囉二合嚩日哩二合部哷二合滿馱滿馱吽發吒半音(T0921 阿閦如來念誦供養法)를 보면, 部囉가 部哷二合 *bliet로 되어 bhṛt를 나타내려 했음을 알 수 있다.

20. 觀世音菩薩寶鏡手真言

누리를 살피며 오롯한 슬기에 든 님의 거울을 쥔 손 만뜨라
(Avalokitasvara Bodhisattva Ādarśa-mudrāmantraḥ)

𑖁𑖟𑖨𑖿𑖫 ādarśa (< √dṛś- Perf. '보다') 아다르샤(Pāḷ. ādāsa 아다사)/ 𑖤𑖰𑖽𑖤 bimba 빔바/ 𑖟𑖨𑖿𑖢𑖜 darpaṇa 다르빠나/ 𑖦𑖜𑖿𑖚𑖩𑖎 maṇḍala-ka 만달라까;

티벧. མེ་ལོང།, Wyl. me long 멜롱;

지나. 鏡, 寶鏡(意)

m. 거울, 눈으로 알 수 있는 일/짓, 완벽(이상적)

거울은 인류문명사에서 상징성이 크며, 특히 청동기시대 금속으로 만든 거울은 그 가치 때문에 몇몇 힘 있는 사람들만 가질 수 있던 것이다[1]. 한국의 잔무늬거울[精紋鏡]과 현재 무구의 하나인 명두[2]나, 왜 천왕가의 미꾸사노가무다가라[三種の神器]의 야따노가가미[八咫(の)鏡 やたのかがみ]도 마찬가지이다. 다만 원래의 구실이나 뜻은 잊혀 갔지만, 아마도 '**거울**삼다'나 '**かがみ**とする 가가미또스르'라는 말에 그 밑뜻인 '모범, 귀감'이 언어화석으로 되어 살아남았다.

이런 뜻에 그대로 들어맞는 범어가 아다르샤(ādarśa)이다. 원래 '거울'을 뜻했는데, 현재 힌디말에서는 '모범, 귀감, 이상'을 뜻하게 되었다. 하지만 이 아다르샤에는 슬기(jñāna, 智慧)라는 뜻이 담겨 있었고, 대승불교에서는 따로 '거울 같이 맑고 깨끗한 슬기(ādarśa-jñāna, 鏡智)'라고도 했다.

觀世音菩薩寶鏡手真言

若爲得大智慧
者當於此手

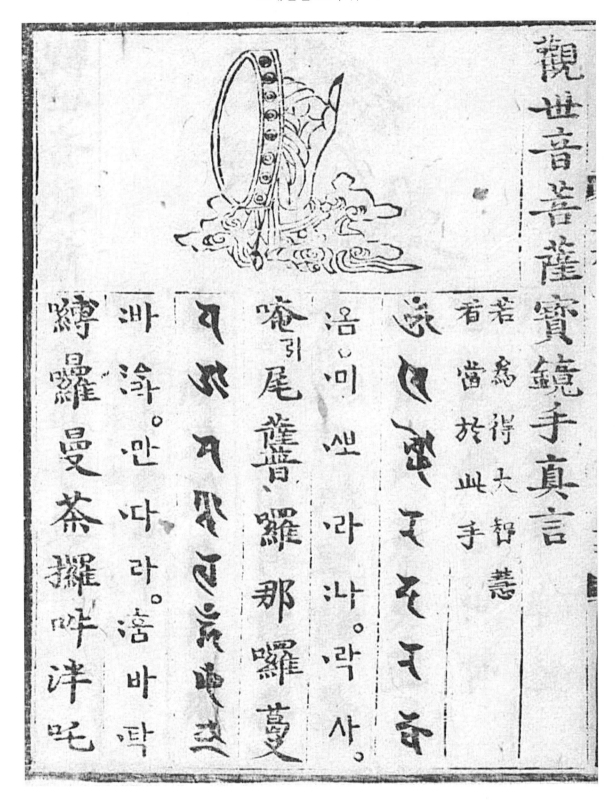

옴 ·미 ·ᄲᅡ ·라 ·나。·락 사。

唵引尾薩普囉那囉蔓

ᄡᅡ ᄙᅡ。만 ·다 라。훔 바 ᄩᅡᆨ

縛日囉曼荼攞吽泮吒

쓰임		若爲得大智慧者當於此手[3] 큰 슬기를 얻으려는 이는 이 손(만뜨라)을 해라!
상스		ॐ विस्फुरण रक्ष वज्र - मण्डल हूं फट् oṃ visphuraṇa rakṣa vajra-maṇḍala huṃ phaṭ
한글		옴 비스푸라놔 락솨 바즈라-만돨라 훔 팥
풀이		**옴, 번쩍이는 깨우침[頓悟]을 지키는 굳센 둥그라미여, 훔 팥!**
오대진언	신담	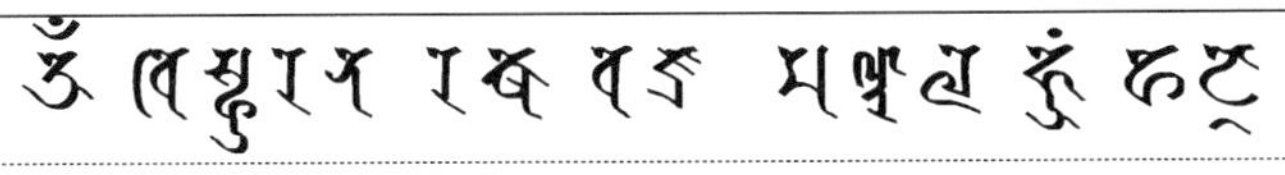
	정음	:옴◦ ·미·쐳·라:나◦ ·락사◦ :바:ᅀᅳ·라◦ ·만·다라◦ :훔 바·탁
	한자	唵$_{\text{引}}$ 尾薩普囉那 囉葛叉 嚩日囉 曼荼攞 吽 泮吒
요즘소리		옴 미보라 나락사 바아라 만다라 훔바탁
장경표기		唵$_{\text{引}}$ 尾[4]薩普$_{(\text{二合})}$囉那 囉[5]葛叉$_{(\text{二合})}$ 嚩日囉$_{\text{二合}}$ 曼荼攞 吽 泮吒$_{\text{半音}}$
되짠소리 (IPA)		^{ʔ}əm ^{m}bi-s-p^{h}u$_{o}$-la-na lak-ʂa ba-^{n}ʑ-la man-da-la xum p^{h}a$_{n}$-ʈ

낱말

visphuraṇa (< vi- √***sphur***- 6. 떨다, 반짝이다): No. n. Sg. Nom./Voc. (번개불의)반짝임/떨림.
rakṣa (< √***rakṣ***- 1. 지켜보다, 지키다): No. m. 지킴이, 살핌이.
maṇḍala: Adj. 둥근; No. n. 동그라미, 둥근 것(바퀴, 공, 반지 따위); 모모음, 임, 사회.
vajra-maṇḍala: 가장 굳센 동그라미/바퀴[金剛輪], 108 삼매의 23째 사마디(samādhi 三昧)의 이름[6].

덧글

거울이나 값진 거울을 뜻하는 한자 鏡이나 寶鏡은 불경자료에 있어서 문명의 이기인 CBETA (Chinese Buddhist Electronic Text Association, 中華電子佛典協會)에 수당 이전까지 96 차례나 나온다. 그러나 거울을 뜻하는 범어 ādarśa나 bimba, darpaṇa 및 maṇḍalaka의 어떤 것도 그 소리를 직접 옮긴 글은 보이지 않는다.

다만 위 진언의 嚩日囉$_{\text{二合}}$曼荼攞 vajra-maṇḍala가 둥근 거울을 뜻하는 ādarśa-maṇḍala의 다른 표현일 수도 있어 보인다. 왜냐하면 거울이 뜻하는 바가 깨끗하고 맑은 슬기이자 깨달음이며, 또 깨우침이므로, 이 진언에서는 '굳센 동그라미'가 바로 '둥근 거울'의 은유적 표현인 셈이다.

뒤풀이

[1] Albert Allis Hopkins (1910), 89쪽: only the wealthy had mirrors made from the precious metals.

[2] 明斗 또는 明圖라 쓰는데, 한자뜻과 실제로는 무관하다. 따로 神鏡이라고도 하며 뒷쪽에 해와 달 및 북두칠성과실담을 새겨놓은 것은 불교를 따라 들어온 mandara나 maṇḍala-ka가 그 말밑으로 여겨진다.

[3] 한글판 오대진언(성암고서박물관)/하정수 (2019), 119쪽:

ᄒᆞ다가 큰 디혜를 얻 고져 ᄒᆞ거든 이 진언을 닐그라

'만약 큰 지혜를 얻고자 하거든 이 진언을 읽으라.'

[4] 콧소리벗기 味 ᵐbi.

[5] 앞서 15째 진언에 나왔던 입성운 藥과 비교해서 짜임이 깔끔하다.

[6] 25,000 줄의 넘어선 앞선 슬기의 글(pañcaviṃśati sāhasrikā prajñāpāramitā sūtra K0003/T0223 摩訶般若波羅蜜經) 卷3.

21. 觀世音菩薩紫蓮華手真言

누리를 살피며 오롯한 슬기에 든 님의 보라 연꽃을 쥔 손 만뜨라
(Avalokitasvara Bodhisattvo Nīlotpala-mudrāmantraḥ)

𑖡𑖱𑖩𑖺𑖝𑖿𑖢𑖩 nīlotpala 닐롣빨라/Pāḷ. nīluppala 닐룹빨라

티벧. སྔོན་པོ།, Wyl. sngon po 욘/응욘뽀‘검 푸른’;

지나. 尼羅烏盋羅, 尼羅烏鉢羅, 욘耄羅娑(音)/ 紫蓮(意)

n. 검푸른 연꽃.

빠드마(padma)는 보통 붉은 연꽃이라고 하는데, 대지도론에는 우리가 붉은 연꽃이라고 하는 것은 赤蓮이라고 적혔고, 紅蓮은 새빨간 또는 검붉은 연꽃을 따로 가리켜서 프랑스말이나 잉글말로 옮긴 글에는 보라 연꽃(Fr. *lotus pourpres*, Eng. *purple*)이라 했다[1]. 또 赤蓮과 紅蓮으로 나타낸 ***kokanada***와 ***padma***도 ‘참된 가르침 풀이(Dhammapada-aṭṭhakathā)’와 그 한역인 法句經註釋에서는 더 헷갈린다[2].

그런데 푸른 연꽃이라는 nīlotpala(< nīla ‘어두운’+ utpala ‘푸른 연꽃’)나 asitotpala(< a-sita ‘어두운’ ~)는 엄밀히 말해서 ‘검푸른’이란 뜻이 담겨 있다. 이렇게 불리는 연꽃을 실제 보면, 푸른 연꽃인지 보랏빛 연꽃인지 가늠하기가 쉽지 않다. 실제 紫蓮을 가장 상서로운 빛깔을 지닌 연꽃이라고 본다면, 이런 느낌을 주는 말이 ‘큰 넘어선 앞선 슬기를 가리킴(K0549/T1509)’과 ‘천 개의 빛나는 눈으로 모두 다 보는 오롯한 슬기에 든 님의 숨긴 길의 글(T1065)’에 다시 보인다[3].

참고로 한반도에서 보라빛을 뜻하는 말은 옛날 신라부터 고려까지도 이제와 달리 날아다니는 **제비**(< 져비[tsjepi] (訓民))와 비슷한 소리로 향가 ‘꽃을 바치는 노래[獻花歌]’의 **紫布** *tsje-p^{u}o와 송(宋)의 사신이던 손목(孫穆)이 쓴 ‘계림의 갖가지 일[鷄林類事]’의 **質背** *tɕje-p^{u}i 였다[4].

觀世音菩薩紫蓮華手真言

若爲面見十方諸佛者當於此手

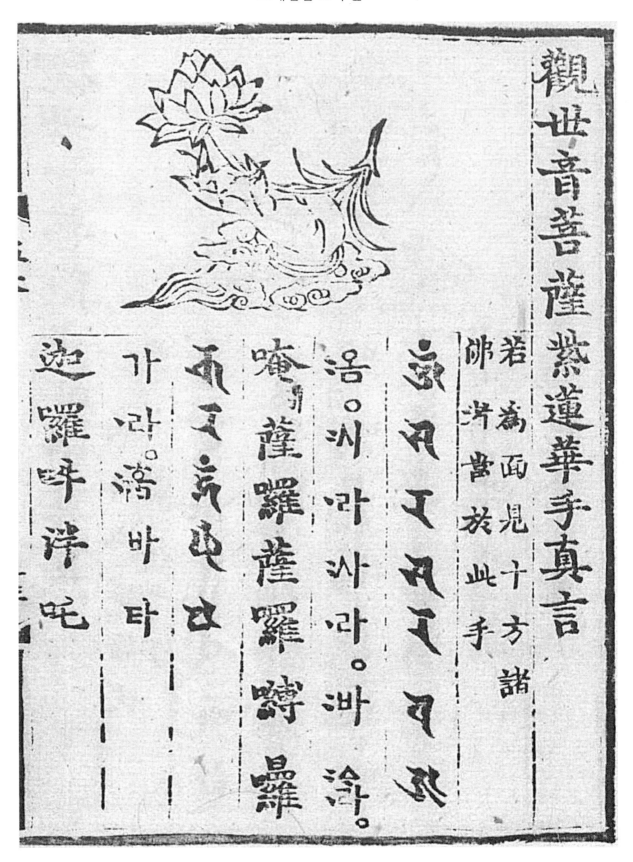

옴。사 라 사 라。바 ᅀᅵ라。

唵 薩囉薩囉嚩日囉

가 라。락 바 타

迦囉吽浡吒

쓰임		若爲面見十方諸佛[5]者當於此手[6] 열 곳의 부처님을 맞보려는 이는 이 손(만뜨라)을 해라!
상스		ॐ सरसर वज्राकर हूं फट् oṃ sara sara vajrākara huṃ phaṭ
한글		옴 사라사라 바즈라까라 훔 팓
풀이		**옴, 여기저기 뿌려진 번개 같은 모습이시여, 훔 팓!**
오대진언	싣담	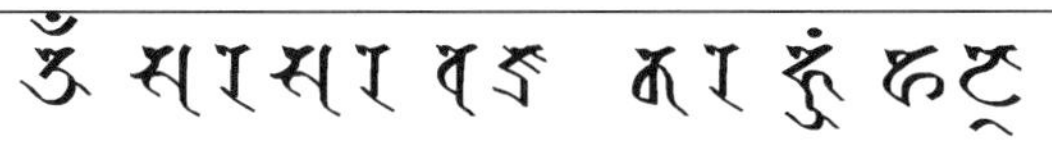
	정음	:옴◦ :사·라:사·라◦ :바:ᅀ·라◦ 가·라◦ :훔바·탁
	한자	唵引 薩囉薩囉 嚩日囉 迦囉 吽 泮吒
요즘소리		옴 사라사라 바아라 가라 훔 바탁
장경표기		唵引 薩囉薩囉 嚩日囉二合迦囉 吽 泮吒半音
되짠소리 (IPA)		ˀəm sat-la-sat-la ba-ⁿz-la ka-la xum pʰuan-ʈ

낱말

sara: Adj. 흐르는, 움직이는; No. m. 움직임, 흐름(시내), 폭포, 연못; 젖.
sarasara: Adj. 여기저기 움직이는, 흩날리는.
ākara: No. m. 뿌리는 사람, 쌓아둔 것, 많은 것, 더미; 뿌리, 근원; Adj. 뛰어난
vajrākara: No. m. 다이아몬드 광산; Adj. 번개 같은 모습의

덧글

마음모음의 울림(Samādhisvara, 三昧蘇嚩二合羅)이 옮긴 '천 개의 빛나는 눈으로 모두 다 보는 오롯한 슬기에 든 님의 숨긴 길의 글(T1065)'에 닐롣빨라(nīlotpala, 紫蓮)와 더 직접 이어져 보이는 진언이 있다:

唵嚩日羅二合達磨一乳而主反**耄羅娑納納麼**[7]二合紫蓮華薩嚩勃馱一切佛枳攘二合曩知也娑乞蒭二合毘耶見也娑嚩二合賀
oṃ vajra dharma nīlotpala padma sarvabuddha jñāna sākṣibhyaḥ svāhā
옴, 굳은 가르침이며, 검푸른 연꽃 같은 모든 부처님이시여, 슬기를 눈들로 보도록 잘 되게 해주소서!

보라빛 연꽃을 빠드마로 본다면, 앞에 나오는 17. 觀世音菩薩玉環手眞言이 더 직접적으로 이어져 보인다:

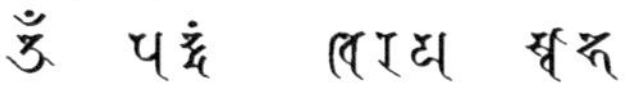 oṃ padmaṃ vīrāya svāhā

唵引 鉢娜給 味囉野 薩 嚩二合賀 옴 빠드망 비라야 스바하!
옴, 붉은 연꽃을 큰 분에게(바치나니) 잘 되게 해주소서!

뒤풀이

---

[1] 大智度論 卷9: 青蓮華赤蓮華白蓮華**紅蓮華**.

Lamotte, Etienne (1944) 517쪽: … lotus rouges (kokanada) ... **lotus pourpres**(padma).

Gelongma Karma Migme Chödrön (2001) 409쪽: red (kokanada) ... **purple** (padma).

[2] 빠알리 세 바구니(Pal. tripitaka, 三藏)의 얼차림의 토막(Pal. appamāda-vaggo, 不放逸品):

padmaṃ yathā ***kokanadaṃ*** sugandhaṃ ‘향긋한 꼬까나다 같은 빠드마를’

깨끗함의 길(Pal. visuddhi-magga, 淸淨道論): **俱迦難陀** **紫**金蓮 ‘꼬까나다라는 보랏빛 연꽃’(漢譯).

[3] 大智度論 卷9: ~ **水中生華青蓮華爲第一** ‘~ 물에 사는 꽃은 푸른 연꽃이 으뜸이다.’

Lamotte, Etienne (1944) 522쪽: ~ parmi toutes les fleurs aquatiques, le lotus bleu (nīlotpala) est le plus beau.

‘~ 모든 물 꽃에서는 푸른 연꽃(닐론빨라)이 가장 아름답다.’

T1065 千光眼觀自在菩薩祕密法經 [卷1]: 乳而上反**耄羅娑納納麼** 二合 紫蓮華.

[4] 본인의 첫 블로그: www.blog.yahoo.co.kr/mgyun/(2010. 8.28) - 2012.12.31 이후 야후 철수 및 닫힘.

둘째 블로그: https://blog.naver.com/ut_mgyun/150092898347 (2010. 8.28).

[5] Skr. daśa-dig(< diś f. 곳, 지역, 쪽)-buddha ‘열 곳(을 다스리는) 부처님’ 단수형이다. 복수형 try-adhva-buddhāḥ ‘세 때의 부처님들’ 및 atīta-anāgata-pratyutpannā buddhāḥ ‘지난, 아직 안 온, 생겨난 때의 부처님들(三世諸佛)’과 다르다.

[6] 한글판 오대진언(성암고서박물관)/하정수 (2019), 119쪽:

ᄒᆞ다가 시방앳 모ᄃᆞᆫ 부텨ᄅᆞᆯ 친히 보ᅀᆞᆸ고져 ᄒᆞ거든 이 진언을 닐그라

‘만약 시방의 모든 부처를 친히 보고자 하거든 이 진언을 읽으라.’

[7] 아마 乳老婆羅鉢納麼를 잘못 적은 듯하다. 특히 納麼二合은 대장경 어디서도 鉢納麼二合으로만 나타난다.

22. 觀世音菩薩寶篋手真言

누리를 살피며 오롯한 슬기에 든 님의 보배 설기를 쥔 손 만뜨라
(Avalokitasvara Bodhisattvā Ratna-karaṇḍa(ka)-mudrāmantraḥ)

(𑖨𑖝𑖿𑖡-)𑖎𑖨𑖜𑖿𑖚𑖎 ratna-karaṇḍa(ka) (라뜨나-)까란돠(까)

티벧. (དཀོན་མཆོག་-)ཟ་མ་ཏོག, Wyl. (dkon mchog-)za ma tog (꼰촉)자마 똑 '(값진 것)바구니)';

지나. 迦藍陀, 迦蘭夷, 迦蘭馱, 迦蘭陀(音)/ 寶篋(意)

m. 보배 설기[1].

𑖨𑖝𑖿𑖡𑖐𑖨𑖿𑖥 ratnagarbha 라뜨나-가르바

티벧. རིན་པོ་ཆེའི་སྙིང་པོ།, Wyl. rin po che'i snying po 린뽀체 닝뽀 '(값진 것)바구니)';

지나. 剌怛那揭婆, -糵喇婆(音)/ 寶藏(意)

m. 보배 바구니, 땅.

불교에서 값진 것(ratna)은 깨달음(buddha, 佛), 가르침(dharma, 法) 및 그런 길을 같이 가는 무리(saṃgha, 僧) 셋을 뜻하며, 이를 따로 값진 셋(ratnatraya, 三寶)이라고 한다. 이런 값지고 거룩한 것을 담아 둔 바구니를 ratna-garbha/-piṭaka 또는 ratna-karandaka라고 했다. 여기서 더 나아가 대승불교나 티벧 밀교에서는 그런 거룩한 것이 담긴 특성을 의인화하여 저마다 깨달음의 길로 가는 이[tathāgata]의 나툼이라고 본다.

우리가 사는 누리에서 땅이 곧 바구니가 되며, 그 보물은 뭇 살아 있는 것들(sattvāḥ, 衆生)이 된다. 이런 생명존중이 바로 깨달음의 뿌리가 되는 가르침이었다. 실제 불교와 함께 나스띠까(nāstika '베다를 믿지 않는, 신이 없다는')로 나뉘던 자이나 뿐만 아니라, 힌두문화에서도 이런 생각에서 보배 바구니를 다름 아닌 땅이라고 본다. 이런 생각은 오늘날 힌디말에서도 그대로 반영되어 라뜨나가릅(रत्नगर्भ < Skr. ratnagarbha)은 다름 아닌 '땅'을 뜻한다.

觀世音菩薩寶篋手眞言

若爲得地中諸伏藏 當於此手

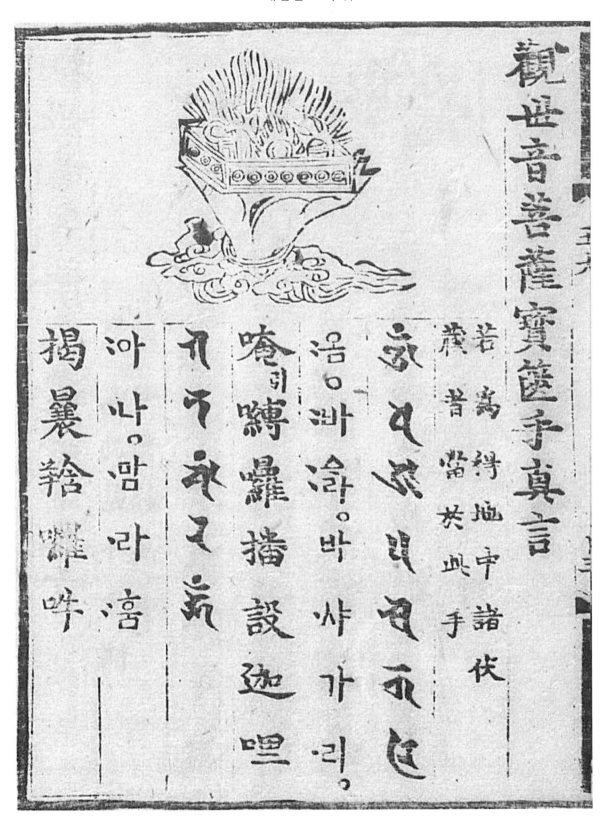

옴。바 아라。바 샤 가 리。

唵引嚩日囉播設迦哩

하 나。맘 라 흠

揭曩鉿囉吽

쓰임		若爲得地中諸伏藏者當於此手[2] 땅속의 여러 감춰둔 것을 얻으려는 이는 이 손(만뜨라)을 해라!

상스		ॐ वज्रपाश (/ -पाशत) करिगण मां र हूं oṃ vajrapāśa(/-pāśat) kari-gaṇa māṃ ra huṃ
한글		옴 바즈라빠샤(/-빠샽) 까리 가나 맘 라 훔
풀이		**옴, 번개올가미를(/-로) 휘두르는 무리이시며 옮아맴을 지닌 분이여, 훔!**
오대진언	실담	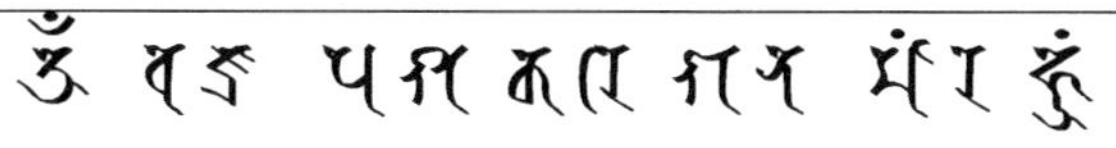
	정음	:옴◦ :바:ᄾ·라◦ 바·샤가·리◦ :아·나◦ ·맘·라 :훔
	한자	唵引 嚩日囉 播設迦哩 揭曩 羊含囉吽
요즘소리		옴 바아라 바사가리 아나맘나훔
장경표기		唵引嚩日囉二合播設[3]迦哩揭曩牟含囉 吽
되짠소리 (IPA)		ˀəm ba-ⁿʑ-la pa-ɕjɛt ka-li ga_{t}-$na_{ŋ}$ mam la xum

낱말

vajra-pāśa: 번개올가미[金剛索], 만주슈리의 딴이름.

kari (< karin): Adj. ~하는, ~끼치는/미치는.

gaṇa: No. m. Voc. 떼, 무리, 군대; 가네샤의 이름; 단위이름 따위.

mām (< mā): No. f. Sg. Acc. 빛, 지식; 묶음, 옮아맴.

ra: Adj. 가지고 있는, 끼치는, 미치는; No. m. 불, 열; 사랑, 욕구, 금; n. 밝음, 화려함.

rā: Adj. (겹씨의 끝에)주는.

덧글

까란돠를 적은 가장 이른 글로는 서진(西晉)의 '가르침의 살피미(Dharma-rakṣa 竺法護)'가 옮긴 '나이를 받는 글[K0688/T0050受歲經]'에서 '까란돠 대숲[迦蘭陀竹園, karaṇḍa-venu-vana]'이라고 쓴 것이 보인다. 얼마 뒤 아마도 까슈미르(Kaśmīra? 罽賓)에서 동진(東晉)으로 온 '무리의 하늘(Saṃghadeva Gotama, 衆天)'이 쓴 '가운데 내려온 말씀(madhyama āgama, 中阿含經)'에는 좀 달리 '대숲 까란돠 뜰[竹林迦蘭陀園]'이라 적혀 있다.

그뒤 당의 현응(玄應)이 엮은 '뭇 부처 글의 소리와 뜻[K1063/C1163 一切經音義]'에서 迦蘭駄(迦)는 새의 이름이라 했다. 그 새가 있는 대숲은 다시 '깨달음을 즐기는 이(Bodhiruci, 菩提流志)'가 옮긴 '매우 값진 더미의 글(Mahāratnakūṭa-sūtra, K0022/T0310 大寶積經)'에서 '값진 바구니 뜰[寶篋園]'이라 씌여 있다.

뒤풀이

---

[1] 상(箱), 사(笥), 함(函) 및 협(篋) 따위를 가리키던 토박이말. 그 말밑은 篋 섥 협, 笥 섥 ·ᄉᆞ(訓蒙. 중7, 1527)에서 내려왔다.

[2] 한글판 오대진언(성암고서박물관)/하정수 (2019), 119~120쪽:

ᄒᆞ다가 ᄯᅡ햇 모ᄃᆞᆫ ᄀᆞᆫ초아 뒷ᄂᆞᆫ 칠보와 천량과ᄅᆞᆯ 얻고져 ᄒᆞ거든 이 진언을 닐그라

‘만약 땅에 모든 감추어 둔 칠보와 천량을 얻고자 하거든 이 진언을 읽으라.’

[3] 朝. **셜**/東. **셟** 識列切(廣韻)인데 **샤**나 **跛舍**(傍牌手)와도 다르다. 혹 *śjɛt의 잘못이라면 탈격 pāśāt과는 들어맞는다.

23. 觀世音菩薩五色雲手真言

누리를 살피며 오롯한 슬기에 든 님의 다섯 빛깔 구름을 쥔 손 만뜨라
(Avalokitasvara Bodhisattvaḥ Pañca-rūpa-megha-mudrāmantraḥ)

𑖢𑖗𑖿𑖓𑖨𑖳𑖢𑖦𑖸𑖑 pañca-rūpa-megha 빤짜 루빠 메가:

> 티벧. རྒྱ་མཚོ་སྤྲིན།, Wyl. rgya mtsho sprin 갸쪼 뜨린 ‘값진 구름’;
> 지나. 半者路婆銘伽(音)/ 五色雲(意)
> m. 다섯 빛깔 구름.

다섯 빛깔은 범어로 pañca-rūpa 또는 pañca-varṇa라고 하며, 일반적으로 동서남북중의 다섯 방향과 이를 저마다 나타내는 하얀, 빨간, 노란, 푸른, 파란 빛이 엮여 있다[1]. 인도에서 당으로 들어온 승려인 ‘마음모음의 울림(Samādhi-svara 三昧蘇嚩二合羅)’이 옮긴 ‘천 개의 빛나는 눈으로 모두 다 보는 오롯한 슬기에 든 님의 숨긴 길의 글(T1065)’에 半者路婆銘伽(pañca rūpa megha)라고 적혔있다.

하지만 인도의 다른 어떤 글에도 pañca rūpa megha가 보이지 않는 것으로 봐서 아마 지나 고유의 도교에서 상서로움의 징조라고 여기던 대상을 빌어온 듯하다. 위의 쓰임에서 仙道라는 말도 이를 뒤받쳐 준다. 지나에서는 이를 慶雲 또는 景雲 및 祥雲으로도 부른다.

觀世音菩薩五色雲手眞言

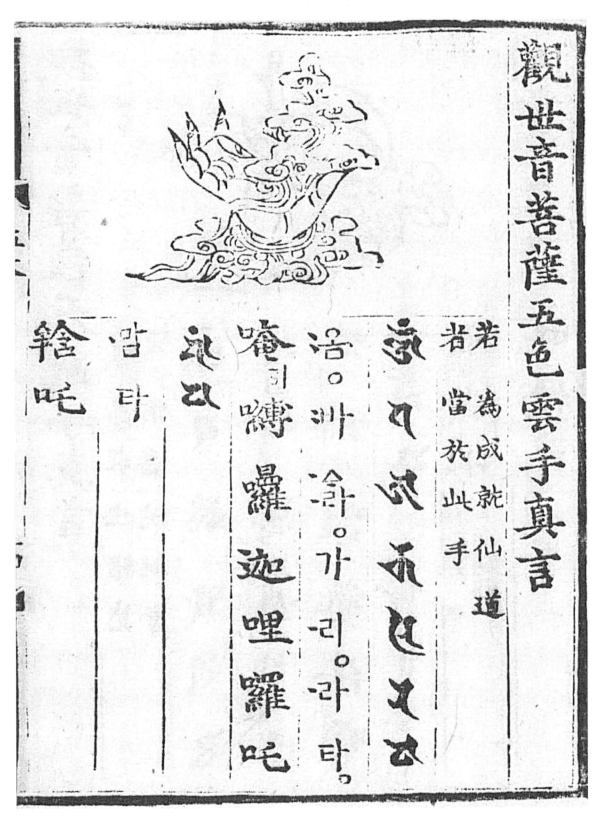

若爲成就仙道

若當於此手

옴。바아라。가리。라타。

唵嚩囉迦哩囉吒

훔 타

吽吒

쓰임		若爲成就仙道[2]者 當於此手[3] 슬기로운 이의 길을 이루려는 이는 이 손(만뜨라)을 해라!
상스		ॐ वज्रकरि रट मां ट oṃ vajra-karī raṭa māṃ ṭa[4]
한글		옴 바즈라까리 라똬 망똬
풀이		**옴, 번개를 휘두르는 그대는 으르렁거리소서, 망 똬!** **옴, 번개를 휘두르는 그대는 앎을 말하소서, 똬!**
오대진언	싣담	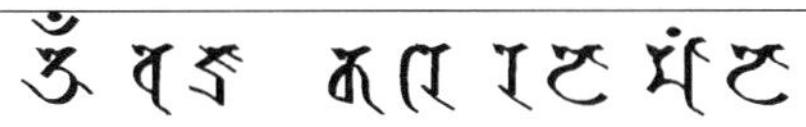
	정음	:옴◦:바:ᅀ·라◦ 가·리◦ ·라타◦ ·맘타
	한자	唵引 嚩日囉 迦哩 囉吒 牟含吒
요즘소리		옴 바아라 가리라타 맘타
장경표기		唵引 嚩日囉二合迦哩 囉吒[5] 牟含吒
되짠소리 (IPA)		ʔəm ba-ⁿʐ-la ka-li la-ʈa mam ʈa

낱말

vajra-karī (< karin): No. m. Sg. Nom. 번개를 움직이는/휘두르는.

raṭa(< √raṭ- 1.) Pres. 2. Sg. Imp. 소리치다, 으르렁거리다; 말하다(= raṭha[6]).

māṃ(< mā): No. f. Sg. Acc. 빛, 지식; 묶음, 옭아맴.

māṃ(< aham): Pron. 1. Sg. Acc. 나

ṭa: No. m. 소리, 난쟁이, 1/4, 넷째; n. 맹세.

덧글

마음모음의 울림(Samādhisvara, 三昧蘇嚩二合羅)이 옮긴 '천 개의 빛나는 눈으로 모두 다 보는 오롯한 슬기에 든 님의 숨긴 길의 글(T1065)'에 다섯 빛깔 구름과 더 직접 이어져 보이는 진언이 있다:

唵 嚩日羅二合達磨二 半者路婆銘伽五色雲悉馱引尾地也二合馱羅南成就明仙者 娑嚩二合賀
oṃ vajra dharma pañcarūpamegha-siddha vidyā-dhārāṇāṃ svāhā
옴, 굳센 가르침이자, 앎을 지닌 분들 속에 다섯 빛깔 구름을 얻으신 분이여, 잘 되게 해주소서!

뒤풀이

---

[1] 한국의 이른바 오방색인 동(파랑), 서(하양), 남(빨강), 북(검정), 중(노랑) 및 지나의 것(周禮 考工記 雜五色: 東方爲之靑, 南方謂之赤, 西方謂之白, 北方謂之黑, 天謂之玄, 地謂之黃)과 자리가 조금 다르다.

[2] 千手千眼觀世音菩薩大悲心陀羅尼(T1064_.20.0118c11~12): 若爲速成就**佛道**者 當於五色雲手.
千手千眼觀世音菩薩廣大圓滿無礙大悲心陀羅尼經(T1060_.20.0111a23~24): 若爲**仙道**者 當於五色雲手.

[3] 한글판 오대진언(성암고서박물관)/하정수 (2019), 120쪽:
ᄒᆞ다가 션신이 ᄃᆞ외 오져 ᄒᆞ거든 이 진언을 닐그라
'만약 선인이 되고자 하거든 이 진언을 읽으라.'

[4] 슬기의 터가 가리키는 외자의 튼 머리로 바퀴를 굴리는 님의 글(Bodhimaṇḍa-nirdeśa-ekākṣara-uṣṇīṣa-cakravartirāja-sūtra, T0950 菩提場所說一字頂輪王經)에는 ... 又真言句中加吒字摧利牙者 '... 또 만뜨라 글귀에 ṭa를 더하면, 날카로운 이를 가진 것을 꺾는다'라고 적혀 있다.

[5] 비교: 佛說毘奈耶經(T0898_.18.0774a17): 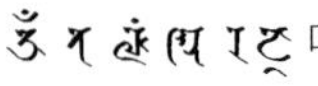 唵_一多 楞央 祇儞_二合 羅吒_半音呼.

[6] Monier-Williams (1899), 863쪽: रठ् ***raṭh*** (cf. √***raṭ***-) cl. I. P. *raṭhati*, to speak, Dhātup. ix, 50.

24. 觀世音菩薩君遲手真言

누리를 살피며 오롯한 슬기에 든 님의 물병을 쥔 손 만뜨라
(Avalokitasvara Bodhisattvaḥ Kuṇḍika-mudrāmantraḥ)

𑖎𑖲𑖜𑖿𑖚𑖰(𑖎𑖯) kuṇḍi(kā) 꾼듸(까):

> 티벧. རིལ་བ་སྤྱི་བླུགས།, Wyl. ril ba spyi blugs 릴와 칠룩 '둥근 물병';
> 지나. 君持, 君稚(迦), 捃稚迦, 軍持, 軍遲 (音)/ 淨瓶(意)
> No. f. 물병.

꾼듸(kuṇḍi) 또는 꾼듸까(kuṇḍika)도 앞 14. 觀世音菩薩寶瓶手真言에서 얘기한 깔리샤와 마찬가지로 원래는 물을 담는 단지나 병을 뜻했다. 그 쓰임은 통일신라의 이름난 승려이자 주석가였던 의적(義寂)이 쓴 '오롯한 슬기에 든 이가 지킬 것의 풀이[菩薩戒本疏]'에도 두따(dhūta, 지나. 頭陀)를 할 때 갖출 열 여덟 가지 가운데 넷째 것으로 들고 있다[1].

깔리샤와 굳이 비교한다면 깔리샤는 주로 신에게 이바지 하는 데 쓰던 것인 반면, 꾼듸(까)는 그런 기능도 있지만 승려 개인이 마실 물을 담아두던 물통의 개념으로 볼 수 있겠다.

이를 지나에서는 따로 淨瓶 '깨끗한 물병'이라고도 했는데, 앞서 얘기했듯이 마시는 물을 담아뒀던 질그릇이며, 씻는 물을 담아두는 것은 따로 觸瓶 '손 닿는 병'이라 하여, 뒷일을 본 뒤 손을 씻는 물을 담아 뒀던 구리나 쇠그릇이었다[2].

청자정병

청동정병

觀世音菩薩君遲手真言

若爲求生諸梵天者當於此手

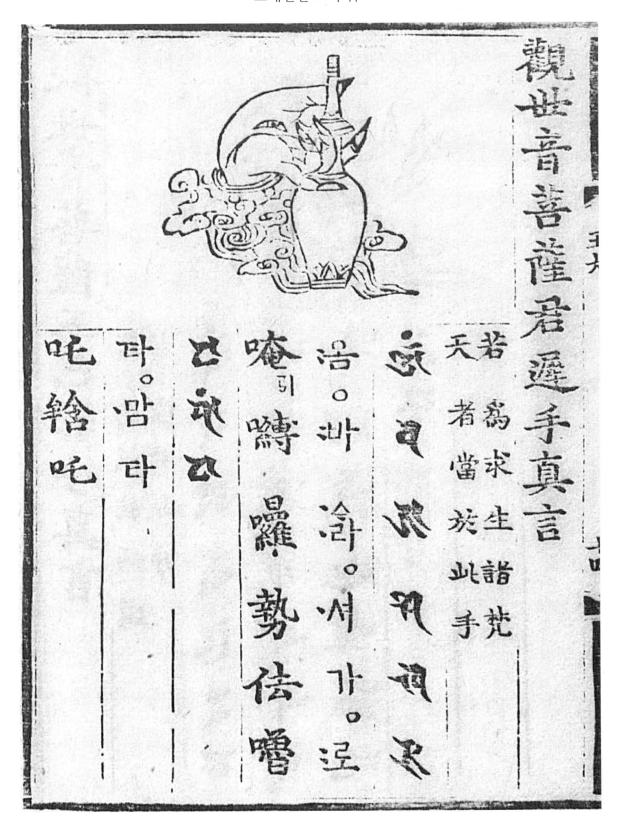

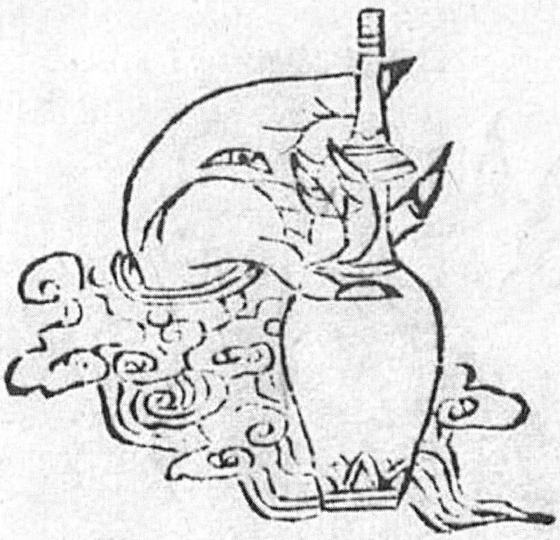

옴○바 ᅀᅳ라○셔 가○로

唵引 嚩 囉 勢 佉 嚕

타○밤 타

吒 給 吒

쓰임		若爲求生諸梵天者當於此手[3] 여러 브라만 신들(brahmāṇaḥ)에게 살려 달라고 빈다면, 이 손(만뜨라)을 해라!
상스		ॐ वज्रशेखर रोट मां ट oṃ vajraśekhara roṭa māṃ ṭa
한글		옴 바즈라셰카라 로따 망 따
풀이		**옴, 번개꼭대기여 빛을/ 나를 밝혀 주소서, 따!**
오대진언	싣담	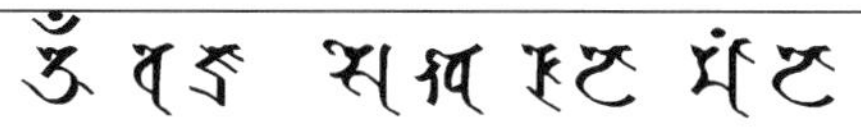
	정음	:옴◦ :바:ᅀ·라◦ ·셔가◦ :로타◦ ·맘타
	한자	唵引 嚩日囉 勢佉 嚕吒 牟含吒
요즘소리		옴 바아라 서가로타 맘타
장경표기		唵引 嚩日囉二合勢佉囉嚕吒 牟含吒軍持之呪曰陀羅陀羅 能持義也[4]
되짠소리 (IPA)		ˀəm ba-^{n}ʑ-la ɕjɛ$_{i}$-k^{h}a-la l$_{u}$o-ʈa mam-ʈa

낱말

vajra-śekhara (< -śekhara '꼭대기, 꼭지'): No. m. Sg. Voc. 번개-/다이어몬드꼭대기[金剛頂].
roṭa(< √ruṭ- 1.) Pres. 2. Sg. Imp. 빛나다, 말하다(밝히다).
mām(< mā): No. f. Sg. Acc. 빛, 지식; 묶음, 옭아맴.
mām(< aham): Pron. 1. Sg. Acc. 나

덧글

당나라때 소륵(疏勒)에서 왔다는 혜림(慧琳[5], 736~820)이 엮은 '뭇 부처 글의 소리와 뜻(K1498/T2128 一切經音義)'에는 꾼디까(kuṇḍika)나 꾼디(kuṇḍi)가 어떤 것인지를 밝힌 글이 들어 있다:

君稚迦梵語即僧所受用君持銅瓶是也 (K1498/T2128, 卷82)
'꾼디까, 상스끄르따로 곧 승려가 받아 쓰는 꾼디 구리병이 이것이다.'

뒤풀이

---

[1] T1814 菩薩戒本疏 卷2: 十八物者 三衣為三 <u>四瓶</u> 五鉢 六坐具 七錫杖 八香爐 九漉水囊 十手巾 十一刀子 十二火燧 十三鑷子 十四繩床 十五經 十六律 十七佛像 十八菩薩形.

비교: X0686 梵網經菩薩戒本述記 卷2: 頭陀具有十八物常隨其身 一者楊枝 二蔘豆以 三衣 ... <u>六者瓶</u> 七鉢 八者坐具 九錫杖 十香鑪 十一水囊 十二手巾 十三刀子 十四火燧 十五鑷而葉反 十六繩牀 十七經律 十八佛菩薩像.

[2] K1082/T2125 南海寄歸內法傳 卷1: 凡水分淨觸 瓶有二枚. 淨者咸用瓦瓷 觸者任兼銅鐵. 淨擬非時飲用 觸乃便利所須. 淨則淨手方持 必須安著淨處 觸乃觸手隨執 可於觸處置之. '무릇 물은 깨끗하고 닿는 것으로 나뉘며, 맑은 것은 다 질그릇을 쓰고, 닿는 것은 구리와 쇠를 잘 쓴다. 깨끗한 것은 때때로 마시는 데 쓰며, 닿는 것은 일을 본 뒤에 쓴다. 깨끗한 물은 깨끗한 손으로 쥐며, 꼭 깨끗한 곳에 잘 둬야 한다. 닿는 것은 닿는 손이 따라 쥐며, 손 닿는 곳에 둘 수 있다.'

[3] 한글판 오대진언(성암고서박물관)/하정수 (2019), 120쪽:

ᄒᆞ다가 모ᄃᆞᆫ 범 텬의 구ᄒᆞ야 나고져 ᄒᆞ거든 이 진언을 닐그라

'만약 모든 범천에 구하여 나고자 하거든 이 진언을 읽으라.'

[4] 軍持/君遲(kuṇḍa '물병')의 진언은 dharadhara로 가질 수 있다는 뜻이다.

[5] 一切經音義(K1498/ T2128):

慧琳法師 俗姓裴氏 疎勒國人也. 夙蘊儒術 弱冠歸於釋氏 師不空三藏 至於經論 尤精字學.

'혜림법사는 원래 성이 배(裵, 소륵왕족의 성)씨이며, 서역의 소륵(카슈가르) 사람이다. 일찍이 유학(儒學)에 깊고, 스무 살에 불문에 들어와 빈틈없고 굳센 이(Amoghavajra)의 제자가 되었다. 문자학에 매우 뛰어났다.'

25. 觀世音菩薩紅蓮華手真言

누리를 살피며 오롯한 슬기에 든 님의 붉은 연꽃을 쥔 손 만뜨라
(Avalokitasvara Bodhisattvaḥ Padma-mudrāmantraḥ)

𑖢𑖟𑖿𑖦 padma 빠드마/ **𑖎𑖺𑖎𑖡𑖟** kokanada 꼬까나다;

티벧. པད་མ་དམར།, Wyl. pad ma dmar 빼마 마르 '붉은 연꽃';

지나. 波頭摩, 缽特摩, 般那摩, 鉢弩摩, 鉢曇摩, 鉢特摩, 鉢納摩, 鉢頭摩(音)/ 赤蓮, 紅蓮(意)

n. 붉은 연꽃[1]

앞서 <21 觀世音菩薩紫蓮華手真言>에서 붉은 연꽃과 보라 연꽃에 대해 서로 헷갈리는 사항이 있음을 보기를 들어서 밝혔다. 따라서 이 글에서는 그에 따라 저마다 nīlotpala는 보랏빛 연꽃으로, padma나 kokanada는 붉은 연꽃으로 두기로 한다.

빠드마는 인도의 문화에서 특히 시바에게 바치는 꽃의 하나였다. 따라서 이런 시바를 바탕으로 한 아발로끼떼슈바라에게 이바지하는 꽃도 된다. 그러나 다른 한편 빠드마는 욷빨라(utpala) 및 마하빠드마(mahāpadma)와 함께 추운 지옥 여덟의 하나를 가리키는 말이기도 하다. 그곳에 떨어진 이는 추워서 몸이 벌게진다고 한다.

그러나 붉은 연꽃을 뜻하는 빠드마 및 마하빠드마(mahāpadma)는 푸른 연꽃을 뜻하는 욷빨라 또는 닐롣빨라와 함께 '추운 지옥 여덟(śīta-narakā aṣṭau, 八寒地獄)'의 하나를 가리키는 말이기도 하다.

觀世音菩薩紅蓮華手真言

若爲求生諸天宮者當於此手

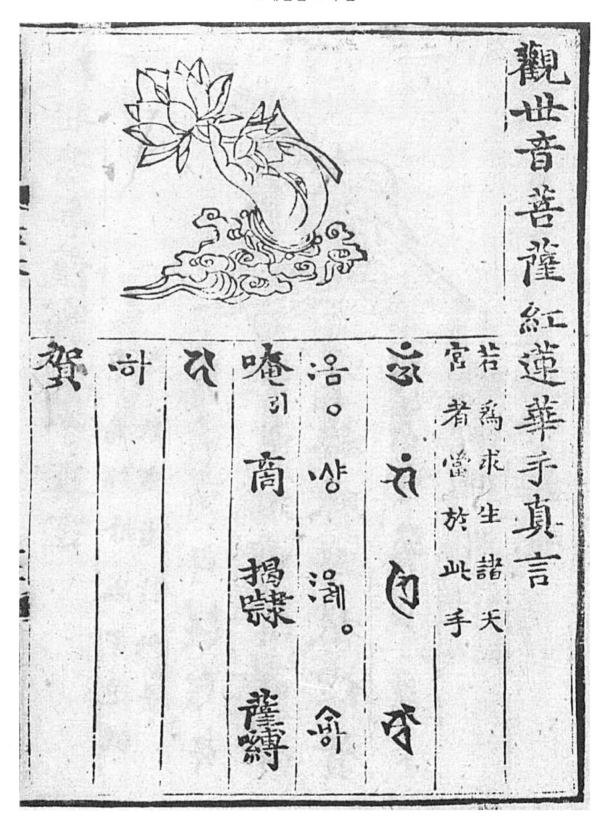

옴。 샹 갈례。 사바

唵(引) 商 揭隷 薩嚩

하

賀

쓰임		若爲求生諸天宮者當於此手[2] 여러 하늘집을 찾아서 살려는 이는 이 손(만뜨라)을 해라!
상스		ॐ **शङ्क्रिये / शङ्कृत्** स्वाहा oṃ **śaṅ-kriye / śaṅ-kṛt** svāhā
한글		옴 샹**끄리예**/ 샹**끄르뜨** 스바하
풀이		**옴, 잘 되게 하심이여/ 잘 되게 하시는 분이시여, 잘 되게 해주소서!**
오대진언	싣담	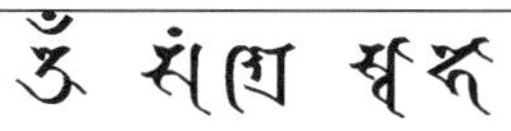
	정음	:옴◦ ·샹:ᄋ·례◦ ᄉ·바·하
	한자	唵引 商揭嚟 薩嚩賀
요즘소리		옴 상아례 사바하
장경표기		唵引 商揭嚟二合[3] 薩嚩二合賀
되짠소리 (IPA)		ˀəm ɕjaŋ-k-liei sbaɣa

낱말

śam: Ind. 잘, 좋게, 행복하게, 기쁘게.
kriye (< kriyā < kṛ-): No. f. Sg. Voc: 함, 이룸, 수행, 수련.
śaṅ-/śaṃ-kṛt(< śaṅ-/śaṃ-kṛt): Adj. M. Sg. Voc. 복을 주는, 잘되게 하는, 좋은 낌새의(시바의 성격)

덧글

'깨달음을 즐기는 이(Bodhiruci, 菩提流支)'가 옮긴 '깨달은 이의 이름 글(K0390/T0440)'과 슬기로 지켜진 이(Jñānagupta)가 옮긴 '5500 깨달은 이의 이름 다라니 막힌 것 뚫고 죄를 없애는 글(K0394/T0443)'에는 빠드마와 그에 비교되는 진언이 보인다:

南無波頭摩藏佛 (K0390/T0440, 卷1)
namaḥ padma-garbha-buddhāya
'붉은 연꽃 속의 부처님께 절합니다.'

南無蓮華孕如來 (K0394/T0443, 卷8)
namaḥ padma-garbha-tathāgatāya
'붉은 연꽃속에 밴 그렇게 오신 분께 절합니다.'

뒤풀이

---

[1] T0378 佛說方等般泥洹經 (269) [卷1]: 四種蓮華 青曰優鉢 紅曰**波曇** 黃曰拘文 白曰分陀利.

T0376 佛說方等般泥洹經(416~8) [卷1]: 及四種華 優鉢羅 **鉢曇摩** 拘牟頭 分陀利.

[2] 한글판 오대진언(성암고서박물관)/하정수 (2019), 120쪽:

ᄒᆞ다가 모ᄃᆞᆫ 하ᄂᆞᆶ 집의 나고져 구ᄒᆞ거든 이 진언을 닐그라

'만약 모든 하늘의 집에 나고자 구하거든 이 진언을 읽으라.'

[3] 싣담 글꼴은 gri로 ᄋᆞ**례**(揭嚟二合)가 좀 어긋나 보이나, 揭은 동(국정)운만도 **거ᇙ**/·**컨**/**커ᇙ**/**꺼ᇙ**(卷3)과 ·**켕**(卷6)으로, 뒤쪽 嚟(隷/麗로 갈음)는 ·**롕** *liei(卷6)과 **링**/:**링** *li(卷5)으로 적혀 있다. 따라서 앞에는 *g-/k-/k^h-로 뒤에는 *-liei/-li를 끌어낼 수 있다. 실제로 10 寶弓手真言의 阿左尾嚟 아자미**례**와 14 寶瓶手真言의 揭嚟 ᄋᆞ**례**의 嚟는 *-liei로 보이고, 곁글 二合까지 생각하면 모두 ***kriye***나 ***-kri***를 가리켜 보인다.

그런데 범어로 ***śaṃ-***과 이어지는 어금닛소리(velar)로 -garā가 있으나 -karā의 딴꼴이다. 마찬가지로 揭哩二合 ***-gri***(아마 ***-gṛ***)도 ***-kri***(아마 ***-kṛ***)의 딴꼴로 생각해 볼 수 있다. 실제 8 月精摩尼手真言의 揭-**哩**, 9 月精摩尼手真言의 揭哩 **:ᄋᆞ:리**와 12 楊柳枝手真言의 迦哩 **가:리** kari에서 보이듯 嚟는 ***-li***의 다른 표기일 수도 있다. 이에 따르면 받침 -t의 특성상 적히지 않을 수도 있어서 나아가 - ***kṛt***도 생각해 볼 수 있다.

26. 觀世音菩薩寶戟手眞言

누리를 살피며 오롯한 슬기에 든 님의 창을 쥔 손 만뜨라
(Avalokitasvara Bodhisattvaḥ Kunta-mudrāmantraḥ)

𑖎𑖲𑖡𑖿𑖝 kunta 꾼따/ 𑖫𑖎𑖿𑖝𑖰 śakti 샥띠:

티벧. དཔྱ།, Wyl. dpya 차/ སྲིན་བུ་ཕྲེའུ།, Wyl. srin bu phre'u 신부 뜨레우/ མདུང་།, Wyl. mdung 둥 '창';

지나. 捃多, 鑠枳底, 舍支(音)/ 戟, 槍, 戈(意)

m. 창.

아래의 그림에서 보이듯이 우리가 창(槍)이라고 하는 것은, 첫째 뾰족한 꼬챙이에 해당하는 모(矛), 둘째 낫[1]을 끼운 꼬챙이에 해당하는 과(戈) 그리고 모와 과를 더한 극(戟) 따위로 나뉘어질 수 있다.

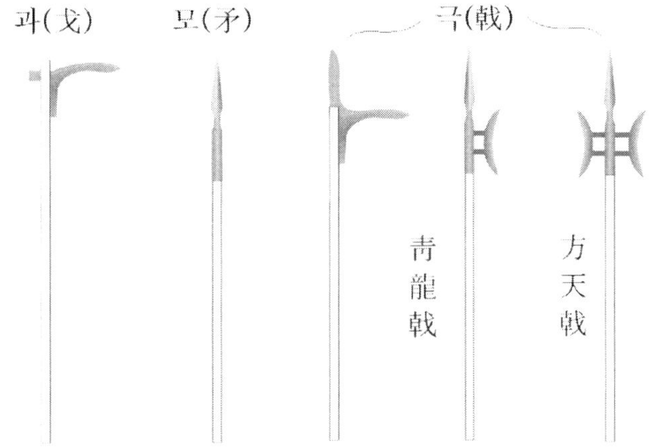

오대진언의 그림에서 보이는 것과 이 단원의 대상인 극(戟)은 원래 서로 다른 무기이다. 인도의 돋을새김이나 티벧의 탕까(thanka[2])에서 자주 볼 수 있는 것은 위 그림의 모(矛)와 비슷한데, 이런 것을 가리켜 꾼따(kunta) 또는 샥띠(śakti)라고 한다.

밀교에서 꾼따는 헤루까가 오른 손에 쥔 무기이며, 샥띠는 시바가 왼손에 쥔 무기로 각각 수행에 걸림돌이 되는 잘못된 생각, 분노, 탐욕 따위를 없애는 도구로 여겨진다.

觀世音菩薩寶戟手眞言

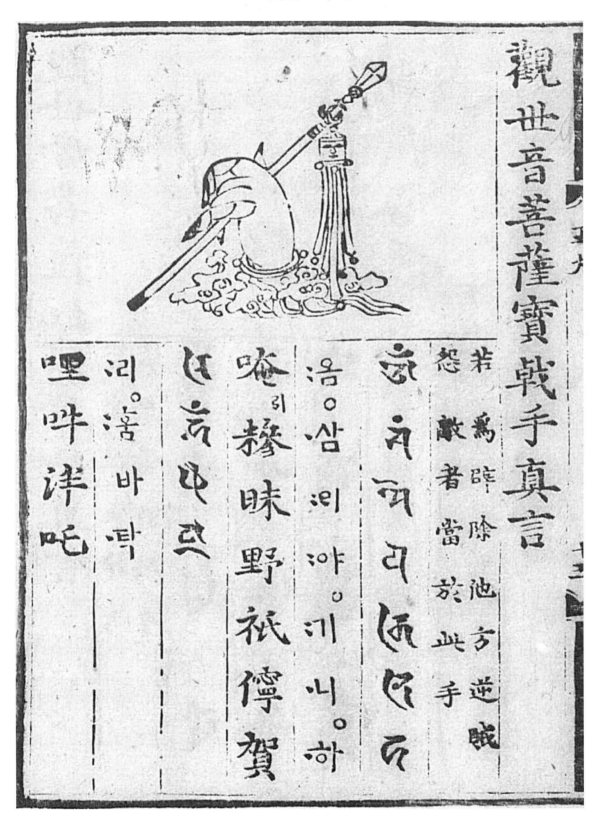

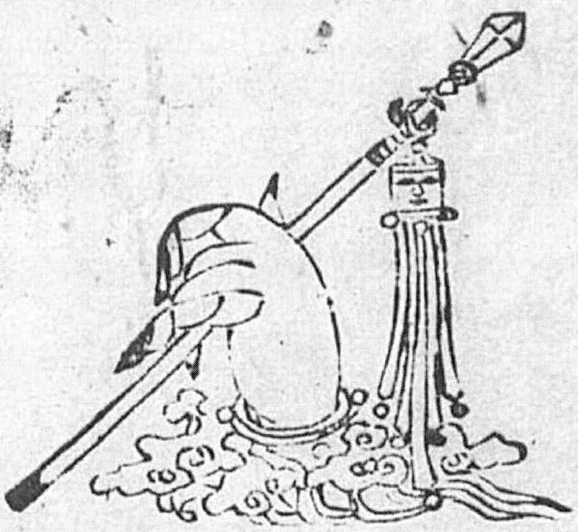

若爲辟除他方逆賊
怨敵者當於此手

옴 삼 ᄆᆡ 야 기 니 하

唵 糝昧野祇儜賀

리 훔 바 ᄐᆞᆨ

哩吽泮吒

쓰임		若爲辟除他方逆賊怨敵者當於此手[3] 다른 곳의 역적과 원수를 벗어나 없애려는 이는 이 손(만뜨라)을 해라!
상스		ॐ समयाग्ने हरि हूं फट् oṃ **samayāgne** hari huṃ phaṭ (oṃ **samaya agne** hari huṃ phaṭ)
한글		옴 사마야그네 하리 훔 팓 (옴 사마야 아그네 하리 훔 팓)
풀이		**옴, 약속의 신 불이여, 하리 훔 팓** **(옴, 불이여, 길을 이끄소서, 하리 훔 팓!)**
오대진언	싣담	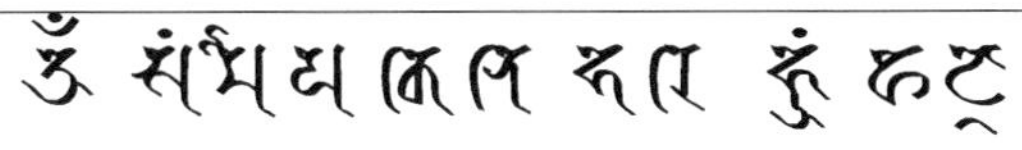
	정음	:옴◦ ·삼:미:야◦ :기·니◦ ·하:리◦ :훔 바·탁
	한자	唵引 糝昧野 祇儜 賀哩 吽 泮吒
요즘소리		옴 삼매야 기니하리 훔 바탁
장경표기		唵引 糝昧野 祇儜[4] 賀哩 吽 泮吒(半音)
되짠소리 (IPA)		ˀəm sɒ$_{m}$-m$_{u}$ɒi-ja-g-jiɳε$_{(ŋ)}$ ɣɑ-l^{j}i xum p^{h}a$_{n}$ʈ

낱말

samayāgne (< samaya + agni): No. m. Sg. Voc. 약속의 불, 약속하는 불의 신[5].
samaya (< sam- √i- 1. '가다'): Pres. 2. Sg. Imp. 함께 모이다, 하나되다; 저리로 가다; 길을 이끌다
hari: Adj. m. Sg. 옑게 검붉은, 묽은 노랑, 누리끼리한; No. m. Sg. 앞의 빛깔; 사자, 해; 여러 별명.
Ind. 감탄사 아~아~![6];

덧글

혜림(慧琳)이 엮은 '뭇 부처 글의 소리와 뜻(K1498/T2128 一切經音義)'에는 샥띠(śakti)를 창(槍)이라고 밝힌 글과 '물거나 찌르는 벌레[7]로 개미'를 뜻하는 꾼따(kunta)를 가리키는 글이 있다:

鑠枳底旛上商斫反經作爍釋不正也 次經以反中丁禮反下孚袁反梵語也如槍刃下小幟[8]幡也 (K1498/T2128 권39)
'**샥띠** 깃발(앞은 ś+jak反, 글에는 爍인데 새김이 그르다. 다음 k+i反, 가운데 t+i反, 뒤는 ph+wen反으로 범어이다. 창촉 아래의작은 깃발이다.)'

捃多
居運反此有二義一云蟻子二云蟻夘[9]既含兩義故宜本名 (K1498/T2128 권22)
'꾼따, k+un反으로 두 뜻이 있는데, 하나는 개미이며, 둘은 개미알이어서 본래대로 이른다.'

뒤풀이

---

[1] **낫**[鎌]과 **날**[刃] 및 중세의 **나조ㅎ** '저녁'은 원래 '검다, 어둡다'에서 나온 한뿌리말이다. 즉, 칼이란 쇠의 거무튀튀한 빛깔에서 나왔을 수 있다. 이러한 생각은 우리에게는 잘 안 알려졌지만, 인도-유럽비교언어학계에는 **칼**과 **검**-다의 상관관계가 연구됐는데, Paul Thieme의 짧은 글모음(Kleine Schriften I, 1984, 768쪽) 및 Pokorny 771쪽에도 잘 적혀 있다. 보기) 한국. **낫**[鎌] : **나조**[暮], **칼**[劍] : **갈**-[黑]; 라띤. **ensis**/상스. **asi** '칼' : 상스. **asi**-ta '어두운'/헬. **ἄσις** '진흙, 더러운, 거무튀튀한'. 인류학적 시각에서는 검거나 어두운 쇠로 된 칼을 만들었던 이들이 이런 생각과 문명을 퍼뜨렸다는 뜻이기도 하다.

[2] 티벧말로는 ཐང་ཀ, Wyl. thang ka라고 하는데, 한국의 탱화(幀畵)도 밀교를 따라 들어온 말로 보인다. 幀畵 *ʈaŋ/ʈæŋ-ɣwai도 두 자 모두 6서법의 가차(假借)이거나, 부분적으로 幀畵 'Thanka라는 그림'도 앞서 鉢盂 'Patra라는 그릇'처럼 겹말짜임(pleonasm)일 수 있다. 또 幀의 일반적인 한국 한자음 **정**(< **졍** < **뎡**: 같은 반절 豬孟切의 偵)과 달리 안울림숨소리인 **탱**으로 소리 나는 것도 티벧말인 **thang** ka에서 비롯됐을 수 있음을 내비친다.

[3] 한글판 오대진언(성암고서박물관)/하정수 (2019), 120쪽:

ᄒᆞ다가 다ᄅᆞᆫ ᄯᅡ 햇 거슯즌 도ᄌᆞᆨ과 원슛 도ᄌᆞᄀᆞᆯ 업게 ᄒᆞ고져 ᄒᆞ거든 이 진언을 닐그라

'만약 다른 땅에 거스른 도적과 원수 도적을 없게 하고자 하거든 이 진언을 읽으라.'

[4] 참조: 6. 金剛手真言의 嚩日囉-祇儜 vajrāgni.

[5] Yamaguchi, Shinobu: A Sanskrit Text of the Nepalese Buddhist Homa (2001), 42쪽. Then, the priest meditates upon Samayāgni (the **fire god of promise**), who is yellow colored with one face and four, arms.

Hino, Shoun/Wada, Toshibumi: Three Mountains and Seven Rivers (2004), 834쪽. At that time, the priest meditated upon Samayāgni (the **fire god of promise**) after reciting a prayer asking for accomplishment of the yajamāna's desires.

[6] Monier-Williams (1899), 1292쪽: **हरि** 3. *hari*, ind. (for I. see p. 1289, col. 2; for 2. Ib., col. 3) an exclamtion ('alas!'), MW.

[7] Monier-Williams (1899), 291쪽: **कुन्त** s small animal, insect, L. 곤, 창이나 꼬챙이처럼 찔리면 아픈 속성을 비유한 말이다.

[8] 원문에는 𢡟로 적혀 있는데, 뒷글자를 볼 때, 깃발을 나타내는 幟라고 볼 수 있다.

[9] 卯의 잘못으로 보인다.

27. 觀世音菩薩寶螺手眞言

누리를 살피며 오롯한 슬기에 든 님의 소라를 쥔 손 만뜨라
(Avalokitasvara Bodhisattvaś Śaṅkha-mudrāmantraḥ)

𑖫𑖽𑖏 śaṅkha 샹카:

티벧. དུང་དཀར།, Wyl. dung dkar 둥까르 ‘소라’;

지나. 勝伽, 商佉, 商迦, 霜佉, 餉佉(音)/ 珂貝, 螺, 螺文, 蠡, 角貝, 角鬟, 玉貝(意)

m. 소라, 나팔고둥, 소라나팔; 사람이름.

샹카(śaṅkha)는 소라 또는 소라로 만든 나팔을 일컫는다. 밀교에서는 헤루까가 오른손에 쥐고 있는 품목의 하나이다. ‘큰 넘어선 앞선 슬기를 가리킴(K0549/T1509)’에 따르면, 샹카는 부처님의 힘(ṛddhibala, 威力)으로 생겨난 여러 보물의 하나이다. 이것으로 중생의 가난(dāridrya, 貧窮)과 괴로움(duḥkha, 苦諦)을 없앨 수 있는데 , 이런 소라는 벌레껍질에서 나온다고 한다[1].

조개나 소라는 오늘날 한낱 해산물의 껍데기쯤으로 여기지만, 옛날에는 돈이나 보물로 취급했다. 특히 서로 주고받는 거래에서 너무 무겁거나 상하기 쉬운 것에 비해 보기 좋고 다루기 쉬우며 바다가 없던 곳에서의 희소성 따위로 말미암아 돈의 구실을 떠맡았던 듯하다.

인도에서 가난과 괴로움을 없앨 수 있는 수단으로 얘기되거나, 중국에서는 조개 貝가 붙는 많은 글자들(寶, 財, 貴, 賣, 買, 價, 貿, 費, 貢, 賃 따위)이 마찬가지로 돈이나 부귀의 뜻으로 쓰이는데서 이런 역사성을 엿볼 수 있다.

觀世音菩薩寶螺手真言

若爲呼召一切諸天善神者當於此手

옴。샹께。마하。삼만

唵(引)商揭隸摩賀參滿

염。솨하

餤薩嚩賀

쓰임		若爲呼召一切諸天善神者當於此手[2] 모든 하늘의 어진 신들을 부르려는 이는 이 손(만뜨라)을 해라!

상스		**ॐ शङ्क्रिये** / (**शङ्कृत्**) महासमयं स्वाहा oṃ śaṅ-kriye / (śaṅ-kṛt) mahā-samayaṃ svāhā
한글		옴 **샹끄리예** / (**샹끄르뜨**) 마하사마얌 스바하
풀이		**옴, 큰 모임을 잘 되게 하심이여/ (하시는 분이시여), 잘 되게 해주소서!**

오대진언	실담	
	정음	:옴◦·샹:ㅇ·례◦ :마·하◦·삼:만·염◦ ᄉ·바·하
	한자	唵引 商揭嚟 摩賀 糝滿焰 薩嚩賀
요즘소리		옴 상아례 마하 삼만염 사바하
장경표기		唵引 商揭嚟二合 摩賀糝滿焰 薩嚩二合賀
되짠소리 (IPA)		ˀəm ɕjaŋ-k-liei ma-xa sa_{m}-ma_{n}-jɛm s-ba-ɣa

낱말

mahāsamayam: No. m. Sg. Acc. 큰 모임; 큰 모임의 글(Pāḷ. mahāsamaya-sutta)[3].

덧글

현응(玄應)이 엮은 '뭇 부처 글의 소리와 뜻(K1063/C1163 一切經音義)'에는 샹카(śaṅkha)를 나타냈던 여러 가차 표기를 보여주는 글이 있다:

儴佉

尒羊反又霜傷二音梵言**餉佉**或云**霜佉**此譯云貝也亦云珂異名耳. (권2)

'ź+jaŋ反으로 또 霜傷 둘도(같고), Skr. 餉佉나 霜佉는 새기면 조개나 소라를 달리 이를 뿐이다.'

商佉

舊言**霜佉**或云**傷佉**亦作**餉佉**又作**儴佉**皆梵音輕重聲之訛轉也此云貝或言珂異名耳. (권21)

'옛말로 霜佉나 傷佉나 餉佉 또 儴佉은 다 인도의 가볍고 무거운 말소리를 잘못 바꾼 것으로, 조개나 소라를 달리 이를 뿐이다.'

뒤풀이

---

[1] 大智度論 卷10: 以除衆生貧窮苦厄 ... 生貝出虫甲中.

[2] 한글판 오대진언(성암고서박물관)/하정수 (2019), 120쪽:

ᄒᆞ다가 일체옛 모ᄃᆞᆫ 하ᄂᆞᆶ 어딘 신령을 브르고져 ᄒᆞ거든 이 진언을 닐그라

‘만약 일체의 모든 하늘 어진 신령을 부르고자 하거든 이 진언을 읽으라.’

[3] 참고: 대회경(大會經, Pāḷ. mahā samaya sutta).

28. 觀世音菩薩髑髏杖手真言

누리를 살피며 오롯한 슬기에 든 님의 해골지팡이를 쥔 손 만뜨라
(Avalokitasvara Bodhisattvaḥ Khaṭvāṅga-mudrāmantraḥ)

𑖏𑖘𑖿𑖪𑖯𑖒𑖿𑖐 khaṭvāṅga 카뜨방가:

티벧. ཁྲི་ཤིང།, Wyl. khri shing 뜨리 쉉/ ཁ་ཊྭཾ་ག, Wyl. kha twam ga 카땀가 '해골지팡이';

지나. 佉吒網迦, 朅椿誐, 渴椿誐(音)/ 髑髏杖, 床足(意)

m.n. 해골지팡이

힌두문학에서는 잘 알려진 사람의 이름으로도 자주 나오며, 원래 사람이나 짐승의 팔뚝이나 다리뼈로 된 방망이 끝에 해골이 달려 있는 것이었다. 그뒤 그런 뼈 대신 나무나 쇠로 만든 방망이의 꼭지에 해골모양을 덧붙인 모습으로 오늘에 이르고 있다.

이런 것은 마치 옛 유라시아를 말달리던 유목민들의 해골잔과 그 역사성이 이어져 보이는데, 적이나 상대에 대한 우월과 지배를 나타내려 한 것으로 보인다[1]. 이런 샤먼적 요소는 뒷날 시바의 상징물이 되었고, 나아가 딴뜨라에까지 이어졌다. 즉, 시바(khaṭvāṅgabhṛt '해골몽둥이를 지닌 이')의 무기이자 요가수행자들이 지니는 물품이 되었다.

이것 또한 불교의 밀교에서는 헤루까가 왼손에 쥔 품목의 하나이며, 보이는 곳(rūpa-loka, 色界)과 불리는 곳(nāma-loka, 名界) 사이의 가름을 없애는 것을 상징한다.

觀世音菩薩髑髏杖手真言

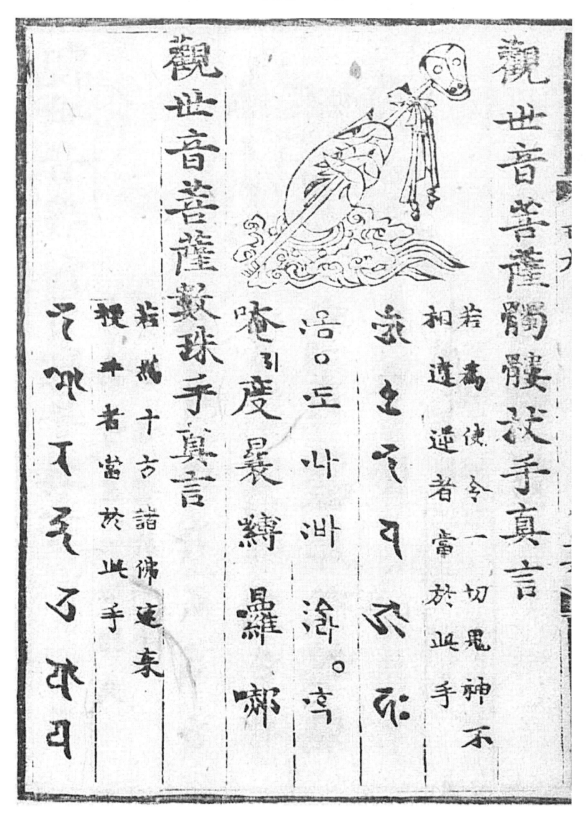

若為使令一切鬼神不相違逆者當於此手

옴。도나바쟈。혹

唵引度曩嚩日囉郝

觀世音菩薩數珠手真言

若為十方諸佛速來授手者當於此手

쓰임		若爲使令一切鬼神不相違逆者當於此手[2] 모든 넋이 서로 거스르지 않게 하려는 이는 이 손(만뜨라)을 해라!

상스		ॐ धुनवज्र हः oṃ dhuna vajra haḥ
한글		옴 두나바즈라 하흐
풀이		**옴, 으르렁거리는 번개시여, 하흐!**

오대진언	싣담	𑖌𑖼 𑖠𑖲𑖡 𑖪𑖕𑖿𑖨 𑖮𑖾
	정음	:옴◦ ·도·나:바:ᅀᆞ·라◦ ·혹
	한자	唵$_{引}$ 度曩 嚩日囉 □郝[3]
요즘소리		옴 도나 바아라 햑
장경표기		唵$_{引}$ 度曩 嚩日囉$_{二合}$ □郝
되짠소리 (IPA)		ˀəm duna$_{ŋ}$ ba^{n}zla xak

낱말

dhuna: Adj. m. Sg. Voc. 으르렁거리는
has: Ind. 웃거나 크게 즐겁고 떠들석함을 나타내는 말, 하하!, 핫!

덧글

'빈틈없고 굳센 이'가 옮긴 '튼 머리로 바퀴를 굴리는 딴뜨라(uṣṇīṣacakravartitantra, 一字奇特佛頂經)'에 khaṭvāṅga의 소리를 새긴 글이 보인다:

又法 以赤蔓[4]著赤衣 手持**佉吒網迦** ... (T0953)
'또 법에는 붉은 다리를 올리고 붉은 옷을 입으며, 손에는 **카뜨방가**를 쥐며 ...'

또 북송 무렵 인도에서 온 '베풂의 지기(Dānapāla, 施護)'가 옮긴 '뭇 그렇게 오신 분 그대로의 모음글(sarvatathāgata-tattva saṃgraha-sūtra K1466/T0882)'과 '가르침의 지기(Dharmapāla, 護法)'가 옮긴 '큰 가르침의 임금-곡두 다루기(mahātantrarāja-māyākalpa T0892 佛說大悲空智金剛大教王儀軌經)'에도 khaṭvāṅga의 소리를 새긴 글이 보인다:

唵$_{引}$ ... 嚩日囉$_{二合}$**朅椿**$_{引}$**誐**馱$_{引}$哩尼 吽$_{引}$登吒$_{半音八}$(K1466)
oṃ ... vajra-khaṭvāṅga-dhāriṇi[5] hūṃ phaṭ '옴, ... 번개/굳센 해골지팡이를 지닌 분에게서, 훔 팓!'

金剛**渴椿誐**杖者 表勝慧相 (T0892)
'번개/굳센 해골지팡이란 두려움 없는 슬기(abhijñā)의 모습을 나타낸다.'

뒤풀이

---

[1] Lingpa, Jigme: (The Copper-Colored Mountain, 2022) 11쪽.

... the fifth-century Greek historian Herodotus, and later the geographer Strabo (first century B.C.E. to first century C.E.), related instances where Scythians, the nomadic people of the Eurasian steppes, used the ***calvaria*** (Latin for skull) of their slaughtered enemies as drinking vessels, enthused with the belief that they will ingest the powers of the defeated warriors.

[2] 한글판 오대진언(성암고서박물관)/하정수 (2019), 120쪽:

ᄒᆞ다가 일쳬옛 귀신을 브료ᄃᆡ 서르 거슬ᄡᅳ며 어글읏디 아니ᄒᆞ긔 ᄒᆞ고져 ᄒᆞ거든 이 진언을 닐그라

'만약 일체의 귀신을 부리되 서로 거스르며 어그러지지 않게 하고자 하거든 이 진언을 읽으라.'

[3] 음역자로서 이에 맞는 되짠 소릿값이 없어서 같은 소리의 郝로 갈음했다.

[4] 또는 花鬘은 범어 mālā를 옮긴 말로 몸을 멋있게 꾸미는 도구이다:

華鬘 ... 花鬘者 西國人嚴身之具也 梵語云**麼羅** ... (K1498/T2128 一切經音義).

[5] dhārin '가진, 지닌'의 처소격.

29. 觀世音菩薩數珠手真言

누리를 살피며 오롯한 슬기에 든 님의 염주를 쥔 손 만뜨라
(Avalokitasvara Bodhisattvo ’kṣamālā-mudrāmantraḥ)

𑖀𑖎𑖿𑖬𑖦𑖯𑖩𑖯 akṣamālā (< akṣa ‘굴대’ + -) 악샤말라/
𑖕𑖢𑖦𑖯𑖩𑖯 japamālā (< akṣa ‘웅얼거림’ + -) 자빠말라/ 𑖦𑖯𑖩𑖯 mālā 말라 ‘고리’;

티벧. བསྒྲང་ཕྲེང།, Wyl. bsgrang phreng 드랑 뜨렝 ‘세는 고리’;

지나. 阿叉摩羅, 惡叉摩羅(音)/ 念珠, 數珠(意)

f. 염주(念珠), 수주(數珠).

악샤말라(akṣamālā)는 이른 불교의 아가마(āgama, 阿含)나 니까야(nikāya, 尼柯耶)에는 보이지 않는다. 이것은 염주가 원래 석가모니 부처님께서 얘기하셨던 불교의 문화유산이 아니었다는 뜻이다. 결국 인도의 브라만교나 이어진 힌두의 밀교에서 대승 및 금강승으로 넘어온 것으로 생각해 볼 수 있다.

이 구슬고리의 쓰임은 인도 안의 힌두교, 자이나 및 불교뿐만 아니라, 인도 밖에서 주로 서아시아로 퍼지면서 이른바 현대 4대 종교에서도 자리를 잡은 것으로 보인다[1].

쓰임은 한역된 念珠나 數珠처럼 念은 ‘생각’이 아니라, ‘경을 읽다’란 뜻이며, 數는 횟수를 ‘세다, 헤다’이다. 다시 말해서 염주나 수주는 경을 외거나 읊고 또 몇 차례인지를 헤아리는데 쓰는 구슬을 꿴 고리라는 뜻이다.

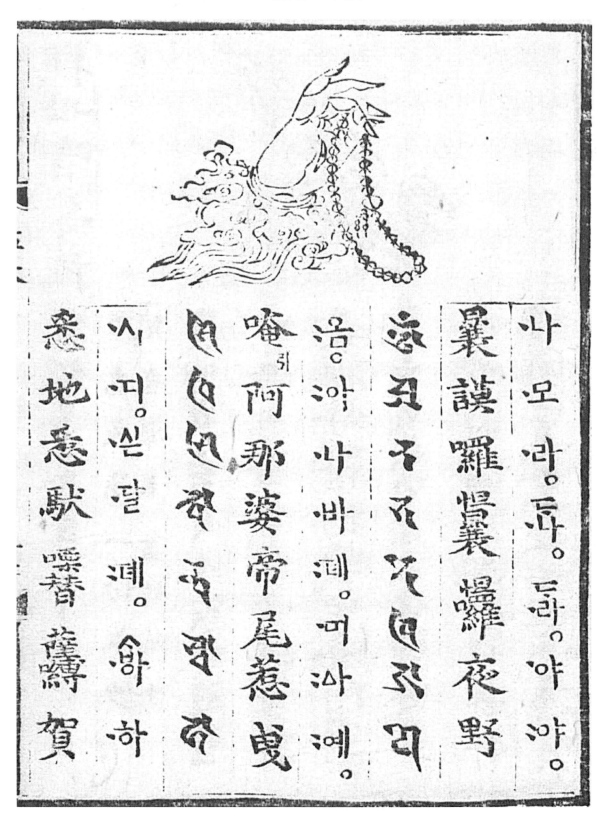

나모라。다나。다라。야야。

曩謨囉怛曩怛囉夜野

옴。아나바뎨。미사예。

唵引阿那婆帝尾惹曳

시디。싣달뎨。ᄡᅡ하

悉地悉馱嘌替薩嚩賀

쓰임		若爲十方諸佛速來授手者當於此手[2] 열 곳의 부처님께서 빨리 와서 손을 내밀게 하려는 이는 이 손(만뜨라)을 해라!
상스		नमो रत्नत्रयाय ॐ **अद्भुते** / **अनापत्ते** विजये सिद्धि सिद्धार्थे स्वाहा namo ratnatrayāya oṃ **adbhute** / **anāpatte** vijaye siddhi-siddhārthe svāhā
한글		나모 라뜨나 뜨라야야 옴 **앋부떼** 비자예 싣디 싣다르테 스바하 나모 라뜨나 뜨라야야 옴 **아나빧떼** 비자예 싣디 싣다르테 스바하
풀이		**값진 셋께 절하나니, 옴, 놀랍게 이기고 이뤄 뜻을 이룩하시면 잘 해 주소서!** **값진 셋께 절하나니, 옴, 어진 이여 이기고 이뤄 뜻을 이룩하시면 잘 해주소서!**
오대진언	실담	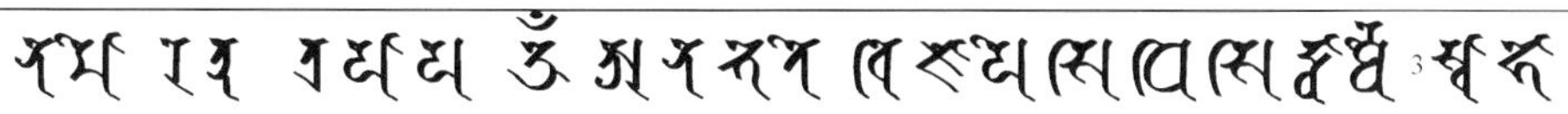 [3]
	정음	·나·모·라◦드·나◦드·라◦·야:야◦:옴◦:아·나·바:뎨◦·미:ᅀᅡ:예◦·시·디◦·싣·달:뎨◦ᄉᆞ·바·하
	한자	曩謨囉怛曩怛囉夜野 唵$_{引}$ 阿那婆帝尾惹曳悉地悉馱嘌替 薩嚩賀
요즘소리		나모라 다나다라 야야 옴 아나바제 미아예 싯다 싯달제 사바하
장경표기		曩謨$_{引}$囉怛曩$_{二合}$怛囉$_{二合}$夜野 唵$_{引}$阿那[4]婆$_{(二合)}$帝尾[4]惹曳[5]悉地悉馱嘌替$_{(二合)}$薩嚩$_{二合}$賀
되짠소리 (IPA)		namo: la-t-na$_{ŋ}$ t-la-ja-ja ^{ʔ}əm ^{ʔ}a-^{n}da-bu$_{a}$-te/^{ʔ}a-^{n}d-bu$_{a}$-te ^{m}bi-^{n}źja-jɛi sit-di sit-dɑ-l-t$^{h}_{i}$ei s-ba-ɣa

낱말

namo(< namas[6]): No. n. Sg. Nom./Acc./Voc. 절[敬禮/敬拜]; 보기) namas te! '네게 절/안녕!'
ratnatrayāya(< ratnatraya): No. n. Sg. Dat. 값진 셋[三寶: 부처 佛, 가르침 法, 함께 가는 무리 僧]
adbhute(< adbhuta): Adj. m. Sg. Loc. 남다른, 놀라운; No. 놀라움, 놀람.
anāpatte(< anāpatti): Adj. m. Sg. Voc. 죄 없는, 착한.
vijaye(< vijaya): No. m. Sg. Loc. 이김, 승리, 정복; 뛰어남.
siddhārthe(< siddha+artha '뜻, 목적'): Adj. m. Sg. Loc. 뜻을 이룬; m. 성취자; 고따마 싯다르타.

덧글

'맨 꼭대기(Ati-kūṭa)'가 옮긴 '다라니 모음(K0308/T0901)'에 악솨말라(akṣamālā)가 나온다:

阿$_{上音}$**叉摩羅**印亦名跢賒波囉蜜多印 第四十九
'악솨말라(akṣamālā) 손짓은 또 10 빠라미따(daśapāramitā) 손짓으로도 불린다 - 49째'

소유의 여격(dativus possessivus)[7]:

옛 인도-유럽말에서 <주격+여격+존재사>의 꼴은 '주격이 여격에 딸려 있다.' 또는 '<여격>이 <주격>을 갖고 있다.'란 뜻이 있다. 이는 우리말의 <누구(에게)는 무엇이 있다>와 같다. 따라서 'namas/ namaḥ/ namo(주격) + 여격명사 + asti가 완성형으로 asti가 흔히 빠진 짜임새이며, '~에게 절[敬禮/敬拜]이 있다.'

또는 '~에게 고개를 숙이다.'라는 뜻을 나타낸다.

뒤풀이

---

[1] 힌두와 불교 अक्षमाला akṣamālā 및 जपमाला japamālā; 카톨릭: rosarium; 이슬람 سبحة subḥa.

[2] 한글판 오대진언(성암고서박물관)/하정수 (2019), 120쪽:

ᄒᆞ다가 시방앳 모ᄃᆞᆫ 부톄 ᄲᆞᆯ리 오샤 소ᄂᆞᆯ 심기시긔 ᄒᆞ고져 ᄒᆞ거든 이 진언을 닐그라

'만약 시방의 모든 부처가 빨리 오시어 손을 심기시게 하거든 이 진언을 읽으라.'

[3] 원문에는 𑖠 rdhe로 적혀 있는데, siddhārdhe라는 말은 없다.

[4] 콧소리벗기: 那 ⁿda?, 尾 ᵐbi.

[5] 曳는 ye뿐만 아니라, ya로도 쓰였다: 보기) kaṣā**ya** 迦沙**曳**, mā**yā**dṛḍṭi 沒**曳**達利瑟致.

[6] 그 밖에 자주 쓰이는 귀의(歸依)는 원래 Pāḷ. saranam gacchami /Skr. śaraṇam(< √śri- '기대다') gacchami (< gam-/yā-'가다')를 옮긴 말로 '살려고/기대려고 ~에게 가다'에서 나왔다. 이 말은 또 '~를 따르다'도 뜻해서, namas(< √nam- 1. '구부리다, 기울다, 숙이다; 따르다; ~(앞으로)돌리다')로 이어진 것이다.

[7] Michael Meier-Brügge(2002) 273쪽, S409. Dativ.

30. 觀世音菩薩寶鐸手真言

누리를 살피며 오롯한 슬기에 든 님의 방울을 쥔 손 만뜨라
(Avalokitasvara Bodhisattvo Ghaṇṭā-mudrāmantraḥ)

𑖑𑖜𑖿𑖘 ghaṇṭā 간따/ 𑖎𑖰𑖒𑖿𑖎𑖰𑖜𑖰 kiṅkiṇi/-ī 낑끼늬/ 𑖡𑖳𑖢𑖲𑖨 nūpura 누뿌라

티벧. དྲིལ་བུ།, Wyl. dril bu 드릴부 '방울';

지나. 犍吒, 揵稚, 揵鎚, 犍地, 犍椎, 犍槌, 犍稚, 犍遲(音)/ 金鈴, 寶鈴, 寶鐸 (意)

f. 방울, 요령(搖鈴).

밀교에서 헤루까가 왼손에 쥐고 있는 품목의 하나가 간따(ghaṇṭā)또는 드릴부(dril bu)라고 불리는 자루가 달린 방울이다. 이 방울의 쓰임은 무엇보다도 힌두문화에서 여성적 창조력 및 여신을 섬기는 샥띠즘(shaktism)에서 엿볼 수 있는데, 간따는 < 만뜨라를 올바로 알게 해준다 >고 한다[1]. 그것은 이번 진언인 '방울을 쥔 손 만뜨라'의 쓰임 < 若爲成就一切上妙梵音聲 者當於此手 '매우 뛰어난 기도소리를 이룩하려는 이는 이 손(만뜨라)을 해라!'>과 이어질 수 있다.

다만 그 모양에 있어서 인도의 간따는 원래 절에서 쓰는 흔들 방울인 요령보다는 작은 종(鐘)에 가깝다. 이것이 조금씩 달라져 오늘날 볼 수 있는 모양이 된 듯하다. 이를 한자로 옮겨 새긴 지나의 탁(鐸)은 그림에 나오는 것과 비슷하면서도 좀 다른데, 원래 군대에서 쓰던 큰 방울을 가리키던 말이었다[2].

觀世音菩薩寶鐸手眞言

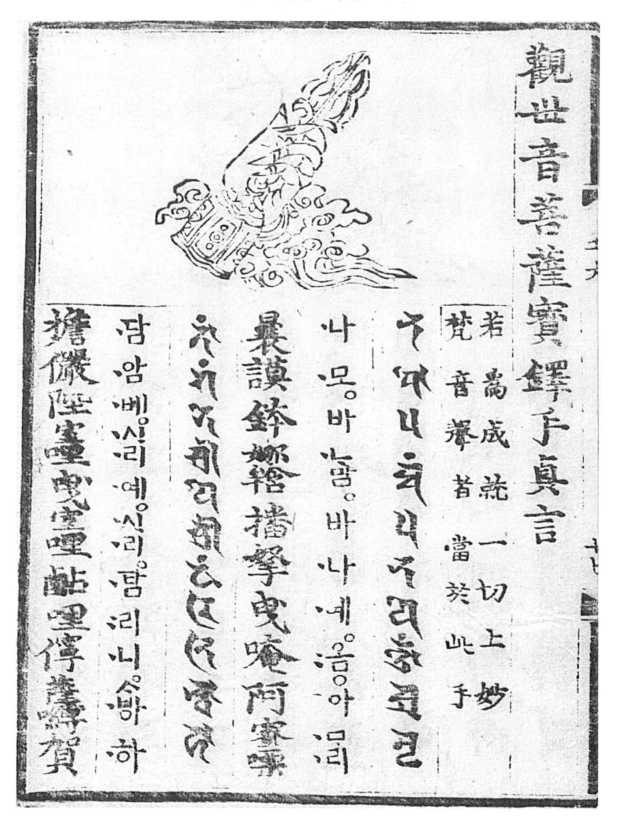

若爲成就一切上妙
梵音聲者當於此手

[illegible]

나모바남바나예옴아리
曩謨鉢納麼播拏曳唵阿哩

[illegible]

담암베시리예시리담리니사바하
擔儼陛室哩曳室哩擔哩儜莎嚩賀

쓰임	若爲成就一切上妙梵音聲者當於此手[3] 매우 뛰어난 브라만의 소리[4]를 이룩하려는 이는 이 손(만뜨라)을 해라!

상스	नमो पद्मपणये ॐ अमृतं **गम्भे**/ **गर्भे** श्रिये श्रीमालिनि स्वाहा namaḥ padmapaṇāye oṃ amṛtaṃ **gambhe/garbhe** śrīye śrīmālinī svāhā
한글	나마흐 빠드마빠나예 옴 아므르땀 **감베/가르베** 슈리예 슈리말리니 스바하
풀이	**연꽃을 쥔 분께 절합니다. 옴, 복됨이자 빛나는 꽃갓을 쓴 분이여 뱃속에 서 안 죽는 것(꿀술)을 잘되게 해주소서!**

오대진언	싣담	𑖡𑖦𑖺 𑖢𑖟𑖿𑖦 𑖢𑖜𑖯𑖧𑖸 𑖌𑖼𑖀𑖦𑖴𑖝𑖽 𑖐𑖽𑖥𑖸 𑖫𑖿𑖨𑖰𑖧𑖸 𑖫𑖿𑖨𑖱𑖦𑖯𑖩𑖰𑖡𑖰 𑖭𑖿𑖪𑖯𑖮𑖯
	정음	·나·모◦바:ᄂᆞ·맘◦바·나·예◦:옴:아·ᄆᆞ·리·담·암·베◦·시[5]·리·예◦·시·리·탐:리·니◦ ᄉᆞ·바·하
	한자	曩謨 鉢娜𦦨 播拏曳 唵 阿密嘌 擔儼陛 室哩曳 室哩䶋哩嚀 薩嚩賀
요즘소리		나모 바나맘 바나예 옴 아미리 담암베 시리예 시리탐리니 사바하
장경표기		曩謨引鉢娜[6]𦦨(二合)播拏曳 唵引阿密嘌(二合)擔 儼[6]陛 室哩(二合)曳 寶[7]哩(二合)䶋哩儜 薩嚩二合賀[8]
되짠소리 (IPA)		na-mo[9] pa_t-ⁿd-mam pa-ɳa-jɛi ˀəm ˀa-m-lje_t-tam ᵑg_jɐm-bie_i -ɕ-li-$j\varepsilon_i$ s-ba-ɣa

낱말

padmapāṇaye(< padmapāṇi): No. m. Sg. Dat. 연꽃을 손에 쥔 이, 비슈누, 관세음보살; 해[太陽].
amṛtaṃ(< amṛta): Adj. No. m. Sg. Acc. 안 죽는(것), 꿀술(madhu, 甘露酒); 비슈누/시바의 딴이름.
ga(m)bhe(< ga(m)bha): No. m. Sg. Loc. 좁고 기다란 틈, 보지[女陰].
garbhe(< garbha): No. m. Sg. Loc. 속, 안, 자궁; 태아, 싹, 움.
śriye(< **śrī**) No. f. Sg. Dat. 빛나는/아름다운 분, 락슈미(Lakṣmī, 大吉祥尊); Adj. 빛내는, 아름다운.
śriye(< **śriyā**) No. f. Sg. Voc. 잘됨, 행복 또는 그 상징(비슈누의 부인으로서).
śrī-mālini (<) No. f. Sg. Voc. 빛나는 꽃갓을 쓴 분.

덧글

잘되고 힘센 이 (Śubhakara-siṃha)가 옮긴 '번개꼭대기 글 - 해님 108 높은 가르침몸의 손짓(T0877)'에는 간따(ghaṇṭā)와 더 직접적으로 이어질 수 있어 보이는 진언이 있다:

𑖌𑖼 𑖪𑖕𑖿𑖨 𑖑𑖽𑖘 𑖀𑖾 𑖀𑖾 𑖭𑖿𑖪𑖯𑖮𑖯

金剛鈴: 唵 跋日囉 犍吒 惡 惡 莎訶
oṃ vajra-ghanta aḥ aḥ svāhā
'옴, 번개방울이여, 아, 아, 잘 되게 해주소서!

뒤풀이

---

[1] Dyczkowski, Mark S. G. (Manthāna bhairava tantra, 2009) 189쪽:
A correct knowledge of mantra arises by means of the bell ~ .

[2] 說文解字: 金部/鐸 大鈴也. 軍法 五人為伍 五伍為兩 兩司馬執鐸. '鐸은 큰 방울이다. 군법에 다섯 사람은 伍를 이루고, 다섯 伍는 兩을 이루며, 兩에는 司馬가 鐸을 집는다.'

[3] 한글판 오대진언(성암고서박물관)/하정수 (2019), 121쪽:
ᄒᆞ다가 일쳬옛 미묘코 지극ᄒᆞ신 범셩을 일오고져 커(든) 이 진언을 닐그라
'만약 일체의 미묘하고 지극하신 범성을 이루고자 하거든 이 진언을 읽으라.'

[4] Skr. brahma(-svara-ruta-)ghoṣa, '거룩한 말, 기도소리(베다 따위)'. 범음범패의 본산 봉원사 옥천범음대학에서 가르치는 梵音도 원래 브라만들이 베다를 외던 것이 불교로 들어와 오늘까지 이어진 것이다. 梵語 brāhmaṇabhāṣā '브라만의 말'처럼 . 梵이란 것 자체가 브라만 사제들(brāhmaṇāḥ)과 브라만 신(brahmā)을 함께 뜻한다.

[5] 단원 5. 觀世音菩薩跋折羅手真言의 각주 6을 참조하라.

[6] 콧소리벗기: 娜 ⁿda, 儼 ᵑgⱼɐm.

[7] 室의 잘못.

[8] (二合)이 없으나, 원래 있었을 것을 가리키는 같은 이(빈틈없고 굳센 이)의 글이 있다:
唵阿密哩二合黨誐冥室哩二合曳室唎二合摩引里儞娑嚩二合引訶(T1069 十一面觀自在菩薩心密言念誦儀軌經).
위의 글에 따르면 儼陛도 誐冥이어서 gambhe보다 garbhe일 수도 있음을 알려준다.

[9] 원래 뒤에 오는 말이 안울림소리인 padmam이므로 曩謨가 아니라, 曩莫 **나막**이나 **나마흐**여야 한다.

31. 觀世音菩薩寶印手眞言

누리를 살피며 오롯한 슬기에 든 님의 값진 새김을 쥔 손 만뜨라
(Avalokitasvara Bodhisattvā Ratnamudrā(hasta) Mantraḥ)

ratnamudrā 라뜨나무드라/ mudrikā 무드리까

티벹. རིན་ཆེན་ཕྱག་རྒྱ།, Wyl. rin chen phyag rgya 린첸 착갸 '값진 표식';

지나. 寶印 (意)

f. 값진 새김 또는 보람[1], 마음모음(samādhi)의 이름.

ratnamudrāhasta 라뜨나무드라하스따

티벹. ལག་ན་ཕྱག་རྒྱ་རིན་པོ་ཆེ།, Wyl. lag na phyag rgya rin po che 락나착갸린뽀체 '손에 쥔 값진 표식';

지나. 囉怛曩二合謨捺囉二合賀薩多 (音)/ 寶印手, 執寶印 (意)

m. 값진 보람을 쥔 손; 오롯한 슬기에 든이(bodhisattva)의 이름.

'값진 새김(ratnamudrā)'은 글자 그대로 값진 뜻을 새겨 찍는 것을 뜻한다. 불교에서 그 값진 것은 잘 알려져 있듯이 '값진 세 가지(triratna)'가 될 수도 있고, 마음 속에 있는 보석 같은 참나(ātman)일 수도 있다. '값진 새김을 쥔 손 (ratnamudrāhasta)'은 그런 값진 세 가지나 참나를 새겨 찍는 것을 쥔 손을 가리킨다.

다른 한편 라뜨나무드라는 마음을 모으는 것(samādhi, 三昧)의 딴 이름이기도 하며, 라뜨나무드라하스따 또한 오롯한 슬기에 든 執寶印菩薩를 가리키기도 한다.

觀世音菩薩寶印手眞言

若爲口辯言辭巧妙者當於此手

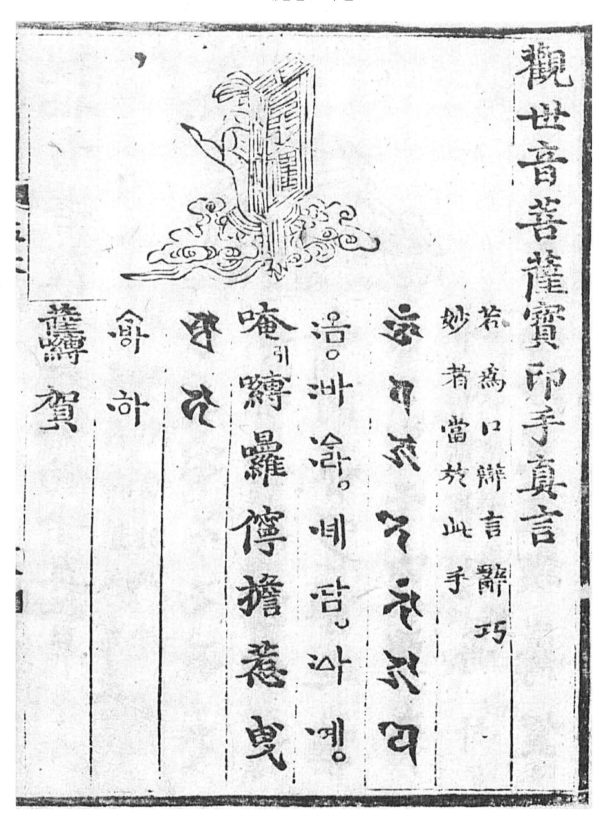

옴 바 아라 미 암 사 예

唵(引)嚩日囉儞擔惹曳

사바 하

莎嚩賀

쓰임		若爲口辯言辭巧妙者當於此手[2] 말재주며 말씨가 뛰어나게 하려는 이는 이 손(만뜨라)을 해라!
상스		ॐ वज्रा-**नीतं**/ -**जितं जये** स्वाहा/ ॐ वज्रा-**नीतं**/ -**जितं जय** स्वाहा oṃ vajra-**nītaṃ**/-**jitaṃ jaye** svāhā / oṃ vajrā**nītaṃ**/vajrā**jitaṃ jaya**[3] svāhā
한글		옴 바즈라**니땀**/바즈라**지땀 자예** 스바하 옴 바즈라**니땀**/바즈라**지땀 자야** 스바하
풀이		**옴, 번개를 지닌 이를/이길 수 없는 번개를 이기면 잘 되게 해주소서!** **옴, 번개를 지닌 이를/이길 수 없는 번개를 이기소서, 잘 되게 해주소서!**
오대진언	실담	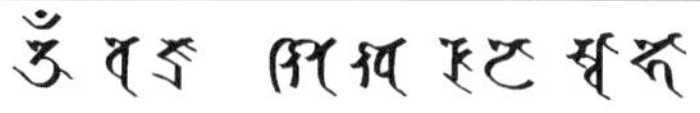
	정음	:옴◦:바:ᅀ·라◦·녜·담◦:ᅀᅡ·예◦ ᄼ·방·하
	한자	唵引 嚩日囉 儜擔惹曳 薩嚩賀
요즘소리		옴 바아라녜 담아예 사바하
장경표기		唵引 嚩日囉二合儜[4]擔 惹[3]曳 薩嚩二合賀
되짠소리 (IPA)		ˀəm ba-ⁿʑ-la-ɳɛ(ŋ)-tam/-ⁿʑɛ(ŋ)-tam ⁿʑ́ja-jɛi s-ba-ɣa

낱말

vajrānītaṃ (< vajra+ānīta '지닌, 곁에 둔'): Adj. m. Sg. Acc. 번개를 지닌.

vajrājitaṃ (< vajra+ajita '이길 수 없는'): Adj. m. Sg. Acc. 이길 수 없는 번개(인드라).

jaye(< jaya): No. m. Sg. Loc: 이김, 정복; Adj. 이기는, 정복하는.

jaya(< √ji- 1.): Pres. 2. Sg. Imp: 이기다, 무찌르다.

덧글

당의 법전(法全)이 엮은 '큰 해님 옹근 깨달음의 여러 가지 힘을 더 밝힌 글의 연꽃 바구니에서 가여움이 생기는 동그라미의 두루 이루는 이바지 방법 모음[T0852a 大毘盧遮那成佛神變加持經蓮華胎藏悲生曼荼羅廣大成就儀軌供養方便會]'에는 값진 보람의 손[寶印手]을 뜻하는 범어 ratnamudrāhasta의 소리새김을 적은 글이 보인다:

寶印手菩薩真言曰 囉怛曩二合謨捺囉二合賀薩多(二合)[5]
'보인수보살진언은 <라뜨나무드라하스따>라 이른다.'

曩莫 三滿多 沒馱喃一 唅 囉怛曩二合 儞入[6]嘌爾(二合)多二 娑嚩二合賀引
namas samanta buddhānām haṃ ratna nirjāta[7] svāhā
'곳곳의 깨우친 분들께 절합니다. 함, 보배처럼 보이시는 분이시여, 잘 해주소서!'

뒤풀이

---

[1] 표(標)나 표시(標示).

[2] 한글판 오대진언(성암고서박물관)/하정수 (2019), 121쪽:

ᄒᆞ다가 묻ᄂᆞᆫ 말 와 ᄃᆡ답ᄒᆞᄂᆞᆫ 말왜 다 디혜 ᄀᆞ자 공교코 미묘코져 커든 이 진언을 닐그라

'만약 묻는 말과 대답하는 말이 다 지혜 갖추어 공교하고 미묘하고자 하거든 이 진언을 읽으라.'

[3] 29 數珠手真言의 뒤풀이 5를 보라. 曳는 ye뿐만 아니라, ya로도 쓰였다.

[4] 콧소리벗기: 儜 *^{ɲ}ʑi$_{(ŋ)}$?, 惹 *^{ɲ}ʑja.

[5] 원문에는 二合이 없지만, ha**<u>sta</u>**와 ni**<u>rja</u>**ta는 賀<u>薩多$_{二合}$</u>와 儞$_{入}$<u>㗚爾$_{二合}$</u>多여야 한다. 비교: 是寶印手印. 彼真言曰 南麼三曼多勃馱喃$_{一}$ 囉怛娜$_{二合}$儞$_{入}$<u>喇爾$_{二合}$</u>多$_{二}$莎訶$_{三}$ '이는 값진 새김을 쥔 손짓인데, 그 진언에 이르길, 나마 사만다 몯다남 라다나 니라니다 사바하' (K0427/T0848 大毘盧遮那成佛神變加持經, 卷 4).

[6] 여기서는 入이 뜻하는 바가 入聲보다 그 무렵 벌어진 콧소리벗기 현상에서 떨어져 원래 소리로 내라는 뜻인 듯하다. 비교: 儞$_{入}$社多 nirjāta (K0427/T0848 大毘盧遮那成佛神變加持經, 卷4).

[7] 儞$_{入}$㗚爾$_{(二合)}$多 *ni l-^{ɲ}ʑ$_{j}$e ta는 nirjetṛ의 부름말 nirjetaḥ로 볼 수도 있다.

32. 觀世音菩薩俱尸鐵鉤手真言

누리를 살피며 오롯한 슬기에 든 님의 쇠갈고리를 쥔 손 만뜨라
(Avalokitasvara Bodhisattvo ’ṅkuśa-mudrāmantraḥ)

𑖀𑖽𑖎𑖲𑖫 aṅkuśa 앙꾸샤

티벧. ལྕགས་ཀྱུ།. Wyl. lcags kyu 착뀨 ‘쇠갈고리’;

지나. 俱尸[1], 鴦俱者(音)/ 鐵鉤(意)

m. n. 쇠갈고리, 코끼리를 다루는 막대기.

앙꾸샤(aṅkuśa)’는 한편으로는 쇠갈고리를 뜻하지만, 다른 한편으로는 코끼리를 다루는 막대기로 손잡이에 날카로운 쇠갈고리가 달려 있는 것을 가리키기도 한다. 나아가 코끼리 신인 가네샤의 지팡이라고도 한다.

이런 코끼리 막대기는 마음을 가라앉혀 그 속을 들여다보는 도구로 여기는데, 특히 불교에서는 이런 수행은 사나운 코끼리를 다루는 것으로 비유되기 때문이기도 하다[2]. 또 힌두의 여러 딴뜨라에서 사람을 끌어들여 다스리며 가야 할 길을 알려주는 도구로 여김을 찾아볼 수 있다[3].

觀世音菩薩俱尸鐵鉤手真言

若爲善神龍王常來擁護者當於此手

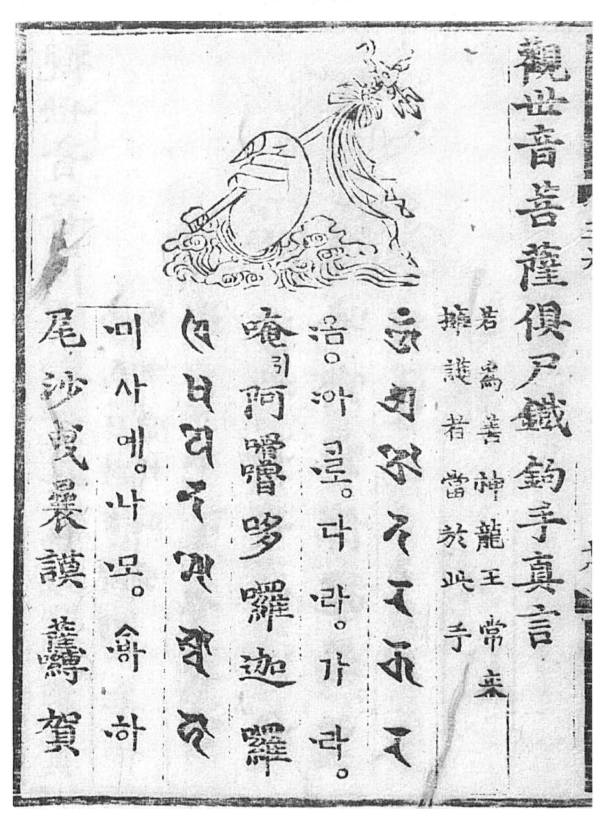

옴。아 로。다 라。가 라。

唵引阿嚕嚕哆囉迦囉

미 사 예。나 모。사바 하

尾沙曳曩謨薩嚩賀

쓰임	若爲善神龍王[4]常來擁護者當於此手[5] 어진 신과 용왕이 늘 와서 지켜주게 하려는 이는 이 손(만뜨라)을 해라!

상스	**ॐ अग्रोत्तर-कर-विषये नमः स्वाहा** oṃ agrottara-kara-viṣaye namas[6] svāhā
한글	옴 아그로따라 까라 비샤예 나마흐 스바하
풀이	**옴, 가장 높은 것을 내놓는 곳에서 절하오니, 잘되게 해주소서!**

오대진언	실담	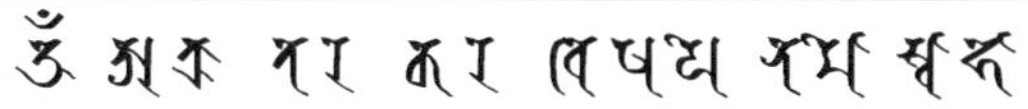
	정음	:옴◦:아ᄀ·로◦다·라◦가·라◦·미사예◦·나·모◦ ᄼ·방·하
	한자	唵$_{\text{引}}$ 阿唃嚕哆囉　迦囉 尾[7]沙曳 曩謨 薩嚩賀
요즘소리		옴 아가로 다라가라 미사예 나모 사바하
장경표기		唵$_{\text{引}}$ 阿唃嚕$_{\text{二合}}$哆囉迦囉毘沙曳 曩謨$_{\text{引}}$ 薩嚩$_{\text{二合}}$賀
되짠소리 (IPA)		ˀəm ˀa-ʔ$_{w}$a$_{t}$-l$_{u}$o-ta-la-ka-la-bi-ʂa-je na-mo s-ba-ɣa

낱말

agra: Adj. 맨 앞의, 첫, 으뜸의, 가장 좋은.
uttara: Adj. Sg. 더 위, 더 높은, 넘어서는; 위쪽의, 북쪽의, 뛰어난.
agrottara(< agra + uttara): 맨 꼭대기의, 가장 높은
kara: Adj. ~하는, ~ 만드는, ~ 일으키는.
viṣaye(< **viṣaya**): No. m. Sg. Loc. 곳, 경계, 공간
namas : No. n. Sg. 절, 인사.

덧글

'굳센 슬기(Vajrabodhi, 金剛智)'가 옮긴 '번개꼭대기 글 - 아름답게 빛나며 오롯한 슬기에 든 분의 아라빠짜나[8] 다라니(K0465/T1173 金剛頂經曼殊室利菩薩五字心陀羅尼品)'에는 이 진언의 그림에 보이는 바즈라가 꼭대기에 붙은 막대기(vajrāṅkuśa)가 적힌 글이 보인다:

唵 跋日㖿$_{\text{二合}}$句捨若$_{\text{入}}$ oṃ vajra-aṅkuśa nyak
'옴, 번개 갈고리여, 아래로(내리소서)!'

또 '상스끄르따로 된 여러 이름들[梵語雜名]'에도 갈고리를 aṅkuśa라고 적은 글이 보인다:

鉤 鴦俱者  '갈고리는 앙꾸샤이다.'

뒤풀이

---

[1] 김미숙(금강저의 인도 신화적 기원과 상징적 원형, 인도철학33, 2011, 81쪽)은 aṅkuśa의 소리를 옮긴 것으로 보지만, aṅkuśa보다 aṅkuśin '갈고리를 쥔'의 주격형 aṅkuśī의 줄임꼴이 더 알맞다.

[2] Wallace, B. Alan(The Attention Revolution: Unlocking the Power of the Focused Mind, 2006), 79쪽: Throughout Buddhist literature, the training in shamatha is often likened to training a wild elephant, and the two primary instruments for this are the tether of mindfulness and the goad of introspection '불교 이야기에 걸쳐 사마타 수련은 자주 사나운 코끼리를 다루는 것에 견주며, 이에 두 가지 기본 도구는 마음챙김의 끈과 속으로 들여다봄의 막대기이다.'

[3] Dyczkowski, Mark S. G. (2009), Chapter Four, 189쪽:

while the goad is considered to be (the means to attract and) control (ākarṣaṇa). ***cāṅkuśā****karṣaṇaṁ matam* '그리고 막대기는 사람을 끌어당긴다고 여긴다.'

Goodall 및 여럿: Śaivism and the Tantric Traditions(2020), 364쪽:

a pūjāstuti1 that guides its reciter through the mental or actual worship of the goddess Nityā. '여신 니따의 정신적이거나 실제 섬겨서 외는 이를 암송자에게 길을 알려주는 pūjāstuti.'

[4] 원래 dharmapāla '가르침의 지기'인 護法善神과 aṣṭanāgarāja '여덟 뱀의 임금'인 八大龍王의 줄임말이다. 이는 힌두문화가 불교로 들어와서 다시 지역적으로 중국화한 경우이다.

[5] 한글판 오대진언(성암고서박물관)/하정수 (2019), 121쪽:

ᄒᆞ다가 어딘 신령과 룡왕괘 미샹 와 내 모ᄆᆞᆯ 옹호ᄒᆞ긔 ᄒᆞ고져 ᄒᆞ거 든 이 진언을 닐그라

'만약 어진 신령과 용왕이 항상 와 내 몸을 옹호하게 하고자 하거든 이 진언을 읽으라.'

[6] 뒤에 오는 말이 svāhā이므로 namo가 아닌 曩莫 namaḥ 또는 namas여야 한다. 다만 진언 유형으로 볼 때 oṃ namo agrottara-kara-viṣaye svāhā였던 것을 잘못 옮겼을 수도 있어 보인다.

[7] 콧소리벗기 ᵐbi.

[8] 曼殊室利菩薩承佛告旨 卽說陁羅尼曰 阿囉跛者娜 '멋지게 빛나며 오롯한 슬기에 든 분이 부처님의 말씀하신 뜻을 받들었다. 말씀하신 다라니는 아라빠짜나였다.'(K0465/T1173, 卷1).

Monier-Williams, Monier(1899), 87쪽: **अरपचन** ***arapacana*** m. a mystical collective N. of the five Buddhas (each being represented by a letter) '다섯 부처님의 신비로운 총칭(한 글자마다 따로 뜻함)'.

33. 觀世音菩薩錫杖手真言

누리를 살피며 오롯한 슬기에 든 님의 지팡이를 쥔 손 만뜨라
(Avalokitasvara Bodhisattvaḥ Khakkhara-mudrāmantraḥ)

𑖏𑖎𑖿𑖏𑖨 khakkhara 칵카라/ 𑖮𑖰𑖎𑖿𑖎𑖩 hikkala 힉깔라

티벧. འཁར་གསིལ།, Wyl. 'khar gsil / འཁར་བསིལ།, Wyl. 'khar bsil 카르실 '승려의 지팡이';

지나. 喫棄羅, 隙棄羅 (音)/ 錫杖 (意)

f. 승려 또는 거지[1]의 지팡이.

이 칵카라(Khakkhara)는 원래 '시끄러운 (웃음)소리'를 뜻하며, 하나의 소리시늉말에서 나왔다[2]. 그래서 이를 지나에서 옮기면서 '소리를 울리는 또는 소리를 내는 지팡이'라는 뜻으로 聲杖, 鳴杖, 有聲杖 따위로 나타내었다.

부처님께서 제자들에게 이런 소리를 내는 지팡이를 쓰라고 하셨는데, 이에도 가르침이 들어있다. 그 하나는 깨달음의 길로 나서는 이들이 뱀 따위의 짐승들로부터 제 몸을 지키고, 다른 하나는 거꾸로 뱀이나 벌레 따위라도 그 고귀한 목숨을 해치지 말도록 하려 함이었다[3].

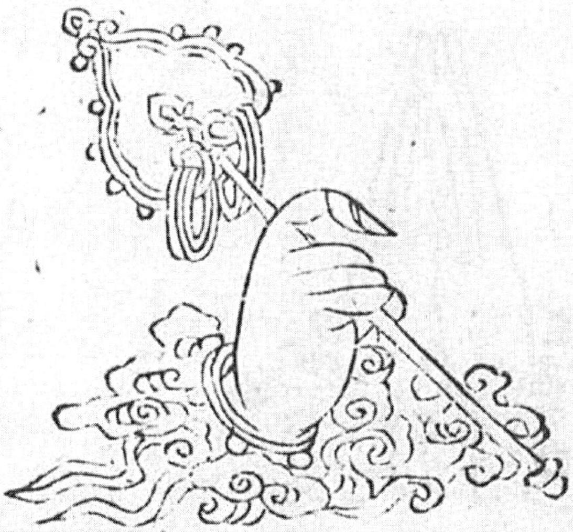

觀世音菩薩錫杖手真言

若為慈悲覆護一切
衆生者當於此手

옴 날디 날디。날타바디。

唵引 那嘌智那嘌智那嘌吒鉢底

날뎨。나야바니。훔바탁

那嘌帝娜夜鉢儜吽泮吒

쓰임		若爲慈悲覆護一切衆生者當於此手[4] 자비가 거듭 살아있는 모든 것을 지키게 하려는 이는 이 손(만뜨라)을 해라!
상스		ॐ नृति नृति नृतापते नृपते नृते नृत्यपते हूं फट् oṃ nṛti nṛti nṛtā-pate nṛṭe nṛtya-pate huṃ phaṭ
한글		옴 느르띠 느르띠 느르따빠떼 느르떼 느르땨 빠떼 훔 팓
풀이		**옴, 춤 출 때 님이시여, 어마한 모습일랑, 몸짓, 춤의 으뜸이시여, 훔 팓!**
오대진언	싣담	𑖌𑖼 𑖡𑖴𑖝𑖰 𑖡𑖴𑖝𑖰 𑖡𑖴𑖝𑖯𑖢𑖝𑖰 𑖡𑖴𑖝𑖰 𑖡𑖴𑖝𑖿𑖧 𑖢𑖝𑖰 𑖮𑖳𑖽 𑖣𑖘𑖿
	정음	:옴◦ ·날·디·날·디◦ ·날타바·디·날:뎨◦ :나·야 바·니◦ :훔 바·탁
	한자	唵$_{\text{引}}$ 那嘌智 那嘌智 那嘌吒鉢底 那嘌帝 娜夜鉢儜 吽 泮吒
요즘소리		옴 날지 날지 날타바지날제나야바니 훔 바탁
장경표기		唵$_{(\text{引})}$ 那嘌$_{\text{二合}}$知 (那)嘌$_{(\text{二合})}$知 那嘌$_{\text{二合}}$吒 鉢寧$_{\text{上}}$ 那嘌$_{\text{二合}}$帝 那嘌$_{\text{二合}}$底夜 鉢寧$_{\text{上}}$ 吽 泮吒$_{\text{二合}}$[5]
되짠소리 (IPA)		ˀəm n-ljet-ʈje (n)-ljet-ʈje n-ljet-ʈa pa- nie$_{(ŋ)}$ n-ljet-ʈje n-ljet-ʈje-ja pa-nie$_{(ŋ)}$ xum p$^{h}{}_{u}$a$_{n}$ʈ

낱말

nartī (< nartin): Adj. No. m. Sg. Nom. 춤추는.

nṛti (< nṛt): No. f. Sg. Loc. 춤, 몸짓.

nṛtā (< nṛt): No. f. Sg. Inst. 춤, 몸짓.

nṛte (< nṛti): No. f. Sg. Voc. 춤, 몸짓; 어마어마한 모습.

nṛtā-pate (< nṛtā '사내들'+ pati '님'): No. m. Sg. Voc. 사내들의 임금, 님.

nṛtya(< nṛtya) No. n. Sg. Voc. 춤, 몸짓, 몸짓놀음.

덧글

'깨달음을 즐기는 이(Bodhiruci 菩提流志)'가 옮긴 '빈틈없는 올가미 쓰기의 임금의 글(amogha-pāśa-kalparāja-sūtra, K0287/T1092)'에 khakkhara에 엇비슷한 소리를 적은 글이 보인다:

迦佉羅迦 錫杖印

'칵카라까 지팡이 표식'

뒤풀이

---

[1] Monier-Williams (1899), 334쪽: **खक्खर** *khakkhara, as*, m. (?), a beggar's staff, Buddh.; (cf. *hikkala*.). 여기서 beggar는 비구(Skr. bhikṣu/Pal. bhikkhu)라는 뜻이기도 하다.

[2] Mayrhofer, Manfred(EWA. III. Band, 2001), 42쪽: ***KAKHA*** (*KHAKKHA, GAGGHA, GHAGGH*) lachen (Dhā). - Hi. *khakkhā* m. lautes gelächter '시끄러운 웃음' (u.a.?); Tu 3761. – Lautnachahmend '소리를 흉내내는'. 아랫바다에서 부쳐온 부처님 이야기(K1082/T2125) 권4: 言錫杖者梵云**喫棄羅** 即是鳴聲之義. 古人譯為錫者意取錫錫作聲 '석장이라는 것은 인도에서는 **칵카라**라 이르며, 울리는 소리란 뜻이다. 옛 사람들은 錫으로 새겼고, 錫錫으로 소리(를 낸다)라는 뜻이다.'

[3] 읊어 지킬 열 가지(K0890/T1435) 56권: 杖法者 佛聽杖穳 若鐵 若銅 為堅牢故 上作樓環. 又杖法者 佛在寒園林中住 多諸腹行毒蟲嚙諸比丘 佛言: **應作有聲杖驅遣毒蟲** 是名杖法. Kieschnick, John: The Impact of Buddhism on Chinese Material Culture (2003), 113쪽:
Various versions of the monastic regulations state that the Buddha instituted use of the ring-staff for monks to **frighten off spiders, snakes, and other dangerous beasts** that they might encounter in their travels.

[4] 한글판 오대진언(성암고서박물관)/하정수 (2019), 121쪽:
ᄒᆞ다가 내 ᄌᆞ비로 일체옛 즁싱을 두퍼 호디케 ᄒᆞ거 든 이 진언을 닐그라
'만약 내가 자비로 일체 중생을 덮어 호지하게 하거든 이 진언을 읽으라.'

[5] 娜夜는 𑖟𑖧 daya로, 那嚟二合底夜는 𑖡𑖴𑖝𑖿𑖧 nṛtya 로 적혔지만, 앞의 것은 뒤의 것을 잘못 옮겼을 수도 있다. 다만 narti(n)과 nṛti는 '춤추는'과 '춤추기'를 뜻해서 서로가 조금씩 달리 적은 것일 수도 있어보인다.

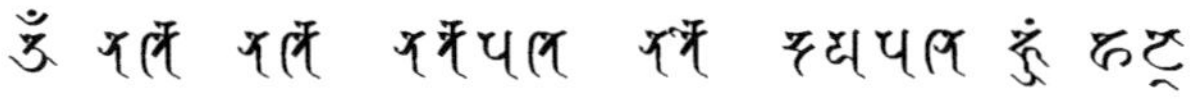

𑖌𑖼 𑖡𑖨𑖿𑖝𑖰 𑖡𑖨𑖿𑖝𑖰 𑖡𑖨𑖿𑖘𑖢𑖝𑖰 𑖡𑖨𑖿𑖝𑖸 𑖟𑖧𑖢𑖡𑖰 𑖮𑖳𑖽 𑖣𑖘𑖿 (오대진언)

oṃ narti narti narṭa pati narte daya pani huṃ phaṭ

唵引 那嚟智 那嚟智 那嚟吒鉢底 那嚟帝 娜夜鉢儜 吽 泮吒 (오대진언/T1064)

唵 那嚟二合知(那)嚟知(二合)那嚟二合吒鉢寧上那嚟二合帝那嚟二合底夜鉢寧上許 泮吒二合 (T0894a)

𑖌𑖼 𑖡𑖴𑖘𑖰 𑖡𑖴𑖘𑖰 𑖡𑖴𑖘 𑖢𑖝𑖰 𑖡𑖴𑖝𑖿𑖧 𑖡𑖴𑖝𑖿𑖧 𑖢𑖝𑖰 𑖮𑖳𑖽 𑖣𑖘𑖿

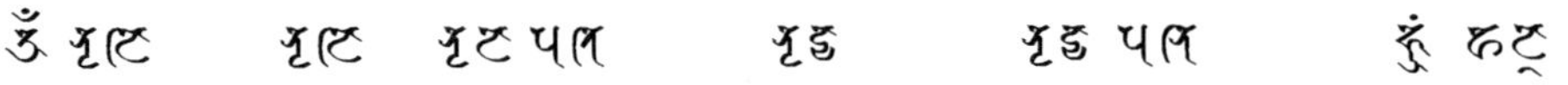

oṃ nṛṭi nṛṭi nṛṭa pati nṛṭya nṛṭya pani huṃ phaṭ

唵 那嚟二合知 那嚟知 那嚟二合吒 鉢寧上 那嚟二合帝夜 那嚟二合底夜 鉢寧上 許 泮吒(半音) (T0894b)

또 -rṭ나 -ṛṭ 따위는 -rt나 -ṛt의 딴꼴로 봐야 할 듯하다. 비록 -rṭ나 -ṛṭ로 된 말은 없지만, 비슷한 소리끼리 모일 수 있고 많은 불교식 범어에서 파격적으로 뒤섞인 말이나 소리를 자주 찾을 수 있다.

위의 세 진언을 살펴보면, 인도사람인 '빈틈없이 굳센 이'와 '잘되고 힘센 이'가 싣담을 먼저 쓰고 지나의 승려들이 한자로 그 소리를 달면서, 𑖝𑖰와 𑖡𑖰의 모양을 헷갈려 빚어진 것으로 보인다. 개인적으로 볼 때, 앞뒤 모두 𑖢𑖝𑖰 pati라고 본다. 왜냐하면 𑖢𑖡𑖰 pani라는 말 자체도 없고, 그렇다고 𑖢𑖯𑖡𑖰 pāni, 𑖢𑖯𑖜𑖰 pāṇi로 보기에도 뜻에서 맞지 않기 때문이다.

34. 觀世音菩薩合掌手真言

누리를 살피며 오롯한 슬기에 든 님의 두 손 모아 비는 손 만뜨라
(Avalokitasvara Bodhisattvo ’ñjali-mudrāmantraḥ)

𑖀𑖗𑖿𑖕𑖩𑖰(𑖦𑖲𑖟𑖿𑖨𑖯) añjali(mudrā) 안잘리(무드라)

티벧. ཐལ་སྦྱར་(བའི་ཕྱག་རྒྱ།), Wyl. thal sbyar (ba'i phyag rgya) 탈자르(웨 챡가) ‘손바닥을 모은(손짓)’;
지나. (安)惹哩, (安)惹里 (音)/ 合掌 (意)
m. 두 손 모음[合掌]; añjaliṃ kṛ 두 손을 모은 모습을 하다.

안잘리(añjali)는 두 손을 모으되 손바닥을 붙이지 않고 틈을 둔 모습으로, ‘열 손가락을 모아 머리 위로 올리는 것’까지도 가리킨다[1]. 이렇게 두 손바닥을 모으는 것은 인도뿐만 아니라, 유라시아의 여러 문화권에서도 ‘잘못을 빌고 좋은 것을 바라는 몸짓’의 하나로 행해지고 있다.

이렇게 두 손을 모아 빎을 기도(祈禱, Skr. āyācana/prārthanā)라 하며, 그 빎이란 일반적으로 사람이 사람 아닌 것(amanuṣya, 非人, 神鬼)에게 어렵고 힘든 일이 이뤄지도록 바라는 것이다. 이는 불교와 같은 문화적 바탕을 두고 있는 인도의 여러 종교뿐만 아니라, 서양의 크리스트교나 이슬람교에서도 동양의 샤마니즘이나 도교에서도 두루 찾아볼 수 있다.

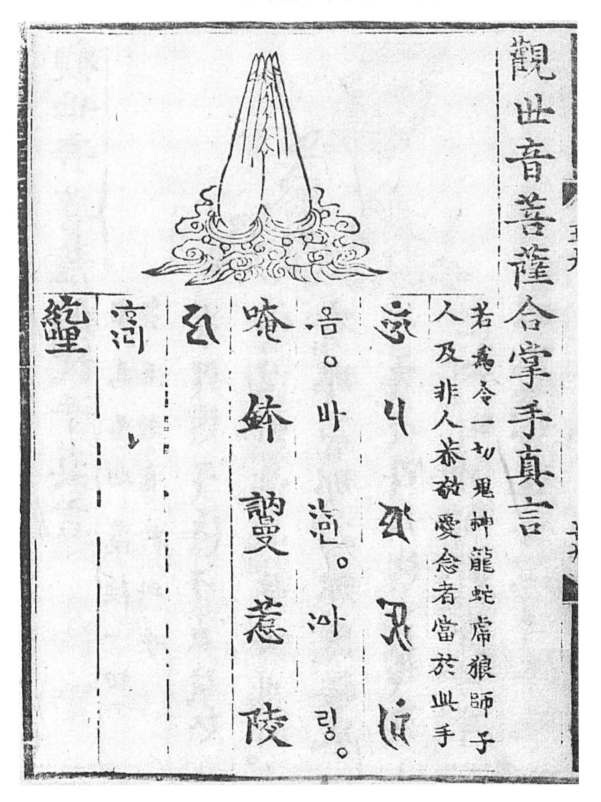

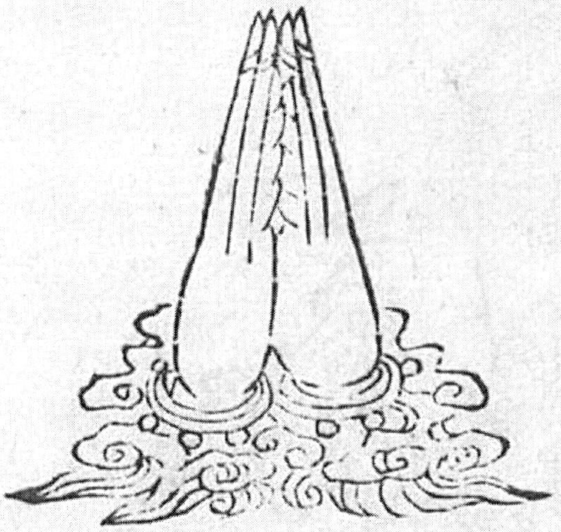

觀世音菩薩合掌手眞言

若爲令一切鬼神龍蛇虎狼師子人及非人恭敬愛念者當於此手

옴。바잔。자링。

唵鉢讚惹陵

흐릭

紇哩

쓰임	若爲令一切鬼神龍蛇虎狼師子人及非人常相恭敬愛念者當於此手[2] 모든 귀신, 용, 뱀, 범, 사자, 사람 및 사람 아닌 것이 늘 서로 삼가 받들어 사랑으로 떠올리게 하려는 이는 이 손(만뜨라)을 해라!

상스	**ॐ पद्माञ्जलिं हृ / ह्रीः** oṃ padma-añjaliṃ **hṛ** / **hrīḥ**[3]
한글	옴 빠드만잘링 흐르/ 흐릭
풀이	**옴, 연꽃을 받든 두 손을 바치나니/ 겸손하게!**

오대진언	실담	
	정음	:옴◦ 바:ᄂ·만:ᅀᅡ링◦ ·ᄒ:리
	한자	唵$_{引}$ 鉢訥[4]曼惹陵 紇哩

요즘소리	옴 바나만 아링하리
장경표기	唵 鉢納[4]曼$_{(二合)}$惹陵 紇哩$_{(二合、引)}$ 合掌之呪曰悉利悉利. 吉祥殊勝義也 [5]
되짠소리 (IPA)	ˀəm pa$_{t}$-ⁿd-man-ⁿźja-liŋ h-li

낱말

padma-añjaliṃ(< padma-añjali) No. m. Sg. Acc. 연꽃을 받든 두 손.
√*hṛ*- 1.: V. (도구격과 함께)옮기다; (목적격과 함께)바치다, 주다; 빼앗다.
hrīḥ (< hrī/ Pāḷ. hiri): No. f. Sg. Nom./Voc. 부끄러워함[慚], 수줍어함; 삼감.

덧글

빈틈없고 굳센 이(Amoghavajra, 不空金剛)가 옮긴 '번개꼭대기 연꽃부의 마음으로 외는 것[K1310/ T0873 金剛頂蓮華部心念誦儀軌]'과 '앞선 슬기를 지닌 이(Prajñā Gautama, 般若)'가 옮긴 '여러 부처 나라의 참된 글[T0868 諸佛境界攝真實經]' 및 잘되고 힘센 이(Śubhakara-siṃha)가 옮긴 '머리 위의 이긴 여인 요가 닦기[T0973 尊勝佛頂脩瑜伽法軌儀]'에 굳센 두 손 모음(vajrāñjali, 金鋼掌)이란 말이 나온다:

唵嚩日囒$_{(二合、引)}$惹哩 oṃ vajrāñjali (vajra-añjali) (K1310/T0873, 卷1)

 唵$_{一}$ 縛日囒$_{去二合}$ $_{二}$惹哩$_{三}$ oṃ vajrāṃjali (vajra-añjali) (T0868, 卷1)
'옴, 굳센 두 손 모음이여'

唵$_{一}$ 嚩日囒$_{二合,}$ $_{二}$ 惹里$_{三}$ 三麼野$_{四}$ oṃ vajrāñjali-samaya (T0973, 卷1)
'옴, 굳센 두 손 모음으로 약속함이여'

뒤풀이

1 Monier-Williams (1899), 11쪽: **अञ्जलि** *añjalí, is*, m. (√añj), the open hands placed side by side and slightly hollowed(as if by a beggar to receive food; hence when raised to the forehead, a mark of supplication), reverence, benediction, ~ '나란히 또 좀 틈을 두고 벌린 두 손(마치 거지가 먹을 것을 받듯이, 그래서 이마까지 올려질 때 간절함의 표시), 섬김, 축복, ~'.

Davids, Thomas William Rhys (The Pali Text Society's Pali-English Dictionary, 13쪽): **Añjali** [cp. Sk. añjali, fr. añjati[1]] extending, stretching forth, gesture of lifting up the hands as a token of reverence (cp. E. to "tender" one's respect), **putting the ten fingers together and raising them to the head** (VvA 7: dasanakha-samodhāna-samujjalaŋ añjaliŋ paggayha).

2 한글판 오대진언(성암고서박물관)/하정수 (2019), 121쪽:

ᄒᆞ다가 일체옛 귀신과 룡과 ᄇᆞ얌 과 범과 일히와 ᄉᆞᄌᆡ와 사ᄅᆞᆷ과 사ᄅᆞᆷ 아 니니왜 다 공경ᄒᆞ야 ᄉᆞ랑코 렴콰뎌 ᄒᆞ거든 이 진언을 닐그라

'만약 일체의 귀신과 용과 뱀과 범과 이리와 사자와 사람과 사람 아닌 이가 다 공경하여 사랑하고 염하고자 하거든 이 진언을 읽으라.'

3 紇은 ᅘᅳᆼ(東)과 *ɣət(胡結切)으로 실담의 h-와 다르다. 다만 紇哩는 紇哩俱(T1169)와 紇利俱(覺禪鈔)의 준말로서 hrīḥ의 소리를 옮긴 자로 볼 수도 있다.

4 콧소리벗기 ^{n}d.

5 다른 장경자료에는 어떤 잘못으로인지 모두 뒤의 36. 化宮殿手真言인 唵引 微薩囉 微薩囉 吽 泮吒으로 적혀 있고, X1499 法界聖凡水陸大齋法輪寶懺에서만 納자만 다르고 오대진언에서처럼 되어 있다.

35. 觀世音菩薩化佛手真言

누리를 살피며 오롯한 슬기에 든 님의 달리 나투신 부처님을 쥔 손 만뜨라
(Avalokitasvara Bodhisattvo Nirmāṇa-Buddha-mudrāmantraḥ)

𑖡𑖰𑖨𑖿𑖦𑖯𑖜𑖤𑖲𑖟𑖿𑖠 nirmāṇabuddha 니르마놔붇다/ 𑖤𑖲𑖟𑖿𑖠𑖡𑖰𑖨𑖿𑖦𑖯𑖜 buddhanirmāṇa 붇다니르마놔/
𑖡𑖰𑖨𑖿𑖦𑖯𑖜𑖎𑖯𑖧 nirmāṇakāya 니르마놔까야

티벧. སྤྲུལ་སྐུ།, Wyl. sprul sku 뚤꾸 '(사람의 모습으로)나투어진 것';

지나. 化佛 (意)

m. 달리 나투신 부처.

니르마놔붇다(Nirmāṇabuddha)는 글자 그대로 nirmāṇa '만듦, 지음, 바꿈'와 buddha로 이뤄진 말이다. 불교에서 말하는 중생의 근기에 따라 가르침을 달리한다는 대기설법(對機說法)과 이어지는 말이기도 하다.

근기가 다른 중생에게 드러내 보인 몸을 아바따라(avatāra)또는 니르마놔까야(nirmāṇakāya)라 한다. 아바따라는 신적 존재가 내려와 나툰 것을 뜻한다면, 뒤의 니르마놔까야는 모습을 달리 나툰 몸을 가리킨다.

화불(化佛) 또는 니르마놔붇다(Nirmāṇabuddha)도 니르마놔까야처럼 모습을 달리하여 나투신 부처님의 모습이라는 뜻이다. 어느 때든 곳곳에서 중생을 괴로움의바다에서 건져내시려 나타나는 작은 부처님의 모습이다.

觀世音菩薩化佛手眞言

若爲生生之處不離
諸佛邊者當於此手

옴。젼나라。바맘타리。가리。

唵戰娜囉婆鈴吒哩迦哩

나기리。나기리니。훔바탁

娜祇哩娜祇哩抳吽泮吒

쓰임	若爲生生之處不離諸佛邊者當於此手[1] 나고 나는 곳에서 여러 부처님 곁을 안 떨어지려는 이는 이 손(만뜨라)을 해라!

상스	ॐ चण्डरभमण्डलीकरण घृण घृणे हूं फट् oṃ candra-bha-maṇḍalīkaraṇa ghṛṇa ghṛṇe huṃ phaṭ
한글	**옴 짠드라- 바-만될리까라놔 그르놔 그르눼 훔 팥**
풀이	**옴, 달과 해를 감은 빛무리이시며, 빛살과 불꽃이여, 훔 팥!**

오대진언	실담	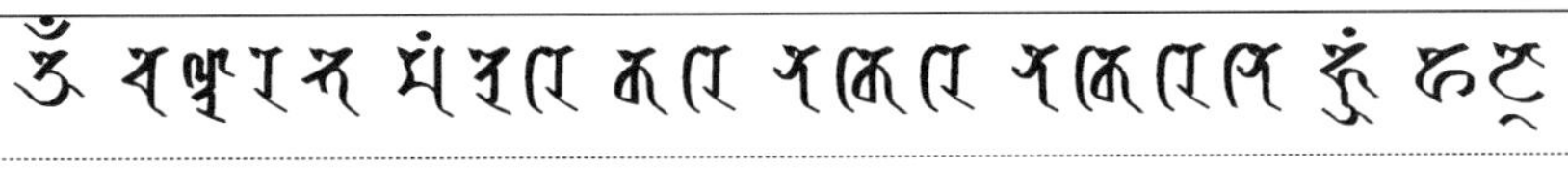
	정음	:옴◦ :젼:나·라◦·바·맘타:리◦가:리◦:나:기:리◦:나:기:리·니◦ :훔 바·탁
	한자	唵引 戰娜囉 婆 𤚥吒哩 迦哩娜 祇哩娜 祇哩抳 吽 泮吒
요즘소리		옴 전나라 바맘타 이가리 나기리 나기니 훔 바탁
장경표기		唵引 戰娜囉[2] 婆 𤚥吒哩 迦哩娜 祇哩(二合)娜 祇哩(二合)柅 吽 泮吒(半音)
되짠소리 (IPA)		ˀəm tɕjan-^{n}da-la ba mam-ʈa-li ka-li na g-li-na g-li-ɲje xum pʰ$_{u}$a$_{n}$ʈ

낱말

candra: No. m. 달; Adj. 반짝이는, 빛나는.
bhā: No. f. Sg. Voc. 빛, 빛살; 닮음, 보임; 해[太陽].
bhamaṇṭala (= bhamaṇḍala = bhacakra): No. n. Sg. Voc. 온갖 별이나 별자리.
maṇḍalīkaraṇa: No. n. Sg. Voc. 둥근 것 둘레로 감는 것/~감기.
ghṛṇa (< ghṛṇa): No. m. Sg. Voc. 열, 불길 같은 마음, 햇살.
ghṛṇe (< ghṛṇi): No. m. Sg. Voc. 위와 같음; 빛살, 불꽃; 물(결).

덧글

'깨달음을 즐기는 이(Bodhiruci, 菩提流支)'가 옮긴 '깨달은 이의 이름 글(buddha-nāma-sūtra)'에는 달리 나투신 부처님[化佛]을 나타내는 진언이 있다:

南無化佛 namo nirmāṇa-buddhāya (K0390/T0440, 卷1)
'달리 나투신 부처님께 절합니다.'

뒤풀이

---

[1] 한글판 오대진언(성암고서박물관)/하정수 (2019), 121쪽:

ᄒᆞ다가 난 ᄯᅡ마다 모ᄃᆞᆫ 부텻 ᄀᆞᅀᅢ 가고져 ᄒᆞ거든 이 진언을 닐그라

‘만약 난 땅마다 모든 부처의 곁에 가고자 하거든 이 진언을 읽으라.’

[2] 𑖫𑖿𑖓𑖡𑖿𑖟𑖿𑖨 ścandra :전:ᄂᆞ·라 戰捺囉 (15. 傍牌手真言)와 대보면 실담 𑖓𑖜𑖿𑖚𑖨나 :젼:나·라 및 戰娜囉 어디에도 二合 따위의 곁글 및 작은 글이 없기에 caṇḍara인데, 그런 상스끄르따 낱말은 없다.

36. 觀世音菩薩化宮殿手真言

누리를 살피며 오롯한 슬기에 든 님의 달리 지은 집을 쥔 손 만뜨라
(Avalokitasvara Bodhisattvo Vimāna-mudrāmantraḥ)

𑖪𑖰𑖦𑖯𑖡 vimāna 비마나/ 𑖡𑖰𑖨𑖿𑖦𑖯𑖜-𑖥𑖪𑖡 nirmāṇa-bhavana 니르마놔-바바나? /

티벧. སྤྲུལ་ཁང་།, Wyl. sprul khang? 뚤캉 '달리 지은 집';

지나. 毘摩那 (音)/ 化宮殿 (意)

m. 달리 지은 집.

큰 수레를 푼 말씀[K1397/T1668 釋摩訶衍論, 384~417]의 2권에는 化宮殿 '달리 지은 집'이 어떻게 된 것인가를 밝힌 글이 나오는데, 다음과 같다.

諸眷屬皆乘化宮殿遊於諸刹 皆悉承賴彼楞伽王方得遊行. 所謂諸鬼神衆作如是言: 我等神衆無有威德無有氣力, 於諸所作無有其能 ...

'여러 딸린 이(kalatra-bhāva)들 모두 달리 지은 집을 타고 여러 누리(kṣetra)를 다니는데, 모두 다 저 랑까 임금의 술법을 받들어 기대어야 다닐 수 있고, 이른바 여러 귀신[1]들은 이렇게 말하는데 '우리들 신들은 그런 큰 힘을 가진이가 없고, 그리 할 어떤 능력도 없다 ...'

이에 따르면, 그렇게 '달리 지었다는 집'은 수레나 그 밖에 어떤 타고 다니는 것으로 굳이 요즘 말로 한다면, 캠핑카나 더해서 기구나 비행선 비슷한 것을 떠올리게 한다. 그때 옛 인도의 여러 문학에서는 이것을 가리켜 비마나(vimāna[2] '가로지르는 것')라고 했다. 실제 고전 상스끄르따를 고스란히 이어받은 현대 힌디에서 비마나는 궁전이나 집을 뜻하지 않고, 비행기나 날틀만을 뜻한다는 것은 시사하는 바가 적지 않다.

또 이것은 우리가 신이라고 불리는 사람 아닌 것들에게조차 쉬 허용되지 않으며, 오직 랑까의 임금(laṅkāpati[3])만이 움직이게 할 수 있는 것임을 알 수 있다.

觀世音菩薩化宮殿手眞言

若爲生生世世常在諸佛宮殿
中不處胎藏受身者當於此手

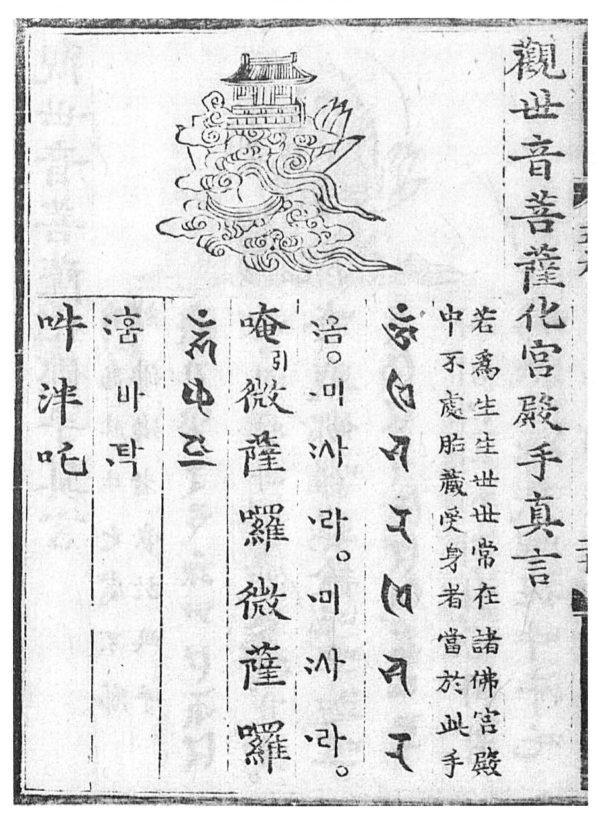

옴。미 사 라。미 사 라。

唵引微薩羅微薩羅

훔 바 탁

吽泮吒

쓰임	若爲生生世世常在諸佛宮殿中不處胎藏受身者當於此手[4] 나고 나는 누리마다 늘 여러 부처님 집 안에 있고, 뱃속에 들어 몸을 받지 않으려는 이는 이 손(만뜨라)을 해라!

상스	ॐ विसर विसर हूं फट् oṃ visara visara huṃ phaṭ
한글	옴 비사라 비사라 훔 팓
풀이	**옴, 퍼지고 나아가라, 훔 팓!**

오대진언	싣담	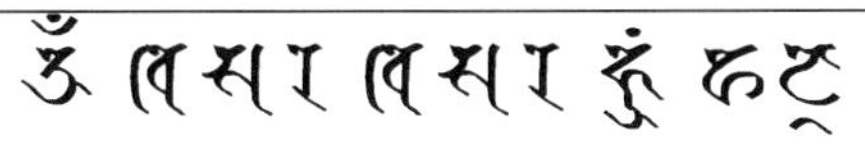
	정음	:옴◦ ·미:사·라◦·미:사·라◦ :훔 바·탁
	한자	唵$_{引}$ 微薩囉　微薩囉　吽 泮吒
요즘소리		옴 미사라 미사라 훔 바탁
장경표기		唵$_{引}$ 微[5]薩囉 微[5]薩囉 吽 泮吒$_{(半音)}$[6]
되짠소리 (IPA)		^{ʔ}əm ^{m}bi-sa-la ^{m}bi-sa-la xum p^{h}a$_{n}$t̪

낱말

visara: No. m. Sg. Voc. 퍼짐, 넓힘, , 많음, 여럿; 쓴맛; Adj. 맛이 쓴
visara (< vi- √sṛ- 1, 3 '흐르다, 가다'): Pres. 2. Sg. Imp. 퍼지다, 나아가다.

덧글

후진 무렵 인도에서 온 '깨달음이 훌륭한 이(Buddhayaśas, 佛陀耶舍)'와 서역에서 온 '깨달음의 떠올림(Buddhasmṛti?[7] 竺佛念)'이 함께 옮긴 '네 가지 지킬 것(cāturvargīya-vinaya, K0896/T1428 四分律)'에는 저마다 비마나를 적은 것 같은 글이 보인다:

時有檀越, 欲為僧作毘摩那房, 佛言: 聽作 (T1428)
'그때 아낌없는 분(dānapati)이 있어, 승려를 위해 비마나(같은)방을 지으려 하니, 부처님께서 듣고 선 지으라고 말씀하셨다.'

뒤풀이

---

[1] 이 글이 쓰여지던 무렵 鬼神이란 말은 이제와 같은 뜻이 아니라, 죽어서 넋이 된 사람 아닌 것으로 좋고 궂음의 뜻이 들어 있지 않은 중성적인 뜻이었다.

[2] Monier-Williams(1899), 980쪽:

m. n. a car or chariot of the gods, any mythical self-moving aerial car (sometimes serving as a seat or throne, sometimes self-moving and carrying its occupant through the air; other descriptions make the vimāna- more like a house or palace and one kind is said to be 7 stories high; ...

'm. n. 신들의 수레나 전차, 신비로운 스스로 움직이는 하늘의 수레 (때로 자리나 왕좌로, 때로는 스스로 움직이고 사람을 태워 하늘을 가로지르고; 다른 데에는 vimāna-를 더 집이나 궁전처럼 그리며, 어떤 것은 7층 높이라고 말하고; ...'

최기표(2002, 158~161쪽)는 비마나(vimāna)가 인도에서 어떤 모습으로 어떻게 움직이던 것인지의 이해부족으로 탈것보다는 궁전으로의 번역이 더 알맞다고 본 듯하다.

현대 한국불교에 엿보이는 비마나의 흔적은 땅바닥 위에 지어올린 탑, 특히 다보탑과 법당 안에 매달아 놓은 닫집[懸室]이다. 다보탑의 경우, 자리를 나눈[分半座] 이야기에서 '일곱 가지 보배로 차린 ...' 이라는 말에서 7층 짜리 비마나의 모습을 찾을 수 있다. 그리고 닫집도 허공을 가로지르는 비마나의 특성을 나름 잘 나타낸 것으로 볼 수 있다.

[3] 실론 섬, 스리랑까의 옛이름인 랑까의 우두머리로 라바놔(rāvaṇa, 囉嚩拏)라고 한다. 이러한 이야기의 뿌리는 잘 알려진 라마야놔(rāmāyaṇa '라마의 걸음')이다.

[4] 한글판 오대진언(성암고서박물관)/하정수 (2019), 121쪽:

ᄒᆞ다가 ᄉᆡᇰᄉᆡᇰ 셰셰예 모ᄃᆞᆫ 부텻 집 안해 나고 다시 사ᄅᆞᄆᆡ 모매 나디 마오져 커든 이 진언을 닐그라

'만약 생생 세세에 모든 부처의 집의 안에 나고 다시 사람의 몸에 나지 말고자 하거든 이 진언을 읽으라.'

[5] 콧소리벗기 ᵐbi.

[6] 굳센 슬기(Vajrabodhi, 金剛智)의 '부처님께서 이르신 셀 수 없이 사는 부처의 나투심인 날랜 꼬마번개의 요가 하기 읊는 법'[T1223 佛說無量壽佛化身大忿迅俱摩羅金剛念誦瑜伽儀軌法, 卷1]에는 다음과 같다:

唵引 微薩囉二合微薩囉二合 吽 泮吒 娑嚩二合賀引

[7] 당시 서역이던 武威郡 姑臧(涼州의 옛이름)에서 났다. 이름도 인도를 뜻하는 竺과 '깨달음의 떠올림[佛念]'이라는 지나스럽지 않은 이름을 썼다.

37. 觀世音菩薩寶経手真言

누리를 살피며 오롯한 슬기에 든 님의 글발을 쥔 손 만뜨라
(Avalokitasvara Bodhisattvas Sūtra-mudrāmantraḥ)

𑖭𑖳𑖝𑖿𑖨 sūtra 수뜨라/ Pāḷ. sutta 숟따

티벧. མདོ།, Wyl. mdo 도 '글이 들어 있는 것, 글월, 계약서';

지나. 修多羅, 修妒路, 素呾纜, 素怛纜, 素憺纜, 修他羅 (音)/ 契經, 理教 (意)

n. 글(발).

수뜨라(Skr. sutra/Pāḷ. sutta)는 원래 '가닥, 끈, 실, 줄 따위'를 뜻했다. 이로부터 말이나 글을 늘어놓은 글발이나 엮은 글[書籍]을 가리키게 되었다. 즉, 짧은 격언에서 경전을 나타내게 되었다. 인도의 어떤 사상이나 종교든 수뜨라는 먼저 입에서 입으로 내려오다 그 뒤에 글로 옮겨졌다.

불교에서도 부처님의 말씀인 숟따-니빠따(Pāḷ. sutta-nipāta, 經集)와 숟따-삐똬까(Pāḷ. sutta-piṭaka, 經藏)가 입으로 이어지다 빠알리(Pāḷi)로 옮겨졌다. 다시 대승에 이르러 이를 바탕으로 범어로 바꿔 적었고 금강경, 법화경 및 화엄경이 새로이 만들어졌다.

지나에서 이를 경(經 '날실')으로 옮겼는데, 사실 불교의 유입에 따라 더 널리 퍼진 말이라고 볼 수 있다. 실제 지나의 詩經, 書經, 易經이라 불리는 삼경(三經)은 원래 經자 없이 詩, 書, 易이라 불리었던 데서도 그런 변화를 알 수 있다.

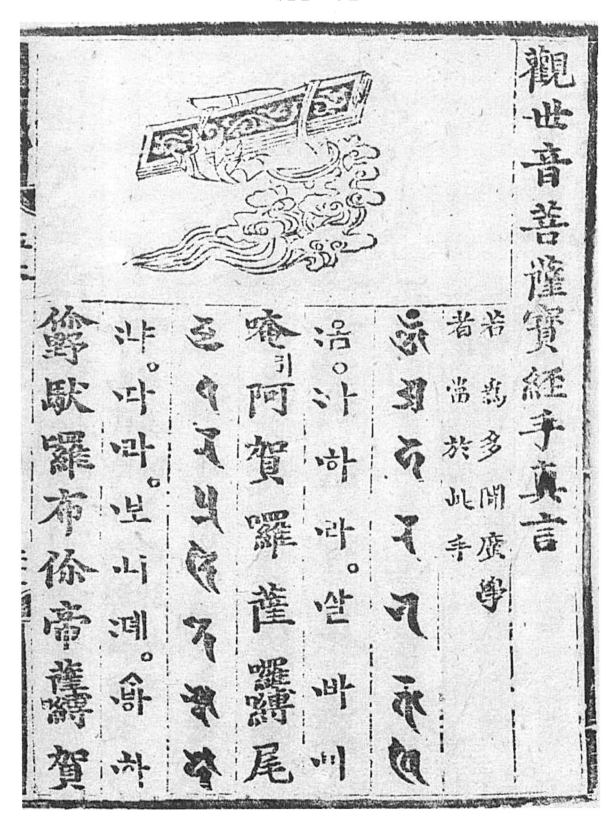

觀世音菩薩寶經手眞言

若爲多聞廣學
者當於此手

옴。아하라。살바비

唵阿引賀囉薩囉嚩尾

냐。다라。보니졔。사바하

儞野馱囉布儞帝薩嚩賀

쓰임	若爲多聞廣學者當於此手[1] 많이 들어 폭넓게 배우려는 이는 이 손(만뜨라)을 해라!

상스	ॐ आहर सर्वविद्याधर **पूजिते** स्वाहा / ॐ आहर सर्वविद्याधर **पुनीते** स्वाहा oṃ āhara sarvavidyā-dhara[2] **pūjite** svāhā/ oṃ āhara sarvavidyā-dhara **punīte**[3] svāhā
한글	옴 아하라 사르바비댜-다라 **뿌지떼** 스바하 옴 아하라 사르바비댜-다라 **뿌니떼** 스바하
풀이	**옴, 모든 슬기를 지닌 이여 바칠 때 받으오, 잘 되게 해주소서!** **옴, 모든 배움을 가진 이여 깨끗해지면 받으오, 잘 되게 해주소서!**

오대진언	실담	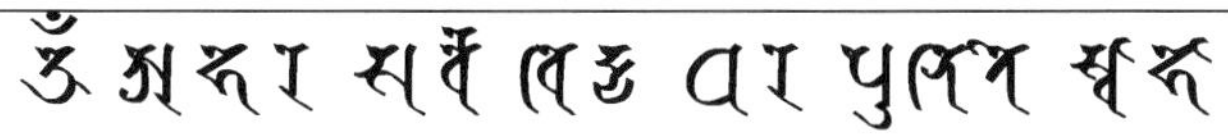
	정음	:옴◦ :아·하·라◦ ·살·바·미:냐◦ ·다·라◦·보·니:데◦ ㅅ·바·하
	한자	唵引 阿賀囉 薩囉嚩 尾你[4]野 馱囉 布你帝 薩嚩賀
요즘소리		옴 아하라 살바미냐 다라 바니데 사바하
장경표기		唵引 阿賀囉 薩囉嚩二合尾儞野二合馱囉 布儞帝 薩嚩二合賀
되짠소리 (IPA)		ˀəm ˀa-ɣa-la sa_t-l-b^ua ^{m}bi-^{n}d-ja da-la pu^o-ni-te s-ba-ɣa

낱말

āhara: Adj. m. Sg. Voc. 가져다 주는; No. 가짐, 얻음, 밥, (들)숨, 이바지함.
āhara (< ā '~로' + √hṛ- 1. '가져 가다, 빼앗다'): Pres. 2. Sg. Imp. 받다, 얻다, 즐기다.
sarva: Adj. m. Sg. Voc. 모든, 여러, 온갖; No. m. 시바나 끄르슈놔의 이름.
vidyā-dhara: Adj. m. Sg. Voc. 배움을 가진[持明], 주문을 지닌.
pūjite (< pūji-ta < √pūj- 1. '섬기다'): Adj. m. Sg. Loc. 떠받든, 섬긴, 받은.
punīte (< punī-ta < √pū- 9. '닦다, 씻다'): Adj. m. Sg. Loc. 깨끗한, 씻은.

덧글

당의 일행(一行[5], 683~727)이 쓴 '큰 해님 옹근 깨달음 말씀 풀이[T1796 大毘盧遮那成佛經疏)'에는 수뜨라가 어떤 것인지를 짧게 밝힌 글이 보인다:

復次五色綖者 即是如來五智 亦是信進念定慧五法. 以此五法貫攝一切教門 是故名為修多羅 古譯謂之綖經也.
'다음 다섯 빛깔 실이란 그렇게 오신 분(부처)의 마음을 가라앉히는 슬기 다섯가지이다. 이 다섯 가르침으로 모든 가르침의 갈래를 꿰어 끼운 것이므로 수뜨라라 이르며, 옛날에는 이를 실로 엮은 글이라 했다.'

뒤풀이

[1] 한글판 오대진언(성암고서박물관)/하정수 (2019), 122쪽:

ᄒᆞ다가 만히 드르며 너비 ᄇᆡ호고져 ᄒᆞ거든 이 진언을 닐그라

'만약 많이 들으며 널리 배우고자 하거든 하거든 이 진언을 읽으라.'

[2] 가네모토 외: チベット語訳『蘇悉地羯羅経』「供養花品」のテキスト校訂ならびに試訳(2017), 28쪽.

Jeffrey Hopkins의 Tantric techniques(2008)에는 여성형 vidyādharī의 호격 vidyādhari가 나온다.

[3] 儞는 爾 *^{ɳ}ʑie나 你 *ɳi/ni로 볼 수도 있지만, 앞의 尾儞野에서는 *-^{n}d-로, 뒤의 布儞帝에서는 *^{ɳ}ʑi로 쓰인 것은 문제가 있다. 다만 음운변화의 과도기에서 *^{n}d-와 *n-가 함께 있을 수는 있다.

그런 대표적인 보기가 있다. 한국사람들은 알아차리지 못하지만, 우리가 ㅁ-이나 ㄴ-으로 내는 소리를 유럽의 울림과 안울림의 대립이 있는 말을 하는 이들은 울림의 b-와 d-로 받아들인다고 한다. 이는 어느 한쪽이 잘못 인식하는 것이 아니다. 한국사람은 앞의 콧소리를 여리게 내어 그에 딸린 울림의 터짐소리가 함께 따라 나온 것이며, 이를 유럽사람들은 익숙한 울림소리이기에 그리 알아들은 것이다.

[4] 콧소리벗기: 尾你 ^{m}bi^{n}di.

[5] tathāgata 如來나 saṃgha 僧伽와 이어지는 말이다. 우리말 '한길' 또는 '같은 길'과도 이어진다.

38. 觀世音菩薩不退金輪手真言

누리를 살피며 오롯한 슬기에 든 님의 뒤돌림없는 바퀴를 쥔 손 만뜨라
(Avalokitasvara Bodhisattvo ’vaivartanīya-cakra-mudrāmantraḥ)

𑖀𑖪𑖹𑖪𑖨𑖿𑖝𑖡𑖱𑖧-𑖓𑖎𑖿𑖨 avaivartanīya-cakra 아바이바르따니야-짜끄라/
𑖀𑖪𑖹𑖪𑖨𑖿𑖝𑖰𑖎-𑖓𑖎𑖿𑖨 avaivartika-cakra 아바이바르띠까-짜끄라;

티벧. ཕྱིར་མི་ལྡོག་པའི་འཁོར་འཁོར་ལོ།, Wyl. phyir mi ldog pa'i 'khor lo 치르미독뻬 코를로
'되돌릴 수 없는 바퀴';

지나 阿毘跋致, 阿惟越致, (音)/ 不退(金)輪 (意)

n. 뒤돌림없는 바퀴.

불경에서 '되돌림없는'이란 상스끄르다로 avaivartanīya, avaivartika, avivarta(ka) 따위의 여럿이 있다. 이들은 깨달음으로 나아가는 흔들림 없고 굳은 마음을 가리키는 꾸밈말이다. 또 '수레바퀴 및 둥근 것'은 거의 cakra라는 낱말이 맡다시피 한다. cakra는 같은 인도-유럽 갈래의 **cycle**, **cyclo-**이나 **circle** 및 한. **수레**(< 술위< 車衣 < *sulku- > **술구**(평안), **술기**(함경))와 이어지는 말이기도 하다. 말하자면 짜끄라는 원래 유라시아 공통문화유산인 수레나 수레바퀴를 뜻했다. 이런 수레는 가만히 있지 않고 움직이는 것이다.

이 진언과 관련해 '참된 가르침인 흰 연꽃의 뜻 풀이[法華義疏', 615]'에도 다음처럼 적혀 있다:

無生正觀體可楷模 故名為法. 流演圓通不繫于一人 故稱為輪 又無生正觀無累不摧, 亦是輪義. 一得不喪名為不退 自我至彼故稱為轉

'나지 않고도 올바로 보는 것은 본보기로 법이라 하고, 두루 퍼져 한 사람에 안 매이니 수레라 한다. 나지 않고도 올바로 보니 묶임도 없고 안 꺾이니 또 수레란 뜻이다. 하나를 얻어 안 잃음을 안 물러선다라 하고, 내게서 저리로 이르므로 구른다고 일컫는다.'

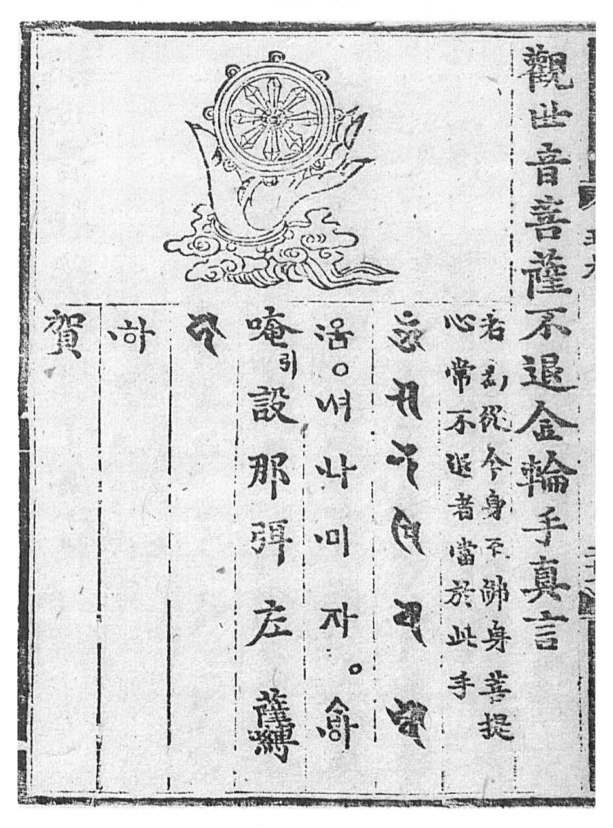

觀世音菩薩不退金輪手真言

若爲從今身至佛身菩提心常不退者當於此手

옴◦셔나미자◦ᄉᄫᅡ

唵(引)設那彌左薩嚩

하

賀

쓰임	若爲從今身至佛身菩提心常不退轉者當於此手[2] 이젯 몸에서 깨달은 몸까지 슬기로운 마음을 늘 되돌림 없이 굴리려는 이는 이 손(만뜨라)을 해라!

상스	ॐ **शनमेच** स्वाहा / ॐ **शणमेच** स्वाहा oṃ **śanameca** svāhā/ oṃ **śaṇameca** svāhā
한글	옴 **샤나메짜** 스바하 / 옴 **샤놔메짜** 스바하
풀이	**옴, 고요한 검푸른 이여, 잘 되게 해 주소서!** **옴, 삼을 좋아하는 검푸른 이여, 잘 되게 해 주소서!**

오대진언	신담	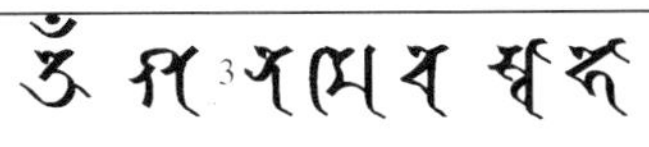 [3]
	정음	:옴◦ ·셔·나·미·자◦ ᄼ·바·하
	한자	唵引 設那弭左 薩嚩賀
요즘소리		옴 서나미자 사바하
장경표기		唵引 設那弭[4]左 薩嚩二合賀
되짠소리 (IPA)		^{ʔ}əm ɕ$_{j}$ɛ$_{t}$-na ^{m}bje-tsa s-ba-ɣa

낱말

śanameca (< śana '고요한' + meca(ka) '검푸른')No. m. Sg. Voc. 고요함을 즐기는[5] 검푸른 이?.

śaṇameca (< śāṇa/śaṇa '삼[麻]' + meca(ka) '검푸른')No. m. Sg. Voc. 삼을 좋아하는 검푸른 이?[6].

덧글

'깨달음을 즐기는 이(Bodhiruci, 菩提流支)'가 옮긴 '깨달은 이의 이름 글(K0390/T0440)'과 '빈틈없고 굳센 이(Amoghavajra, 不空金剛)'가 옮긴 '빛나는 큰 하늘아씨의 내다봄(Śrī-mahādevī-vyākaraṇa-sūtra, K1284/T1253 大吉祥天女十二契一百八名無垢大乘經, 746)에는 돌이킬 수 없는 바퀴[不退輪]가 있다:

南無**不退輪**寶住勝佛 namo avivarta ratnadvīpa-viśiṣṭa-buddhāya (K0390/T0440, 卷5/12)
'돌이킴 없는 값진 것이 있는 곳의 뛰어난 부처님께 절합니다.'
南無**不退輪**寶處吉祥如來 namo avivarta ratnadvīpa-śrītathāgatāya (K1284/T1253, 卷1)
'돌이킴 없는 값진 것이 있는 곳의 빛나는 그런 길을 가시는 분께 절합니다.'

서역에서 온 '깨달음의 떠올림(Buddhasmṛti)'이 옮긴 '오롯한 슬기에 든 님의 달개처럼 뿌리가되는 일의 글(Bodhisattva keyūra mūlakarma sūtra, T1485 菩薩瓔珞本業經)'에는 보다 뚜렷이 avivarti 阿毘跋致를 적은 글이 보인다:

毘跋致秦言正心住, 阿毘跋致秦言不退住 vivarti, avivarti (T1485)
'vivarti는 (姚)秦의 말로 바른 마음으로 서있다이며, avivarti는 물러서지 않고 서 있다이다.'

뒤풀이

---

[1] 왜의 쇼또끄(聖德)가 지었다지만, 그는 역사적 실체조차 뚜렷하지 않다. 고지끼(古事記)의 왕인(王仁)과 니혼쇼끼(日本書紀)의 아좌(阿佐) 등이 삼국사 백제본기 어디에도 없듯이 왜측 사료의 주장은 잘 살펴봐야 한다. 또 당시 왜의 한학 수준을 고려할 때, 한참 뒤 원효(元曉)의 대승기신론소(大乘起信論疏)를 본떠 백제나 신라계의 승려가 지었을 가능성이 크다. 후지에다 아끼라(藤枝晃)나 우오즈미 가즈아끼(魚住和晃)도 에둘러 "~ 대륙에서 왔을 것이다." 고 했다. 실제 백제계 신라승 경흥(憬興)은 같은 이름의 글까지 썼는데, 전하지 않고 있다.

[2] 한글판 오대진언(성암고서박물관)/하정수 (2019), 122쪽:

ᄒᆞ다가 이젯 모ᄆᆞ로 부텻 모매 다ᄃᆞᆮᄃᆞ록 보리심에 덛더디 므르디 아니코져 ᄒᆞ거든 이 진언을 닐그라

'만약 지금 몸으로 부처의 몸에 다닫도록 보리심으로부터 늘 물러나지 않고자 하거든 이 진언을 읽으라.'

[3] 원문에는 ས sa처럼 보이나, 맞짝인 設의 중고음은 *ɕjɛt으로 ś-갈래의 소리를 나타낸다.

[4] 콧소리벗기 ᵐbi.

[5] śana는 √śam- '끝내다, 고요하다, 만족하다'와 이어질 듯하며 드믈게 śaṇa로도 적힐 수 있다. 일반적으로 복수 도구격 śanais/-ś/-r로만 쓰이지만, 뒤섞인 범어(hybrid sanskrit)는 그런 규정마저 자주 벗어난다.

[6] 검푸른 목(nīlakaṇṭha, 青頸: 세상을 건지려 맹독을 마셔 독이 퍼진 것을 상징)을 가진 시바의 상징이다. 또 명상하는 시바는 삼(śāṇa, 大麻)과도 이어지는데, 삼이 명상 등 정신수행에 쓰이고 두려움이나 괴로움을 덜어주는 효능이 그의 권능으로 여겼기 때문일 듯하다. 이런 시바는 세상을 건지시려는 관세음보살의 원형 그 자체이기도 하다.

참고로 삼은 오늘날 많은 나라에서 마약류로 취급되지만, 나만도 어렸을 적 배탈이 나면 할머니께서 말려두신 삼잎을 끓인 물에 우려 마시게 했던 생각이 떠오른다. 마찬가지로 대마는 전세계적으로 또 역사적으로 오랜 기간 의약품으로 쓰였다. 그리고 환각성분을 명상 등에 활용한 것도 잘 알려져 있다.

39. 觀世音菩薩頂上化佛手眞言

누리를 살피며 오롯한 슬기에 든 님의 머리 위 나투신 부처님을 쥔 손 만뜨라
(Avalokitasvara Bodhisattvo Buddhoṣṇīṣa-mudrāmantraḥ)

𑖤𑖲𑖟𑖿𑖠𑖺𑖬𑖿𑖜𑖱𑖬 buddhoṣṇīṣa 붇도슈늬솨/ 𑖝𑖞𑖯𑖐𑖝𑖺𑖬𑖿𑖜𑖱𑖬 tathāgatoṣṇīṣa 따타가또슈늬솨/
𑖥𑖐𑖪𑖝𑖺𑖬𑖿𑖜𑖱𑖬 bhagavatoṣṇīṣa 바가바또슈늬솨

티벧. གཙུག་ཏོར།, Wyl. gtsug tor 쭉또르 '머리꼭대기 둘레를 싸는 것';
지나 嗢瑟尼沙, 烏瑟膩沙 (音)/ 頂上化佛, 頂上佛, 佛頂尊 (意)
m. n. 머리 위 부처님.

부처님의 머리 위에 솟은 것을 범어로 우슈늬샤(uṣṇīṣa)라 하는데, 이를 지나에서는 육계(肉髻)로 옮겼다. 글자 대로는 '살로 된 상투, 혹'이라는 뜻인데, 우슈늬솨에 결코 그런 뜻은 없다. 범어에서 나온 현대 힌디말 우슈늬슈 (उष्णीष)도 예나 이제나 그냥 '터번'이라는 뜻이다.

간다라 불상 뒤부터 우리에게 낯익은 모습과 달리 이른 경전에 따르면 부처님께서도 원래는 머리를 깎았다고 적고 있다[1]. 또 가장 이른 간다라 불상에서도 이제와 같은 육계가 아닌, 상투처럼 올려 묶은 머리로 나타내고 있음을 볼 수 있다. 따라서 혹[肉髻]처럼 만든 것은 뒷날 지어낸 것으로 얘기된다[2].

다시 뒷날 그 혹 같은 것 위에 또 다른 부처님을 얹은 모습이 나타나는데, 이를 가리켜 頂上化佛, 佛頂尊, 頂髻尊 따위로 적었는데 글자 그대로 머리 위의 부처님 또는 거룩한 분이란 뜻이다[3].

觀世音菩薩頂上化佛手真言

若爲十方諸佛速來摩頂授記者當於此手

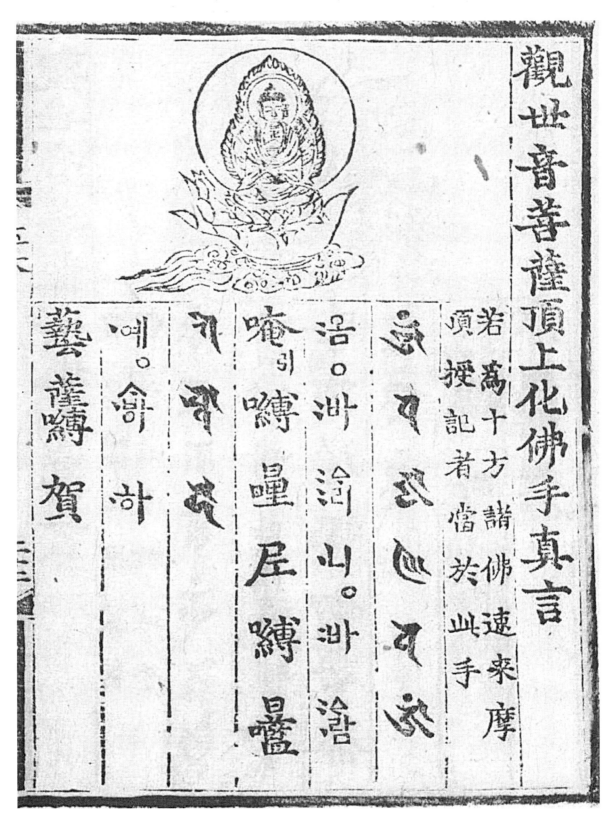

옴。바ᅀᅵᆯ 니。바ᅀᅡᆷ

唵引 嚩曪尼嚩囕

예。ᄫᅡ 하

藝嚩賀

<table>
<tr><td>쓰임</td><td colspan="2">若爲十方諸佛速來摩頂授記[4]者當於此手[5]
열 곳의 부처님들께서 빨리 오셔서 머리를 만져 앞일을 알려주길 바라는 이는 이 손(만뜨라)을 해라!</td></tr>
</table>

<table>
<tr><td colspan="2">상스</td><td>ॐ वज्रिणि वज्राङ्गे स्वाहा
oṃ vajriṇi vajrāṅge svāhā</td></tr>
<tr><td colspan="2">한글</td><td>옴, 바즈리늬 바즈랑게 스바하</td></tr>
<tr><td colspan="2">풀이</td><td>옴, 번개를 휘두르며 번개 같은 몸을 가진 분에게서 잘 되게 해주소서!</td></tr>
<tr><td rowspan="3">오대진언</td><td>실담</td><td></td></tr>
<tr><td>정음</td><td>:옴◦ :바:ᄼ:리·니◦ :바:ᄼ:·람·예◦ ᄼ·바·하</td></tr>
<tr><td>한자</td><td>唵引 嚩日哩尼[6] 嚩日囕藝 薩嚩賀</td></tr>
<tr><td colspan="2">요즘소리</td><td>옴 바아라니 바아람예 사바하</td></tr>
<tr><td colspan="2">장경표기</td><td>唵引嚩曰哩二合尾 嚩曰藍二合藝[7] 薩嚩二合賀</td></tr>
<tr><td colspan="2">되짠소리
(IPA)</td><td>ʔəm ba-ⁿʑ-li-ni ba-ⁿʑ-lam ⁿgjɛi s-ba-ɣa</td></tr>
</table>

낱말

vajriṇi (< vajrin): Adj. m. Sg. Loc. 번개를 휘두르는

vajrāṅge (< **vajrāṅga**): No. m. Sg. Loc. 번개갈래[金剛身]; 뱀(=vakrāṅga '굽은 팔의').

vajrāṅgyai/vajrāṅgye[8] (< **vajrāṅgī**): No. f. Sg. Dat. 염주 (Coix Barbata).

덧글

당의 현응(玄應)이 엮은 '뭇 부처 글의 소리와 뜻(K1063/C1163 一切經音義)'에는 우슈늬솨가 무엇인지를 잘 밝히는 글이 있다:

烏瑟膩沙 女致反或作嗢瑟尼沙或作鬱瑟尼沙 此云髻 案无上依經云頂骨涌起自然成髻是也.

'烏瑟膩(ㄴ+ㅣ 反)沙나 嗢瑟尼沙나 鬱瑟尼沙. 이것은 상투다. '위없이 기댈 글(anuttarāśraya sūtra, K0235/T0669 佛說無上依經)'에 따르면, 정수리뼈에서 솟아 절로 상투를 이루는 것이다.'

또 빈틈없고 굳센 이가 옮긴 '깨달은 자리가 가리키는 외자의 튼 머리로 바퀴를 굴리는 님의 글(K1290/T0950菩提場所說一字頂輪王經)'에는 tathāgatoṣṇīṣa와 bhagavatoṣṇīṣa라는 글도 보인다:

曩莫三滿多沒駄南一 唵二 怛他蘗覩瑟尼二合沙三 ... 吽吽 泮吒 泮吒十四 娑嚩二合引訶引
namas samanta buddhānām oṃ tathāgatoṣṇīṣa ... huṃ huṃ phaṭ phaṭ svāhā
'깨달은 분들 모두에게 절합니다. 옴, 그렇게 오신 분 의 튼 머리여 ... 훔훔 팓팓 스바하'

曩莫薄誐嚩覩瑟尼二合沙一 翳醯呬薄誐挽二 ... 娑嚩二合引訶引
namo bhagavatoṣṇīṣa ehyehi bhagavan ... svāhā
'절하옵나니, 거룩하신 분의 만 머리여, 어서 오세요, 거룩한 분이시여, ... 스바하'

뒤풀이

---

[1] Andersen, Dines 및 Smith, Helmer: Sutta-nipāta(1913), 80쪽. 브라만 순다리까-바라드바자(Sundarika-bhāradvāja)가 부처님을 보고 ***muṇḍo ayaṃ bhavaṃ, muṇḍako ayaṃ bhavan'ti*** '이 분 머리를 깎았네, 이 분은 머리를 밀었어'라고 했다.

[2] Bussagli, Mario: L'Art du Gandhara '간다라 미술'(1996), 543쪽.

[3] 한국에서는 보통 아미타불(Amitābha buddha, 阿彌陀佛)이 머리 위에 얹혀 있다. 또 Uṣṇīṣavijayā라 해서 티벳에는 གཙུག་གཏོར་རྣམ་རྒྱལ་མ།, Wyl. gtsug tor rnam rgyal ma 쭉또르 남곌마 '머리 위의 이긴 여인', 지나에는 尊勝佛頂 및 烏瑟膩沙尊勝佛母라 불리는 따라 (Tārā)가 있다. 이들 모두 '오래 삶'을 함께 상징한다.

[4] Skr. parimārjana '쓸어냄, 머리를 깎음'와 vyākaraṇa No. n. '나뉨, 밝힘, 표명; 예언, 예시'.

[5] 한글판 오대진언(성암고서박물관)/하정수 (2019), 122쪽:

ᄒᆞ다가 시방 졔불이 ᄲᆞᆯ리 와 머리 ᄆᆞᆫ져 슈긔ᄒᆞ시긔 ᄒᆞ거든 이 진언을 닐그라

'만약 시방 제불이 빨리 와 머리 만저 수기(受記)하시게 하거든 이 진언을 읽으라.'

[6] 원문에는 尸 아래에 工이 놓여 있는 글꼴이다.

[7] 藝는 성운학에서는 3등자로 *-j-가 들어간다. 그런데 싣담 𑖐𑖸는 ge로 반모음이 없다. 이에는 싣담 𑖐𑖸에 딱 들어맞는 소리가 없어 가장 비슷한 자로 썼다고 볼 수도 있겠지만, 중고음에는 분명 *-e와 *-je가 나뉘었다. 다만 *g$^{(h)}$-聲에는 *-e만 있고 앞에 嚩曰藍二合이라고 적었듯이, 아마도 그 앞의 vajraṅ 또는 vajrāṅ-을 적으려다 보니 *ŋgje에 가까운 자로 藝 *^{ŋ}gjɛi(콧소리벗기)를 쓴 듯하다. ba^{ŋ}ʑlam ^{ŋ}gjɛi에 가장 가까운 꼴은 vajrāṅgī '염주'의 여격인 vajrāṅgyai이지만, 그래도 싣담꼴 𑖐𑖸이 맞다면 vajrāṅga의 처소격인 vajrāṅge을 생각해 볼 수 있다.

[8] -ī로 끝나는 여성 명사는 단수 여격에서 -ai 또는 -e로 나온다: 보기) *mahāśriy**ai**/mahāśriy**e**.*

40. 觀世音菩薩蒲桃[1]手真言

누리를 살피며 오롯한 슬기에 든 님의 포도를 쥔 손 만뜨라
(Avalokitasvara Bodhisattva Āmalako-mudrāmantraḥ)

𑖕𑖦𑖿𑖤𑖲 jambu 잠부/ 𑖁𑖦𑖩𑖎 āmalaka 아말라까;

티벧. འཛམ་བུ།, Wyl. skyu ru ra 뀨루라 '아말라까';

지나. 瞻部, 譫浮, 閻浮, 菴摩洛迦, 菴摩羅迦, 阿摩勒, 阿摩洛迦, 阿末羅 (音)/ 蒲桃, 餘甘子 (意)

n. 갯복숭아(rose apple), 아말라까/아마륵(阿摩勒).

포도(葡桃)는 한편 비슷한 소리의 포도(葡萄)를 가리키기고 했지만[2], 다른 한편 잠부(jambu, 閻浮 'syzygium jambos')를 가리키던 말이기도 했다. 둘 다 많은 알갱이가 맺히는 공통적인 특성 때문에, 여기 그림에 나와 있는 것을 보고도 가려내기가 쉽지 않다. 게다가 이 진언에는 또 다른 비슷한 대상인 아말라까(āmalaka) 비슷한 말까지 나와서 헷갈리게 한다.

포도부터 염부나 아말라까 모두 그 뿌리가 지나의 중원에는 알려지지 않은 것들이나, 포도는 벌써 사마천의 사기(史記)에 蒲陶라고 적혀 있는 것으로 봐서 일찍이 지나에 들어왔던 것으로 보인다[3]. 반면, 염부나 아말라까는 이 진언이 쓰여지던 만당까지도 중원에는 알려지지 않았던 식물이었다[4].

빈틈없고 굳센 이가 옮겨 쓸 때 인도의 잠부나 아말라까가 무엇인지를 모르는 지나사람들에게 '포도[葡]처럼 많이 열매[桃] 맺는 것'이란 뜻으로 썼을 것이다. 이처럼 그곳에 없는 알려지지 않은 대상을 가르칠 때 그곳에 이미 잘 알려진 어떤 것을 떠올리며 가르치는 것은 매우 효율적이다.

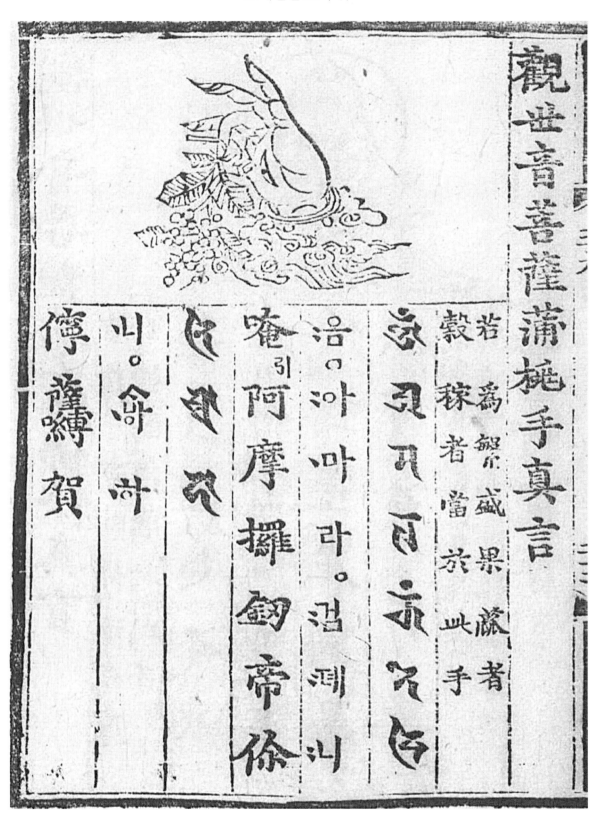

觀世音菩薩蒲桃手真言

若爲解藏果蓏者穀稼者當於此手

옴아마라。검제니

唵 阿(引)摩攞劒帝伱

니。사하

儜薩嚩賀

쓰임	若爲繁盛果蓏者 當於此手[5] 나무 열매와 박 열매가 많이 열리게 하려는 이는 이 손(만뜨라)을 해라!

상스	ॐ आमलकं तेजिनि स्वाहा oṃ āmalakaṃ tejini svāhā
한글	옴 아말라깡 떼지니 스바하
풀이	**옴, 아말라까여, 덩굴이여, 잘 되게 해 주소서!**

오대진언	싣담	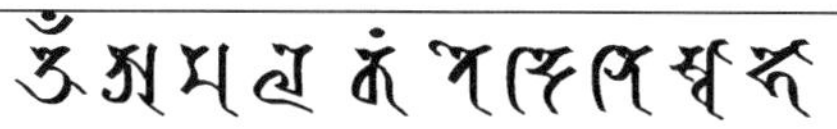
	정음	:옴◦:아·마라◦:검:뎨:니·니◦ ᄾ·밯·하
	한자	唵引 阿摩攞釰帝你儜 薩嚩賀

요즘소리	옴 아마라 검뎨이니 사바하
장경표기	唵引 阿摩攞劍帝儞[6]儜薩嚩二合賀
되짠소리 (IPA)	ˀəm ˀa-ma-la-kjɐm t$_{i}$e$_{i}$-^{ɲ}ʑi-ni s-ba-ɣa

낱말

āmalakam (< āmalaka): No. n. Sg. Voc. 아마라가(庵摩羅迦), 'Phyllanthus emblica'.

tejini (< tejinī = tejani): No. f. Sg. Voc. 숫돌; 골풀이나 짚으로 된 다발 또는 돗자리, 덩굴.

덧글

선비(鮮卑) 갈래의 울지(尉遲[7]) 집안의 규기(窺基, 632~682)가 지은 '참된 가르침인 흰 연꽃의 글의 깊은 기림[T1723 妙法蓮華經玄贊]'과 '가르침의 살피미(Dharma-rakṣa)'가 옮긴 '놀이하는 것이 넓은 것(lalita-vistara, T0186 普曜經, 308)'에는 잠부와 아말라까를 적은 글이 보인다:

瞻部那提是樹名 (T1723, 卷7)
'잠부나디(jambūnadī)는 나무이름이다.' (잠부나디: 잠부 열매의 물이 흐른다는 내 이름)

佛以神足 ... 南至閻浮提界上 取呵黎勒果 西至拘耶尼界上 取阿摩勒果 (T0186, 卷8)
'부처님께서 신의 발로 ... 아래로 잠부(나무)섬 가에 이르러 하리륵[8] 열매를 갖고, 서쪽(avara-)으로 고다니야(-godānīya) 섬 가에 이르러 아말라까 열매를 갖고 ...'

뒤풀이

---

[1] 원문에는 桃로 적혀 있다.

[2] ‘부처의 길에 꼭 알 것[B0079 釋氏六帖, 973~1669]’과 ‘온 누리에 거룩한 뭇 물뭍의 넋을 기리고 가르침에 뉘우침(X1499 法界聖凡水陸大齋法輪寶懺)’에는 蒲桃手가 아닌 葡萄手로 적혔다.

또 Laufer, Berthold: Chinese Contributions to the History of Civilization in Ancient Iran (1919), 225~6쪽.

The word for the grape, brought back by Can K'ien and still current in China and Japan (budō), is **蒲桃** (ancient phonetic spelling of the Han Annals, subsequently **葡萄**) p‘u-t‘ao, ***bu-daw**, “grape, vine”.

[3] Norman, Jerry: Chinese (1988), 35쪽/全廣鎮 譯(중국언어학총론, 1996), 37쪽.
GRAPE: Chinese pútao (MC buo dâu, OC ba[g] da[g]w). ... Actually ***bādāwa** would appear to be a better and closer reconstruction of the prototype, in light of more recent Old Chinese reconstructions. ‘포도: 지나말 pútao(中漢 buo dâu, 上漢 ba[g] da[g]w).

마찬가지로 **獅子(師)**는 옛 이란 شیر **šir**에서, **麒麟**(鹿部)과 **玄武**도 옛 동이 *guran- (한. **고라니**)과 *kʷemu- (한. **거북**: 부산의 여러 땅이름에 **감**-천, **龜**-포, **감**만-; 釜 **가마**/倭. **かめ**)에서 들어갔다.

[4] ‘뿌리인 다 있다는 말의 101 할 일’(K0914/T1453): 菴摩洛迦果即嶺南餘甘子也. 初食之時稍如苦澁及其飮水美味便生從事立名號餘甘矣. 舊云菴摩勒果者 訛也. ‘곧 아말라까는 남령 아래의 여감자이다. 처음 먹을 때 좀 쓰고 떫은데, 그 물은 좋은 맛이 다시 나서, 그에 따라 餘甘 ‘단맛이 남다’로 일렀다.’

[5] 한글판 오대진언(성암고서박물관)/하정수 (2019), 122쪽:
ᄒᆞ다가 과실와 박트렛 여름과 곡식과ᄅᆞᆯ 퍼디고 여름 만히 열의코져 ᄒᆞ거든 이 진언을 닐그라
‘만약 과실과 박트렛 열매와 곡식을 퍼지고 여름 많이 열리게 하고자 하거든 이 진언을 읽으라.’

[6] 콧소리벗기: ⁿʑi.

[7] 고구려의 乙支-와 비교되는데, 자치통감에는乙支文德을 尉支文德이라 적었다. 또한 같은 무렵 지나의 울지경덕(尉遲敬德)이란 장군 이름도 있다. 호인(胡人)의 이름은 가차로 소리를 적기에 乙支나 尉支나 尉遲 모두 어떤 비슷한 소리를 사람마다 달리 적었을 수 있다. 혹 고구려의 乙은 입성자가 아닌 ***-l**이나 ***-r**이며, 지나의 尉과는 다르다고 쉬 말할 수 있겠으나, 앞서 日의 받침소리에서처럼 범한대역을 보면 일찍부터 ***-t**입성자에서는 [-r]이 [-t]의 다른 소리(allophone, 異音)였음을 미뤄볼 수 있어 그리 문제가 되지 않는다. 또 支 *tɕje와 遲 *ɖi가 다르다지만, 당의 장안음에 뿌리를 둔 베트남의 소리로 遲는 trì이다. 이는 그때 支와 遲가 특히 부정확할 수 밖에 없는 오랑캐의 이름에 얼마든지 통용됐을 수 있음을 보여준다.

[8] Skr. harītakī, 지나. 呵黎勒, 啇黎勒, 訶棃勒, 訶子 ‘하리륵의 열매’.

41. 觀世音菩薩甘露手真言

누리를 살피며 오롯한 슬기에 든 님의 꿀물을 쥔 손 만뜨라
(Avalokitasvara Bodhisattvo Madhu-mudrāmantraḥ)

𑖦𑖠𑖲 madhu마두;

티벧. སྦྲང་རྩི།, Wyl. sbrang rtsi 드랑찌 '꿀, 달콤함';

지나. 摩偸, 麻豆, 摩頭, 末度, 末杜 (音)/ 甘, 石蜜, 蘇蜜 (意)

m. 꿀, 단것, 굴물, 꿀술(딴이름: soma 蘇摩, amṛta/Pāḷ. amata 阿密哩多)

마두는 인도-유럽사람들이 공통으로 즐기던 꿀을 가리키던 말로써[1], 인도-아리아 갈래가 인도로 들어온 일을 읊은 르그베다에서도 일찍부터 소마를 가리키는 말이기도 했다[2]. 이 말은 마두가 인도의 의례에 일찍부터 쓰였음을 뜻한다. 실제로 인도의 여섯 갈래[3](āstika '신이 있음과 베다를 믿는') 뿐만 아니라, 그들과 다른 쪽(nāstika '신이 있음과 베다를 믿지 않는')에서도 두루 받아들여졌다. 특히, 금욕적 수행을 요구하는 인도의 의식에서는 술을 대신할 이바지 물품으로 쓰였다. 하지만 마두는 다른 한편 실제 포도나 꿀로 된 술도 가리켰다.

재미있는 것은 불교와 비슷하면서도 더 근본주의적이고 금욕적인 자이나에서는 이런 꿀마저 조상에게 이바지하는 것 말고는 술과 고기처럼 먹지 말아야 한다고 한다.

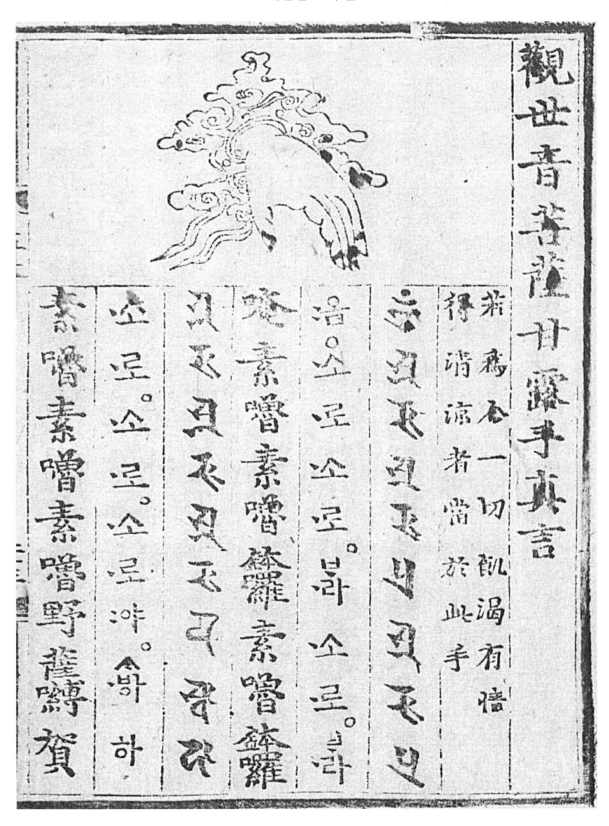

觀世音菩薩甘露手眞言

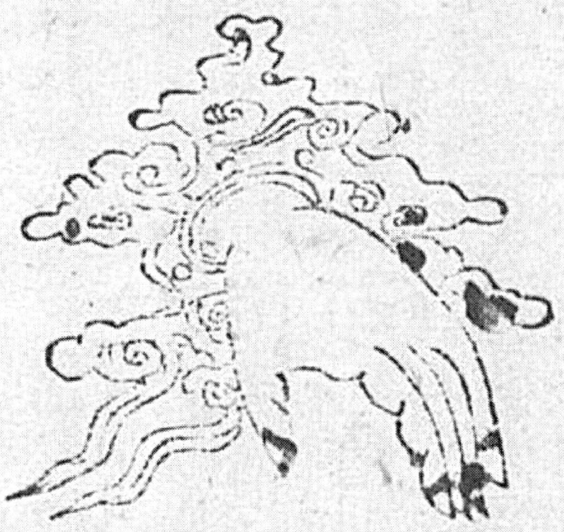

若爲一切飢渴有情
得淸涼者當於此手

[illegible]

옴。소로 소로。ᄇᆞ라 소로。ᄇᆞ라

唵 素嚕素嚕鉢囉素嚕鉢囉

[illegible]

소로。소로。소로 ᄉᆞ야。ᄉᆞ바 하

素嚕素嚕素嚕野薩嚩賀

쓰임		若爲令一切飢渴有情得清涼者當於此手[4] 모든 배곯고 목마른 삶들로 맑고 서늘함을 얻게 하려는 이는 이 손(만뜨라)을 해라!
상스		ॐ सुरूसुरू प्रसुरू प्रसुरू सुरूसुरूय स्वाहा oṃ surū surū prasurū prasurū surū surūya svāhā
한글		옴 수루 수루 쁘라수루 쁘라수루 수루야 스바하
풀이		**옴, 빛나고 빛나며, 더 빛나고 빛나는 하늘이여, 잘 되게 해 주소서!**
오대진언	신담	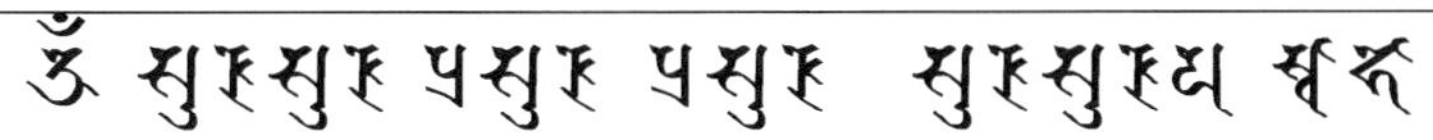
	정음	:옴◦ ·소·로·소·로◦ᄇ·라·소·로◦ᄇ·라·소·로◦·소·로·소·로:야◦ ᄉ·바·하
	한자	唵引 素嚕 素嚕 鉢羅素嚕 鉢羅素嚕 素嚕素嚕野 薩嚩賀
요즘소리		옴 소로소로 바라소로 바라소로 소로소로야 사바하
장경표기		唵引 素嚕素嚕 鉢羅二合素嚕 鉢羅二合素嚕 素嚕素嚕野 薩嚩二合賀
되짠소리 (IPA)		ʔəm su$_o$-lu$_o$-su$_o$-lu$_o$ p-las-u$_o$-lu$_o$ p-la-su$_o$lu$_o$ su$_o$-lu$_o$su$_o$-lu$_o$-ja s-ba-ɣa

낱말

surū (< sur- '빛나다(< svṛ-)'): ≈ **svar** Ind. '빛나는 곳, 하늘'의 딴꼴?[5]; 시바의 이름.

pra-surū: 앞(에)서 더 빛나는 곳.

surū-ya: 인도신화에서 방위의 수호신(Skr. lokapāla/Pāḷ. logapāla)들의 하나[6], 수랴(sūrya '해')?

덧글

인도 바라나시(Vārāṇasī, 波羅奈)에서 왔다는 '앞선 슬기를 즐기는 이(Prajñāruci Gautama, 瞿曇般若流支)'가 옮긴 '참된 가르침을 떠올리는 곳의 글(Saddharma-smṛty-upasthāna-sūtra, K0801/0721 正法念處經)'에는 마두가 무엇인지를 적은 글이 있다:

蓮花臺上諸天女等 歌眾妙音. 以善業故 其蓮花中流出**摩偷**(摩偷者美飲 俗名為酒也) 天女飲之 (K0801/T0721, 卷28)

'연꽃받침 위에는 하늘아씨들이 여러 묘한 소리로 노래한다. 어진 일로 그 연꽃 속에서 **마두**(마두는 마시기에 좋은 것으로, 바깥에서는 술이라 이른다)가 흘러나온다. 하늘아씨들이 그것을 마신다.'

뒤풀이

---

[1] Pokorny, Julius: Indogermanisches Etymologisches Wrterbuch (1959), 707쪽. *medhu- '꿀'에서 헬라. ***μέθυ***, 라띤. ***medus***, 옛슬라브. ***medъ***, 도이치. ***Met***, 잉글. ***mead,*** 토하라. ***mīt*** 따위가 나왔다. 아담스(Douglas Q. Adams, 1999, 494쪽)나 루보쯔끼(Александр Маркович Лубоцкий, 1998, 379쪽) 같은 이들은 지나의 蜜 *mjeit도 인도-유럽말의 하나인 토하라B말 ***mīt***에서 들어갔다고 본다.

하지만 노스트라 말(Nostratic languages '우리네 말')의 차원에서 같은 갈래인 한국말과 그 뿌리이자 한자를 만든 장본인으로서 이(夷)를 고려하면, 한. **맛**이나 지나의 **蜜** *mjeit 및 **味** *mjədh '단 맛(說文. 滋味也)' 까지 함께 이어질 수 있다.

[2] RV (8.024.13): *indum indrāya siñcata píbāti* ***somiyám mádhu*** | '빛나는 방울을 인드라께 뿌려라, 그가 **소마꿀물**을 마시도록'

[3] Skr. ṣaḍ-darśana '여섯 가지 보는 눈', 지나. 六派哲學. 불교에서 이르는 육사외도(六師外道, Skr. ṣaṭ-śāstārāḥ '여섯 스승들')와는 다르다.

[4] 한글판 오대진언(성암고서박물관)/하정수 (2019), 122쪽: ṣaddarśana

ᄒᆞ다가 일체옛 주으리며 목믈라 ᄒᆞ는 有유情졍엣 한 즁ᄉᆡᆼ둘히 ᄆᆞᆰ고 간다온 음식을 얻게 ᄒᆞ고져 ᄒᆞ거든 이 진언을 닐그라

'만약 일체의 굶주리며 목말라 하는 유정의 많은 중생들이 맑고 시원한 음식을 얻게 하고자 하거든 이 진언을 읽으라.'

[5] Monier-Williams Sanskrit-English Dictionary(1899), 1281쪽; svar-is pronounced after om-and before the gāyatrī- by every Brahman on beginning his daily prayers) '브라만들이 날마다 기도를 할 때, 옴 뒤와 가야뜨리 앞에서 소리내는 것.

[6] Deleu, Jozef: Viyāhapannatti-Bhagavaī(1970), 103쪽:

In this text the logapālas are nearly equal in rank with the indas. The names are the same as in KIRFEL, Kosmographie p 263 seqq. with only one exception ***Suruya*** takes the place of Ruamsa (o.c., p.266).

42. 觀世音菩薩摠攝[1]千臂手真言

누리를 살피며 오롯한 슬기에 든 님의 즈믄 팔을 가진 손 만뜨라 (Avalokitasvara Bodhisattvas Sahasrabhuja-mudrāmantraḥ)

𑖭𑖮𑖭𑖿𑖨𑖥𑖲𑖕 sahasra-bhuja 사하스라-부자/ 𑖭𑖮𑖭𑖿𑖨𑖤𑖯𑖮𑖲 sahasra-bāhu 사하스라-바후/ 𑖭𑖮𑖭𑖿𑖨𑖮𑖭𑖿𑖝 sahasra-hasta 사하스라-하스따;

티벧. ཕྱག་སྟོང་།, Wyl. phyag stong 착똥 '손 천 갈래';

지나. 娑訶娑囉(二合)部逝 (音)/ 千臂, 千手 (意)

m. 천 갈래 팔.

사하스라(sahasra)는 인도-유럽말 갈래에서 일찍이 숫자 '1000'을 가리키던 *ĝʰesl-로부터 나왔으며, 이웃인 이란의 옛말인 아베스타 ***hazār***도 옛 헬라말 ***χῖλιοι*** (< *χεσλο-)도 그리고 사까/호딴[2]말 ***ysāra*** 따위도 모두 한뿌리말이다.

아울러 한국말에서 열[十]과 여러[諸]가 한뿌리에서 나온 말이듯 마찬가지로 sahasra가 붙은 말은 구체적인 '1000'이란 숫자 뿐만 아니라, 추상적으로 '많은'이라는 뜻도 함께 나타낸다.

사하스라가 앞에 붙고 그 뒤에 손(***-dos***, ***-bhuja***, ***-bāhu***, ***-hasta***), 머리(***-mūrdha***, ***-śiras***, ***-śīrṣa***), 눈(***-akṣa***, ***-cakṣas***, ***-cakṣu***, ***-dṛś***, ***-nayana***, ***-netra***, ***-locana***), 발(***-pāda***, ***-pād***) 및 얼굴 또는 입[3](***-vaktra***, ***-vadana***, ***-mukha***)이 붙는 낱말들이 있다. 이것들은 모두 인드라와 비슈누 및 시바를 가리키는 딴이름들이기도 하다. 베다로부터 내려오는 인도의 사상 및 문화사에서 처음 인드라에서 비롯하여 비슈누를 거치고 마지막으로 시바로 달라짐은 힌두를 기반으로 불교나 자이나에도 그대로 스며들었다.

곧 천 갈래의 손 또는 팔을 가진이라는 뜻의 사하스라부자는 비슈누와 시바의 딴이름이다. 이 가운데 마지막 시바(īśvara)를 대승에서 받아들인 것이 누리의 소리를 굽어살피는 님(avalokita-īśvara)이자 오롯한 슬기(bodhi-)에 든 분(sattva)이다. 그는 뭇 살아있는 것들(sarva-sattva, 衆生)을 건지시려는 부처님의 마음(āśaya)이자 나투심(avatāra)이다.

觀世音菩薩秘攝千臂眞言

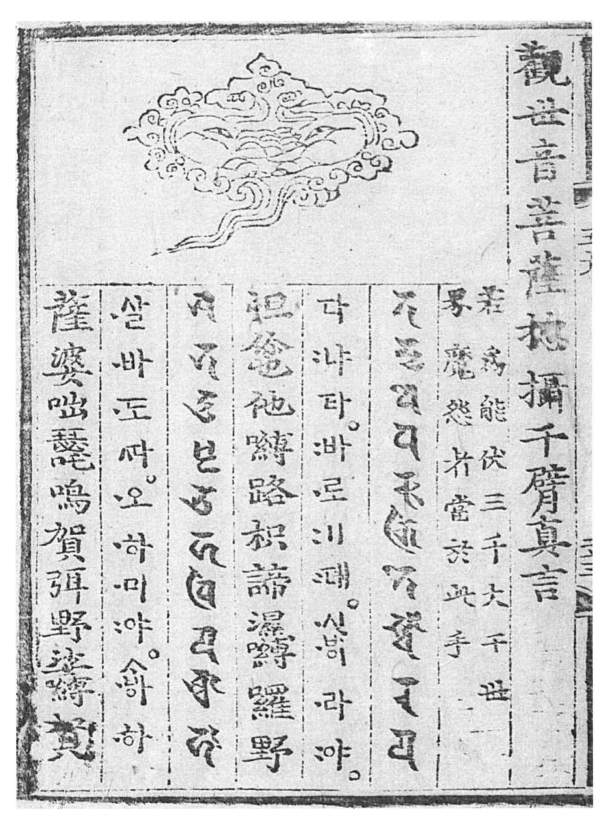

若爲能伏三千大千世界魔怨者當於此手

다냐타。바로기졔。샙바라야。

怛姪他嚩路枳諦濕嚩羅野

살바도따。오하미야。옴하

薩婆咄瑟嗚賀彌野娑嚩賀

쓰임		若爲能伏三千大千世界魔怨[4]者當於此手[5] 온누리의 나쁜 맞섬을 이겨낼 수 있으려는 이는 이 손(만뜨라)을 해라!
상스		**तद्यथा वलोकितेश्वराय सर्वदुष्ट ऊहनीय स्वाहा** tadyathā-(a)valokiteśvarāya sarva-du[6]ṣṭa ūhanīya svāhā
한글		따댜타발로끼떼슈바라야 사르바 두슈똬 우하니야 스바하
풀이		**그처럼 와 누리를 굽어살피는 분께 온갖 나쁜 것으로 생각되는 것이여, 잘 되게 하소서!**
오대진언	실담	**𑖝𑖟𑖿𑖧𑖞 𑖪𑖩𑖺𑖎𑖰𑖝𑖸 𑖫𑖿𑖪𑖨𑖯𑖧[7] 𑖭𑖨𑖿𑖪𑖟𑖲[8]𑖬𑖿𑖘 𑖄𑖮𑖦𑖰[9]𑖧 𑖭𑖿𑖪𑖯𑖮𑖯**
	정음	다:냐타◦ :바·로:기:뎨◦·시[10]·방·라:야◦ ·살·바·도쌰◦ ·오·하·미:야◦ ᄼ·방·하
	한자	怛你[11]也他嚩路枳諦濕嚩囉野 薩婆 咄瑟吒 嗚賀弭野 薩嚩賀
요즘소리		다냐타 바로기뎨 사바라야 살바도따 도하야미 사바하
장경표기		怛姪他 婆盧吉帝 什伐羅耶 薩婆咄瑟吒 嗚賀耶彌 娑婆訶
되짠소리 (IPA)		ta_t-^{n}dja-t^ha ba-lo-ki-te_i ɕ-ba-la-ja sa_t-ba $tu_{ət}$-ʂ-ʈa ·u_o-ɣa-ja-ni s-ba-ɣa

낱말

yathā: Ind. ~처럼;

tadyathā[12]: 보기와 같이, 다음처럼

avalokiteśvarāya(< avalokiteśvara-): No. m. Sg. Dat. '다 보는[觀自在]', '누리를 살피는[觀世音]'.

duṣṭa(< dus-/dur-[13] '나쁜, 어려운'): Adj. 티벧불교에서 닐라단돠(Nīladaṇḍa)의 딴 이름.

ūhanīya(< ūhanīya): Adj. m. Sg. Voc. 달라지는, 미뤄보이는.

덧글

빈틈없고 굳센 이가 옮긴 '큰 부처님 머리 위의 그렇게 오신 분의 빛나는 우산 다라니[T0944A 大佛頂如來放光悉怛多鉢怛囉陀羅尼[14]]'에는 사하스라부자를 적은 글이 있다:

摩訶引娑訶娑囉二合部逝 娑訶娑囉二合尸哩曬二合俱胝引捨哆 娑訶娑囉二合 (K0801/T0721, 卷28)
mahā sahasra-bhuja sahasra-śīrṣa koṭī-śata-sahasra
'큰 팔 천 갈래와 머리 천 개를 지니신 분이시여, 일억 일십만 ...'

뒤풀이

---

[1] 總攝이라고도 하며, abhi-sam-√as- '끌어모으다'나 abhi-saṃ-√kṣip- '줄이다' 또는 saṃgraha '모음, 가짐, 간출임'을 한자로 새긴 말이다. 이 말은 나아가 절에서는 모든 일을 떠맡는다는 뜻으로 승통(僧統 '승가를 모으는/거느리는 이')이나 주지(住持)라고도 한다.

[2] 학계에 따르면, 사까(saka)는 샤까(śāka)와도 이어질 수 있다고 본다. 이들은 유라시아 벌판을 말달리던 사람들로 옛 헬라말 ***Σκυθης*** {Skuthēs}나 ***Σκυθοι*** {Skuthoi} '스퀴타이'와도 이어지며, 이와 비슷했던 그 고장의 *gostan 또는 *kosdan 같은 소리가 한자로 于闐나 瞿薩旦那 따위로 적힌 듯하다.

[3] 얼굴과 입이 함께 나오는 것을 말꾸밈(ῥητορική τέχνη '말솜씨', 修辭)에서는 **'하나로 모두를**(*pars pro toto*)' 이라 한다. 이는 무엇의 한 조각으로 그 모두를 가리킴을 뜻한다. 한국말에도 이런 언어화석이 있다. 그것은 **낯**(< ᄂᆾ(龍歌)/ᄂᆞᆾ(楞諺) < **捺翅 *nasi** (鷄林類事))으로 원래 **코**(유라시아 Skr. ***nāsā***, 잉글. ***nose***, 도이치. ***Nase*** 따위)를 뜻하던 말로 보인다. Heinrich Koppelmann(Die Eurasische Sprachfamilie, 1933), 164쪽. 그밖에 문제점이 적잖지만, starling에서도 노스트라틱의 눈에서 마찬가지로 보고 있다.

[4] trisāhasra-mahāsāhasra-loka-dhātu 三千大千世界, māra-pratyarthika '마의 맞섬' 魔怨.

[5] 한글판 오대진언(성암고서박물관)/하정수 (2019), 122쪽:

ᄒᆞ다가 능히 삼천대쳔셰계옛 귓것과 원슈를 굿 블에 코져 ᄒᆞ거든 이 진언을 닐그라

'만약 능히 삼천대천세계에 귀신과 원수를 엎드리게 하고자 하거든 이 진언을 읽으라.'

[6] T1057a/b 千眼千臂觀世音菩薩陀羅尼神呪經: 咄徒訥反瑟吒四, 二合라 적혔다. 徒訥反은 *d+u^{ət}이다.

[7] 원문에는 tadyatha vaṛkiteśvarāya인데, 기대되는 글꼴은 tadyathā avalokiteśvarāya이다.

[8] 원문에는 𑖝𑖲 tu처럼 보인다. 실제 맞짝인 한자 咄의 중고음은 *tuət/tuat이다.

[9] 원문에는 𑖪𑖰 vi처럼 보인다.

[10] 단원 5. 觀世音菩薩跋折羅手真言의 뒤풀이 6을 봐라.

[11] 콧소리벗기: ^{n}di.

[12] Mylius, Klaus (2005), 177쪽, **tadyathā** *Adv.* so zum Beispiel; Monier-Williams(1899) 841쪽, 'as here follows'.

[13] 한국말의 **돌**-배, **돌**-사과 및 도깨비(< **돗**가비)에서도 찾을 수 있는 말이다.

[14] 원래 Sarvatathāgataoṣṇīṣaśitātapatrā-nāmāparājitā-mahāpratyaṅgirā-mahāvidyārājñī-nāma-dhāraṇī '뭇 그렇게 오신 분 만 머리의 빛나는 우산과 참으로 넘볼 수 없는 시리사나무와 큰 앎의 으뜸인 여인의 참된 다라늬' 이다. pratyaṅgirā는 śirīṣa와 함께 시리사나무(Acacia Sirissa, 尸利沙樹)를 뜻하며, śirīṣa가 머리꼭지를 뜻하는 śīrṣa와 비슷하여 佛頂으로 새긴 듯하다. 또 이 나무 아래서 부처님께서 깨달음을 얻었다.

부 록

싣담(𑖭𑖰𑖟𑖿𑖠𑖽) 소릿값

싣담 (Skr. Siddhaṃ/siddha-mātrikā '다 갖춘 글', 悉曇/梵字)은 인도에서 6~12 세기까지 범어를 적는데 쓰였으며, 여기서 나가리(Nāgarī)를 거쳐 현재의 데바나가리(Devanāgarī)가 나왔다. 불교를 따라 동아시아로 들어왔으며 불교의식에서 아직도 쓰이고 있다.

아래의 표는 원래 데바나가리로 적혀 있던 것을 다시 싣담으로 고쳐 옮긴 것이다. 이 글에서는 싣담 원문을 최대한 존중하고 아래의 표기에 따라 쓰는 것을 원칙으로 삼았다. 하지만 싣담 표기가 과거와 현재의 범어 사전에서도 찾을 수 없는 낱말은 가장 가까운 것을 찾아 갈음했다.

아울러 진언의 기원과 특성상 힌두와 티벧 불교의 딴뜨라 의례에 쓰이는 만뜨라나 다라늬에서도 이어질 수 있는 말도 찾아봤다. 인도와 문자체계가 달라도 너무 다른 한자문화권에서 천년이 넘는 세월 동안 싣담표기와 소리를 온전히 지켜왔을 것이라는 생각은 내려놓고 살펴보도록 한다.

홀소리(Skr. svara/Pāṇ. ac, Vowels)

홑홀소리(samānākṣarāḥ, Monophthongs)

	ㅏ	ㅣ	ㅜ	르	(ㄹ)르	
짧은 소리 (hrasva)	𑖀 a	𑖂 i	𑖄 u	𑖆 ṛ	𑖈 ḷ	홀로
	-	◌𑖰	◌𑖲	◌𑖴		함께
긴 소리 (dīrgha)	𑖁 ā	𑖃 ī	𑖅 ū	𑖇 ṝ	𑖉 ḹ	홀로
	◌𑖯	◌𑖱	◌𑖳	◌𑖵		함께

a, i, u의 길고 짧음은 우리말 ㅏ, ㅣ, ㅜ와 크게 다르지 않다. ṛ와 ḷ는 원래 [으르]와 [을르]에 가까운 소리로 옛 이란의 아베스타에 나오는 [ərə]가 그런 옛 모습이라고 여겨진다. 이 소리는 르그베다 시대와 고전 범어까지는 /르/에 가깝게 읽혔다. 그 뒤부터 현재 힌디말에서 𑖀 a는 /ə/에, 𑖆는 /ri/에 가깝게 소리를 내고 있다. 고전 범어에서 𑖈는 √klp-에 한정되며, 𑖉는 실제로는 쓰이지 않았다.

겹홀소리(Skr. saṃdhyakṣarāḥ/Pāṇ. ec, Diphthongs)

	ㅔ	ㅗ			-ㅏ이	-ㅏ우	
외마디	𑖊	𑖌	홀로	두마디	𑖋	𑖍	홀로
	◌𑖸	◌𑖺	함께		◌𑖹	◌𑖻	함께
	e	o			ai	au	

겹홀소리의 길고 짧음은 홑홀소리와 조금 다르다. 베다나 다른 고전 범어 문학에서 홑홀소리의 긴 소리와 겹홀소리는 둘 다 긴 마디(mora)이다. 역사적으로 겹홀소리의 외마디 e와 o는 원인도유럽말의 ai/ei/oi와 au/eu/ou에서, 두마디 ai와 au는 āi/ēi/ōi와 āu/ēu/ōu에서 나왔다. 이런 현상은 중세와 현대국어 사이에서도 찾을 수 있다. 중세의 ㅐ, ㅔ, ㅚ, ㅟ 따위는 [ai, ei, oi. ui]로 소리냈고, 현대에 이르러 [ɛ, e, ø, y]로 달라졌다. 애[童]는 [ɛ]라고도 하지만, 아이[ai]라는 소리도 아직 살아있다. 현재 힌디말에서 𑖊는 /ㅔ/에, 𑖋는 /ㅐ/에 그리고 𑖌는 짧은 /ㅗ/ 쯤으로 소리를 낸다.

닿소리(Skr. vyañcana/-jana/Pāṇ. hal, Consonants)

갈래	터짐소리(sparśa '건들림, 건듦')				anunāsikya 콧소리
	alpaprāṇa aghoṣa 안울림소리	mahāprāṇa aghoṣa 안울림숨소리	alpaprāṇa ghoṣa 울림소리	mahāprāṇa ghoṣa 울림숨소리	
kaṇṭhya '목-'	𑖎 까 ka	𑖏 카 kha	𑖐 가 ga	𑖑 가 gha	𑖒 아ˈṅa
tālavya '입천장-'	𑖓 짜 ca	𑖔 차 cha	𑖕 자 ja	𑖖 자 jha	𑖗 냐 ña
mūrdhanya '머리-'	𑖘 똬 ṭa	𑖙 톼 ṭha	𑖚 돠 ḍa	𑖛 돠 ḍha	𑖜 놔 ṇa
dantya '이-'	𑖝 따 ta	𑖞 타 tha	𑖟 다 da	𑖠 다 dha	𑖡 나 na
oṣṭhya '입술-'	𑖢 빠 pa	𑖣 파 pha	𑖤 바 ba	𑖥 바 bha	𑖦 마 ma

1. 일반적으로 위 표의 첫째, 둘째 및 넷째 세로줄은 우리말의 한글표기와 같거나 비슷하다. 하지만 셋째 줄은 편의상 넷째 줄과 같은 표기로 적었지만, 조건적으로만 같거나 비슷할 뿐 실제로는 다르다. 그 조건적이라는 말은 우리말의 <모음+(ㄱ/ㅈ/ㄷ/ㅂ/)+모음>일 때 나는 울림소리를 뜻한다.
2. 다섯째 세로줄은 우리말과 거의 같지만, 그 둘째 소리인 𑖗 ñ는 냐, 녀, 뇨, 뉴의 그것처럼 이른바 입천장소리 ɲ으로 셋째 줄 𑖜 ṇa는 혀를 말아서 내어 나 또는 **놔**처럼 소리난다.
3. 가로줄도 위에서 얘기한 대로 우리말과 같거나 비슷하게 소리나는데, 오직 셋째 가로줄만 우리말에 없는 소리이다. 이 셋째 가로줄의 소리는 중국말에 있는 혀말이소리[捲舌音]처럼 혀를 위로 말아서 소리를 낸다. 따라서 이 줄에 있는 소리를 그 아래의 잇소리[齒音]와 달리 적으면, 𑖘 **똬**(따), 𑖙 **톼**(타), 𑖚 **돠**(다), 𑖛 **돠**(다) 𑖜 **놔** (나)로 나타낼 수 있다. 하지만 편의상 잇소리 줄처럼 **따**, **타**, **다**, **다**, **나**로도 나타낸다.

갈래	tālavya	mūrdhanya	dantya	dantoṣṭhya	kaṇṭhya
madhyamāḥ '사이'	𑖧 야 ya	𑖨 라 ra	𑖩 ㄹ라 la	𑖪 바 va	
ūṣmāṇaḥ '갈이'	𑖫 샤 śa	𑖬 샤/솨 ṣa	𑖭 사 sa		𑖮 하 ha

1. 첫째 가로줄의 마지막 𑖪 va는 앞서 입술소리줄의 𑖤 ba와 모양이 같다. 이는 현대 힌디의 𑖪가 거의 /w/로 들리는 것과 달리 그때는 /v/였기에 /v/소리가 없던 지나말에서 가장 비슷했던 *b$^{(h)}$-의 소릿자를 쓰면서 b와 v의 실담표기도 뒤섞인 듯하다. 따라서 이 글에서도 음역에 따라 v라 보고 ㅂ으로 나타내기로 한다.
2. 둘째 가로줄은 이른바 쉬소리(Zischlaut, 齒擦音)라고도 하며, 모두 갈이소리[摩擦音]이다. 원래 상스끄따에서는 입천장소리 𑖫와 혀말이소리 𑖬는 달랐지만, 현재 힌디말에서는 차이가 거의 없다. 다만 앞서 밝혔던 까닭에 𑖬도 **솨**이나 편의상 **'샤'**로 적기도 한다. 그런데 기본음 𑖭은 𑖫 및 𑖬와 달리 다른 문제가 있다. 영어의 s처럼 범어나 힌디말의 𑖭◌는 현대 한국말의 ㅆ에 더 가깝다. 이 표기가 너무 까탈스러울(hypercorrect) 수 있어 ㅅ으로 나타낼 뿐이다. 그 밖에 현대국어의 **시**는 **si**[si]가 아니라, **shi**[ʃi]나 [ɕi]에 가까우므로, 실담글자의 **śi**도 **시**로 써야 되지만 **쉬**로 쓰기로 한다.

그밖에 특수부호

anusvāra	anunāsika	visarga	virāma
◌𑖽 ṃ[ŋ] ㅇ	◌𑖼 ṁ[ŋ] ㅇ	◌𑖾 ḥ[x] ㅎ	◌𑖿

1. ṃ과 ṁ은 기원적으로 다르지만, 둘 다 고전 범어에서는 함께 홀소리를 콧소리로 내게 해주는 구실을 한다.

우리 표준말에는 없고, 경북 사투리의 뭇 히~아[çĩa]나 프랑스말 chanson [ʃɑ̃sɔ̃]에서 들을 수 있다. 한글로 정확한 대응음을 나타낼 수가 없어서 편의상 받침 ㅇ/ㅁ으로 나타낸다.

2. 비사르가 ḥ는 중세국어 ㆆ, 현대중국말 병음 h 및 독일말 ch이나 러시아말 x에서 나는 것과 비슷하거나 같다. 이것도 한글로는 같은 대응음이 없어서 (ㄱ)<u>흐</u>로 나타낸다.

3. 비라마(virāma)는 글자의 홑소리를 떼어 내는 구실을 한다.

몇 가지 특이한 소리 표기 두

	2					3	
똬/똬	탁/톼	닥/돠	낙/놔	삭/솨	짜	차	자
띄	틔	듸	늬	싀	찌	치	지
뚜/뚜	투/투	두/두	누/누	수/슈	쭈	추	주
<u>뜨ㄹ/뜨ㄹ</u>	<u>트ㄹ/트ㄹ</u>	<u>드ㄹ/드ㄹ</u>	<u>느ㄹ/느ㄹ</u>	<u>스ㄹ/슈ㄹ</u>	<u>쯔ㄹ</u>	<u>츠ㄹ</u>	<u>즈ㄹ</u>
[illegible]	[illegible]	[illegible]	[illegible]	[illegible]	[illegible]	[illegible]	[illegible]
[illegible]	[illegible]	[illegible]	[illegible]	[illegible]	[illegible]	[illegible]	[illegible]
[illegible]	[illegible]	[illegible]	[illegible]	[illegible]	[illegible]	[illegible]	[illegible]
떼/뛔	테/퉤	데/뒈	네/눼	세/쉐	쩨	체	제
따이/똬이	타이/톼이	다이/돠이	나이/놔이	사이/솨이	짜이	차이	자이
뚀/또	툐/토	됴/도	뇨/노	숴/쇼	쪼	초	조
따우/똬우	타우/톼우	다우/돠우	나우/놔우	사우/솨우	짜우	차우	자우
뜨/뜨	트/트	뜨/드	느/느	스/슈	ㅉ	ㅊ	ㅈ

1. 혀말이소리는 그 특성상 혀가 위로 말리면서 마치 입이 반쯤 오므려져 나는 소리의 효과를 가지게 된다. 그런데 이런 소리는 1933년 조선어학회에서 규정하여 오늘에 이르는 한글의 짜임새로는 나타낼 수 없다. 따라서 원음에 가까운 훈민정음의 조합과 그와 다른 편의상 현행 한글의 조합을 함께 적어 보였다.

2. 센입천장소리(palatal, 硬口蓋音)라고 불리는 소리들은 우리말이나 유럽말과 다르다. 현재 우리말 **자**와 **쟈** 및 **차**와 **챠**를 구분하기가 어렵듯이, ja와 jya 및 ca와 cya 그리고 cha와 chya 따위를 정확히 나타낼 수 없다. 따라서 일부로 어느 만큼은 가공이 필요하다. 보기로 우리말 **짜**는 엄밀하게 말해서 범어나 힌디 및 그 밖의 인도말에서의 **ca**가 아니다. 우리말 **짜**는 국제음성부호(IPA: International Phonetic Alphabet)로 나타내면, [ʦa]이며, 인도의 ca는 [ʧa]이다.

우리가 또 생각해야 할 문제점으로 영어를 배우면서 알게 된 잉글말 발음법이다. 잉글말발음표기에서 일반적으로 쓰는 **ch**는 [ʧ]이 아니라, [ʧʰ]이다. 영어를 모국어로 쓰는 이들은 우리와 또 다른 문제에 맞닥뜨리게 된다. 이는 영어권뿐만 아니라 현대 유럽계 여러 말에서 드러나는 현상이다. 유럽갈래 말에서는 게르만의 안울림숨소리[無聲有氣音]와 나머지로 대별되는 안울림[無聲音]의 차이가 있지만, 유독 **c**, **ch**, **tsch** 따위로 쓰고 읽는 소리에만 숨소리[氣音]가 많게든 적게든 들어 있다. 그래서 이들이 인도의 말소리인 **c**나 **ch**를 그들의 말로 나타낼 때에는 **c**는 **ch**로, **ch**는 **chh**처럼 억지로 겹쳐 쓰곤 한다.

그 밖에 **울리는 닫음소리**(voiced stop, 有聲閉鎖音)가 이어지는 짜임은
vā**gd**attā /바**그닫**따/, śa**bd**a /샤**브다**/, mu**dg**ara /무**드가**라/처럼 된소리로 나지 않게 적어야 한다.

뒤풀이

---

[1] 훈민정음을 지었을 때는 쓰였으나, 이제는 ㆁ[ŋ]을 쓰지 않는다: 보기) 바ᅌᅩᆯ '방울', 魚 **ᅌᅥ**, 業 **ᅌᅥᆸ**. 국제화 시대에 맞게 옛 훈민정음 글자를 이제라도 되살려 써야 한다. 그렇지 않고는 한글이 세계의 모든 소리를 적을 수 있다니 최고의 문자니 하는 말은 순도 100% 거짓말이자 헛소리일 뿐이다. 그런 뜻에서 나는 이 글을 쓰면서 앞에 밝혔듯이 현행 한글맞춤법통일안에 얽매이지 않으려 했다.

[2] 고전상스그르따에서는 이론적으로만 있을 수 있는 소리짜임새이며, 실제로는 쓰지 않는다. 아울러 가장 이른 르그베다에서도 거의 나오지 않는다.

[3] 혀말이소리 못지 않게 우리말로는 똑 같이 나타내기 어려운 센입천장소리이다. 여기에 딸린 콧소리도 한편으로는 독립적인 음소라고 볼 수 있지만, 다른 한편으로는 변이음일 뿐이어서 따로 표기는 않았다. 굳이 한다면, 냐, 니이, 뉴, 녀르, 녜, 냐이, 뇨, 냐우 따위로 나타낼 수 있다.

한자 소릿값

‘빈틈없고 굳센 이’(Amoghavajra 不空金剛, 705~774)는 인도에서 들여온 많은 글발(sūtra, 經)을 입적할 때까지 한자로 새겨 적었다. 세월이 흘러 조선초 학조(學祖, 1431~1514)가 그 많은 글에서 다섯 다라니(dhāraṇī)를 골라 훈민정음을 달아 엮은 글이 오대진언(五大眞言, 1485)이다.

하지만 안타깝게도 일찍이 인도와 서역에서 온 스님들이 입적하자 그 소리를 내는 방법은 곧 잊혀져 갔다. 통시적으로 ‘빈틈없고 굳센 이’에서 학조까지만도 700년이 넘고, 더해 우리가 사는 2023년까지는 무려 1,249년으로 언어적으로도 달라지기에 넘치고도 남는 시간이다.

물론 의정(義淨, 635~713)이나 지광(智廣, 760~830?) 같은 스님들이 상스끄르따 1000자[梵語千字文, 712]나 싣담 글 적기[T2132 悉曇字記, 9세기]를 남겼지만, 그마저 제대로 이어지지는 못한 듯한데 그 방증이 바로 아래의 표에 나타나는 소리들이다.

국가별 표기		국제음표문자(IPA)
인 도:	𑖁𑖨𑖿𑖧𑖯𑖪𑖩𑖺𑖎𑖰𑖝𑖸𑖫𑖿𑖪𑖨 āryāvalokiteśvara	a:rja:valokiteʃvara
지 나:	啊引哩也二合嚩路引枳諦引濕嚩二合囉 (8세기) 阿唎耶婆盧羯帝爍缽囉 (현대)	a lja ba l$_{u}$o ki tiei ɕba la a lī jé p^{h}ó lú tɕié tì ʂuò pō là
한 :	·알·야 :바·로:기:뎨·시:바·라 (1485) 아리야 바로기제 새바라 (현대)	aljaparokitjeisjəfara arija b^{ɦ}arogidʑe sɛbara
왜 :	オリヤーボリョキーチーシフラ(현대 禪)	orija:borjoki:tɕi:ɕiɸura
벧 남:	a rị da, bà lô yết đế, thước bác ra (현대)	a ri da ba lo jet ɗe, t^{h}ɯək bak ra

싣담을 옮긴 한자와 곁글표기를 제대로 알았더라면 濕缽囉 ʂuòpōlà(지나), ·시:바·라/새바라(한), シフラ(왜) 및 thước bác ra(벧)처럼 소리내는 일은 결코 없었을 것이다. 어쨌든 이렇게 원래 범어에서 일그러지듯이 달라진 동아시아 진언표기의 뿌리는 원래 ‘빈틈없고 굳센 이’께서 살던 8세기 당의 한자음(또는 중고음)이며, 그 소리로 다가가서 읽어야 한다.

되짠 소리 - 중고한음(中古漢音)

이글에서는 현대 지나 성운학의 선구자인 칼그렌(Bernhard Karlgren/高本漢, 1889~1970)과 이를 한층 끌어올린 리팡꾸이(李方桂)의 중고음에 동국정운(이하 東韻) 및 왜의 간온(漢音)을 참조해 되짠 소릿값을 실었다.

왜냐하면 첫째, 불경의 음역 전반에서 학문적으로만 되짠 소릿값이 옛 조선의 현실음이나 동국정운의 소릿값에 못 미치며, 동국정운도 현대의 지나 성운학자들보다 574년이나 앞서 조선의 최고 엘리트학자들이 지나 학자들에게 낱낱이 따져가며 되짠 소리값이기 때문이다. 둘째, 빈틈없이 굳센 분이 옮긴 음역에서는 현재 왜의 간온(漢音)에 남아 있는 콧소리벗기(denasalization, 去鼻音化)라는 현상이 반영된 사례가 두루 보이기 때문이기도 하다.

다만 콧소리(b, p, p^{h}, m)로 된 첫소리[聲母]와 마디소리[韻母]의 짜임에 따른 낀소리[介母] -w-(合) 및 그 밖에 -j-/-i-(開)는 경우에 따라 빼거나 달리 다뤘다.

보기) 𑖪𑖕𑖿𑖨𑖯𑖪𑖝𑖯𑖨 vajrāvatāra > 嚩日囉二合嚩哆囉 빵ᅀ랑빵당랑(東韻) *b$_{u}$a^{n}ʑlab$_{u}$atala → ba^{n}ʑlabatala

𑖎𑖲𑖦𑖯𑖨𑖕𑖱𑖪 Kumārajīva > 鳩摩羅什婆 궁망랑씹방(東韻) *k$_{jə}$uwm$_{u}$alaʑ$_{j}$i$_{p}$b$_{u}$a → kumalaʑiba

소리옮김[音譯]

한자는 알려졌듯이 그림글(pictographs, 象形)이자 뜻글(ideograms, 指事)이다. 이는 닿소리와 홀소리로 나눌 수 없다는 뜻이다. 지나말도 이런 한자의 틀에 갇혀 같은 갈래의 티벧-버마의 말과도 전혀 다른 길을 걷게 됐다. 따라서 불경의 빠알리나 범어 소리를 티벧이나 버마는 거의 1:1로 옮겼으나, 지나는 그럴 수 없었다. 처음 서역과 인도에서 온 승려들은 한자로 범어를 어떻게 나타낼 것인가로 많은 고민을 했다. 소리만 빌리는 것(phonetic loan, 假借)과 나아가 글자의 소릿값을 좀 바꾸거나 따로 만드는 것 따위가 그것이다. 이는 뒷날 한반도와 왜섬에 들어가 향찰과 만요가나가 생겨나는 씨앗이 되기도 했다.

소리만 빌리거나 따로 만든 것			소리를 바꾼 것		
글자	밑소리	옮김	글자	밑소리	옮김
嚩 (縛)	*bua	*ba	曩	*naŋ	*na
囉	*la	*la	儜	*ɳæŋ	*ni
口郝 (郝)	*xak	*xak	鉢	*pat	*pa
嚟 (隸)	*liei	*lei	唵	*ʔəm	*om
牟含 (羊含)		*mam	泮	*p^{h}uan	*p^{h}a
			癹	*$b^{(h)}$uɑt	*p^{h}a
			吽	*xəu	*xum

곁글[傍書]

인도와 서역의 인도-유럽 갈래의 굴절어를 고립어인 지나의 한자음으로 나타내기는 어려웠다. 그래도 부처님의 거룩한 가름침을 담은 범어의 소리를 한자로 나타내려고 인도와 서역에서 온 스님들은 몹시 애썼다. 그런 방편의 하나가 읽을 글자 옆에 다시 작은 글씨로 원래 한자의 짜임을 벗어나 읽도록 써 놓은 것이 아래의 곁글이다.

표기	방식	보기
引	현재의 긴 소리	唵引 오옴[1]
二合	앞 자의 첫소리[聲母]+ 뒷글자	嚩日囉二合 *ba^{n}ʑla : Skr. va**jra**
三合	앞 두 자의 첫소리 + 마지막 자	瑟吒耶三合 *ʂʈja : Skr. **ṣṭya**
四合	앞 세 자의 첫소리 + 마지막 자	紇哩瑟胝四合 *γlʂʈi : Skr. **hṛṣṭi**
半音	뒷 자의 첫소리만 나타냄: virāma	泮吒半音 *$p^{h}a_{n}$ʈ: Skr. phaṭ
卷舌呼	혀를 말아서 내는 소리.	酢灑拏卷舌呼 *dzak-ʂa-**n**a: Skr. jakṣa**ṇ**a
浮聲呼	소리를 가볍게 냄(콧소리[2]).	母浮聲呼佉 *$^{\mathbf{m}}$**b**u-k^{h}a: Skr. **m**ukha
彈舌呼	혀를 튀겨서 내는 소리(*l* > ***r***[3]).	部林彈舌呼 *b^{h}u-**l**im: Skr. bhu**r**im

※ 곁글 가운데 ()로 묶은 것은 대장경의 해당원문에는 실제로 나오지 않지만, 다른 글 속에 나타난 것을 미뤄 나타낸 것이다.

뒤풀이

---

[1] 범어의 o와 e는 긴 소리로 현대언어학의 장단이 아니라, 옛 인도-유럽말의 모라(mora, Skr. mātrā)개념이다. 옛 인도의 o와 e는 그 웃대의 *au/eu/ou 및 *ai/ei/oi에서 나왔지만, 그 원래 겹소리의 마디값(mora)을 지켜 음성적 질량을 보전했다. 吽, 犙, 南, 演, 壤에도 ᆰ이 붙는데 이 또한 *-홀소리+받침이 두 모라로 작용하는 것이다. 나아가 입성(入聲)은 원래 促而塞 '빨리 끝닿기'로 짧으나 범패(梵唄)에서는 길게 소리를 뽑아내는 것도 같은 맥락으로 볼 수 있다.

[2] 코소리벗기(Denasalization) 현상에 따른 소리를 취하지 말고, 원래의 콧소리를 따를 것을 가리킨다.

[3] 중고부터 지나말에 [r]이 없었다. 현재 지나 병음 r은 한국말 첫소리 ㄹ[r]이 아닌, 혀말이 [ɻ]이나 [ʐ]이다.

훈민정음 소릿값

오대진언(五大眞言)은 훈민정음에 따라 소리를 냈을 것을 미뤄 볼 수 있다. 그러나 15세기의 훈민정음의 소릿값은 현대 국어의 한글과 적잖게 다르다. 이런 훈민정음의 소릿값은 홍무정운역훈(洪武正韻譯訓, 1455) 이나 이로파(伊路波, 1492)를 고려하면 아래와 비슷했을 것으로 보인다.

됴션말[現.또쎈말] (훈민정음/동국정운)

홀소리(Vowel, 母音)

홑홀소리(monophthong, 單母音)

어두운(-) 地·陰	정음	ㅡ	ㅜ	ㅓ
	IPA	ʉ	u(:)	e
가운데(±) 人·中	정음	ㅣ		
	IPA	i		
밝은(+) 天·陽	정음	ㆍ	ㅗ	ㅏ
	IPA	ɘ/ɐ	ɔ(:)	a/ɑ

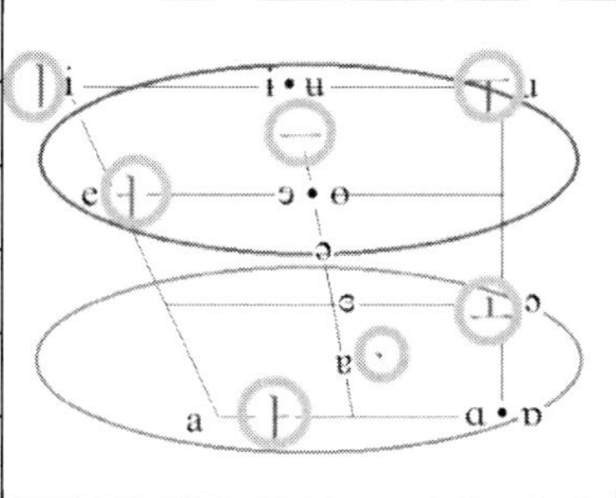

ㆍ와 ㅡ는 혀의 높낮이에 따라 나눠져 [ɘ/ɐ]와 [ə/ʉ]쯤 되었고, ㅓ는 [e]였던 것이 거의 확실하다. ㅗ도 홀소리 어울림(vowel harmony, 母音調和)을 고려하면 [o]보다 [ɔ]에 더 가까운 소리였을 듯하다.

겹홀소리(diphthong, 二重母音)

어두운(-) 地·陰	정음	ㅔ	ㅟ	ㅕ	ㅝ	ㅠ	ㅢ
	IPA	ei	ui	je	ue	ju	ɯi
밝은(+) 天·陽	정음	ㅐ	ㅚ	ㅑ	ㅘ	ㅛ	ㆎ
	IPA	ai	oi	ja	oa	jɔ	əi

훈민정음을 만들던 그때부터 {ㅑ, ㅕ, ㅛ, ㅠ}가 따로 있었던 것은 이들이 현재 지나의 병음자모{ia, ie, iu} 따위와 달리 옛 키릴문자소 {Я, Ѥ, Ю}[ja, je, ju]처럼 소리냈기 때문이다. 이를 보여주는 증거로 명/청 당시의 지나말을 나타내려고 家 **걔**, 九 **귀** 따위로 썼던 것을 들 수 있다.

세겹홀소리(triphthong, 三重母音)

어두운(-) 地·陰	정음	ㅖ	ㅞ
	IPA	jei	uei
밝은(+) 天·陽	정음	ㅒ	ㅙ
	IPA	jai	oai

현대국어 /얘/, /왜/, /예/ 및 /웨/와 달리 /야이/, /와이/, /예이/ 및 /웨이/로 소리를 냈을 것이다.

닿소리(consonants, 子音): 첫소리 기준

갈래	全淸		次淸		全濁		不淸不濁	
	15.C.	현재	15.C.	현재	15.C.	현재	15.C.	현재

엄쏘리	ㄱ(君)		ㅋ(快)		ㄲ(虯)		ㆁ(業)	
	k	$g^{ɦ}$	kh		g	k	ŋ	
혀쏘리	ㄷ(斗)		ㅌ(呑)		ㄸ(覃)		ㄴ(那)	
	t	$d^{ɦ}$	th		d	t	n	
입시울쏘리	ㅂ(彆)		ㅍ(漂)		ㅃ(步)		ㅁ(彌)	
	p	$b^{ɦ}$	ph		b	p	m	
입시울가ᄇᆡ야ᄫᆞᆫ소리	ㅸ(非)							
	f							
니쏘리	ㅈ(卽)		ㅊ(侵)		ㅉ(慈)			
	ʦ	$ʣ^{ɦ}$/$ʥ^{ɦ}$	$ʦ^{h}$	$ʦ^{h}$/$ʨ^{h}$	ʣ	ʦ/ʨ		
	ㅅ(戌)				ㅆ(邪)			
	s	s/ɕ			z	s̤		
목소리	ㆆ(挹)		ㅎ(虛)		ㆅ(洪)		ㅇ(欲)	
	ʔ		x	h	ɣ		ʕ	ʔ-/-ŋ

半혀쏘리							ㄹ(閭)	
							l	l/r
半니쏘리							ㅿ(穰)	
							ʑ	

우리가 쓰고 있는 한글 맞춤법은 1933년 10월 29일 조선어학회에서 결정하여 몇몇 고쳐져 오늘에 이르고 있으며, 현재 쓰지 않는 글자들(ㆁ, ㆆ, ㅸ, ㆆ, ㆅ, ㆀ, ㅭ, ㅿ; ㅲ, ㅳ, ㅷ; ㅺ, ㅼ, ㅽ, ㅾ, ㅶ; ㅴ, ㅵ, ㅶ 따위)을 빼면 적어도 겉모습만은 달라진 것이 거의 없다.

하지만 훈민정음에서 전탁으로 <ᄀᆞᆯᄫᅡ쓰면 ~>라던 {ㄲ, ㄸ, ㅃ, ㅉ, ㅆ}은 현대국어의 된소리와 달리 울림소리(voiced, 有聲音)였을 것으로 보인다. 현대국어의 ㄱ, ㄷ, ㅂ, ㅈ은 편이상 {k, t, p, ch} 또는/k, t, p, ʨ/ 따위로 나타내지만, 실제 첫소리에서는 [$g^{ɦ}$, $d^{ɦ}$, $b^{ɦ}$, $ʥ^{ɦ}$]나 이에 가까운 느슨한 소리[g̥, d̥, b̥, ʥ̥]로 난다. 이는 지난 580년동안 소리값이 밀렸음을 뜻한다. 마찬가지로 ㅋ, ㅌ, ㅍ, ㅊ도 [k^{h}, t^{h}, p^{h}, $tʃ^{h}$]로 낼 줄 아는 게르만의 독일 및 영국 그리고 북유럽 사람들에게 듣게 해 보면, 그들은 자신들의 것보다 어떤 [-h/-x]가 덧달린 것 같다고도 말한다. 이 또한 소리가 마찬가지로 밀렸음을 뜻한다. 마지막으로 중세의 전탁에 해당하는 것도 [g, d, b, dz]에서 현대의 [k, t, p, ʨ]로 달라졌음도 같은 맥락이다.

옛 훈민정음 표기에 나오는 방점과 고리점

표기	쓰 임		비 고
¢	平聲	安而和 ᄆᆞᆺ ᄂᆞᆺ가ᄫᆞᆫ 소리 '가장 낮은 소리'	짧다
:	上聲	和而擧 처ᅀᅥ미 ᄂᆞᆺ갑고 乃終이 노ᄑᆞᆫ 소리 '처음이 낮고 뒤가 높은 소리'	길다
·	去聲	擧而壯 ᄆᆞᆺ 노ᄑᆞᆫ 소리 '가장 높은 소리'	짧다
¢/·/:	入聲	促而塞 ᄲᆞᆯ리 긋 닫ᄂᆞᆫ 소리 '빨리 끝닫는 소리[1]'	-ㄱ/-ㄷ -ㄹ/-ㅂ
◦	고리점	1. 한문이나 훈민정음에서는 글월을 끊거나 마칠 때 씀. 2. 진언에서는 옛 인도의 암송법에 따라 끊을 때 씀2.	

뒤풀이

---

1 길고 짧은 것이 아니라, 빨리 닿는 소리이다. 다만 한국 한자음 -ㄹ은 원래 *-t에서 달라진 것으로 훈민정음에서는 ㅭ '이영보래(以影補來 'ㆆ(影 **ᅙᆟᆼ**)로 ㄹ(來 **ᄅᆡᆼ**)을 받친다')'로 나타내려 했다: 佛 **뿛** *but (< 중고한어 *b^(h)ut).

아마 몽골말의 받침 -л의 소릿값 [ɮ]이 한국말 받침 -ㅅ과 한자음 입성 -ㄹ자의 유래에 실마리를 줄 수도 있다. 왜냐하면 t에서 r로 달라질 때는 잉글말 *water*를 [워**러**]로 소리내는 것도 있지만, 잉글말 *was*와 도이치말 *war*에서처럼 s에서 r로 달라지기도 하며, 잉글말 *what*과 도이치말 *was*에서처럼 t에서 s로 달라지는 그 앞단계도 있기 때문이다. 즉, -t- > -s- > -r-의 단계가 서로 이어진다.

한국말의 ㄹ도 훈민정음이 만들어지던 때는 ***l***보다 ***r***이 으뜸소리였을 것을 보여주는 글이 훈민정음 합자해(合字解)에 나온다:

半舌有輕重二音 然韻書字母唯一 且國語雖不分輕重 皆得成音 若欲備用 則依脣輕例 ㅇ連書ㄹ下 為半舌輕音 舌乍附上腭 '반혓소리에도 가볍고 무거운 두 가지가 있는데, 운서 자모에는 오직 하나인다. 또 나랏말도 비록 가볍고 무거운 것을 나누지는 않으나, 모두 소리를 이룰 수 있다. 만약 제대로 갖춰 쓰고자 하면, 입술가벼운 소리의 보기(ᄝ, ᄫ, ᄬ, ᅗ)에 따라 ㅇ을 ㄹ 아래에 이어 써서 반 혀 가벼운 소리(ᄛ)가 되어 혀가 짧게 윗잇몸에 닿게 된다.'

즉, 혀끝이 윗잇몸에 닿는 소리 ***l***은 굳이 나타내면 ᄛ이며 ㄹ은 원래 r이라는 뜻이다.

2 천수바라의 **나모라 다나 다라야야** ~로 소리내는 것을 **나모 라다나 다라야야**~의 잘못이라고 쉬 여기지만, 이는 대승불교에 영향을 끼친 브라만 사제들의 베다를 외는 법을 몰라서 하는 말이다. 베다에 비해 다라니는 훨씬 짧지만, 그 읽고 외우는 방법은 크게 다르지 않다. 글을 외우는데 뜻보다 소리마디를 끊어 쉽게 외우던 방법이 오늘 우리 불교계의 다라니 암송뿐만 아니라, 범패소리까지도 이어진 것으로 볼 수 있다.

참고 서적

김미숙: 금강저의 인도 신화적 기원과 상징적 원형(인도철학33, 2011).

문을식: 현장의 오종불번(五種不飜)의 음역 이론 고찰(2006).

수양대군: 월인석보(月印釋譜, 1459).

신숙주 및: 동국정운(東國正韻, 1448).

안영희: 眞言의 한글 표기법 연구(2018).

오희복: 고조선시기의 우리 말 서울의 의미-중국조선어문(3)(2019).

옥나영:『五大眞言』千手陀羅尼 신앙의 배경과 42手 圖像 (2020).

윤명구: 상스끄르따 홀로 익히기(개인 교습용 자료-비간행본, 2014).

全廣鎮 譯: 중국언어학총론(Jerry Norman의 Chinese, 1996).

최기표:『법화경』해석에 있어서 몇 가지 문제 (2002).

하정수: 한글판 <千手千眼觀自在菩薩廣大圓滿無礙大悲心大陀羅尼> 연구 - <부록> 한글판「대비심다라니」현대어역 (2019)

2022년 겨울 국어사학회 전국 학술대회 - 국어사 말뭉치 구축 및 활용 현황 - 중세 국어 말뭉치 구축 현황과 개선 - <부록> 한글판「대비심다라니」언해 원문-성조-현대어역-저경 (2022).

Acri, Andrea: Esoteric buddhism in mediaeval maritime Asia - networks of masters, texts, icons (2016).

Adams, Douglas Q.: A dictionary of Tocharian B(2013).

Aisin Gioro, Hongli(愛新覺羅 弘曆): 佛說聖寶藏神儀軌經(1759).

Akiyama, Manabu(秋山 学): 呉音から西洋古典語へ - 第 1 部 印欧語文献とし(2012).

Andersen, Dines 및 Smith, Helmer: Sutta-nipāta (1913).

Beer, Robert: The Handbook of Tibetan Buddhist Symbols (2003).

Boord, Martin: Cult of the Deity Vajrakila(1993).

Bussagli, Mario: L'Art du Gandhara (1996).

Chandra, Lokesh: The Origin of Avalokita-svara, Avalokit-eśvara (1984).
The thousand armed Avalokiteśvara (1988).

Cí yí(慈怡): 佛光大辭典(1989).

Davids, Thomas William Rhys: The Pali Text Society's Pali-English Dictionary (2022).

DeCaroli, Robert: Haunting the Buddha (2004).

Deleu, Jozef: Viyāhapannatti-Bhagavaī (1970).

Dyczkowski, Mark S. G.: Manthāna bhairava tantra (2009).

Gandhi, Menka: The Penguin Book of Hindu Names (1992).

Geldner, Karl Friedrich: Der Rig-veda (Übersetzung). Cambridge 2003.

Giebel,Rolf W.: Vairocanāsaṃbodhi Sutra (2005)

Goodall 외: Śaivism and the Tantric Traditions (2020).

Hino, Shoun/Wada, Toshibumi: Three Mountains and Seven Rivers (2004).

Hopkins, Albert Allis: The Scientific American cyclopedia of formulas: partly based upon the 28th ed. of Scientific American cyclopedia of receipts, notes and queries 15,000 formulars (1910).

Hopkins, Jeffrey: Tantric techniques (2008)

Horiuchi, Kanjin(堀内寛仁): 初会金剛頂経梵本 ローマ字本(二)(1970).

Kanemoto(金本拓士): チベット語訳『蘇悉地羯羅経』「供養花品」のテキスト校訂ならびに試訳(2017).

Kapstein, Matthew T.: The All-Encompassing Lamp of Awareness (2019).

Kieschnick, John: The Impact of Buddhism on Chinese Material Culture (2003).

Lamotte, Etienne:
Le traité de la grande vertu de sagesse: Mahāprajñāpāramitāśāstra, volume I, chapter I-XV (1944).
Le traité de la grande vertu de sagesse: Mahāprajñāpāramitāśāstra, volume II, chapter XVI-XXX (1949).
Gelongma Karma Migme Chödrön(옮김): The treatise on the great virtue of wisdom of Nagarjuna(2001).

Lancaster, Lewis: The Korean Buddhist Canon A Descriptive Catalogue (1979).

Laufer, Berthold: Chinese Contributions to the History of Civilization in Ancient Iran (1919).

Lingpa, Jigme: The Copper-Colored Mountain (2022).

Lochtefeld, James: The Illustrated Encyclopedia of Hinduism (1957)

Lubotsky, Alexander: Tocharian loan words in Old Chinese: Chariots, chariot gear, and town building (1998).

Mayer, Robert: A Scripture of the Ancient Tantra Collection_ The Phur-pa bcu-gnyis (1996).

Mayrhofer, Manfred: Etymologishes Wörterbuch des Altindoarishen I./II/III Band (1992/1996/2001).

Meier-Brügger, Michael: Indogermanische Sprachwissenschaft (2002).

Mitra, Rājendralāla:
Indo-Aryans: contributions towards the elucidation of their ancient and mediaeval history vol. I(1881)

Monier-Williams, Monier: Dictionary, English and Sanskrit (1851)
Monier-Williams Sanskrit-English Dictionary (1899).

Murakami, Shinkan(村上 真完): 初唐における智通訳の観音経類が意味するもの(2019).

Mylius, Klaus: Sanskrit-Deutsch, Deutsch-Sanskrit Wörterbuch (2005).

Norman, Jerry: Chinese (1988).

Pokorny, Julius: Indogermanisches Etymologisches Wrterbuch (1959).

Raina, Chaman Lal: Kaśmīraśāktadarśanam and Bhavānīsahsranāmanirupaṇam (2020)

Ralph T. H. Griffith: The Hymns of the Rigveda (1896).

Ren, Jiyu 任继愈: 佛教大辞典 (2002).

Stede, W: The Sumaṅgala-Vilāsinī, Buddhaghosa's commentary on the Dīgha-Nikāya Part II (1931).

Терентьев A: Определитель буддийских изображений '불교 그림의 정의'(2004).

Wallace, B. Alan: The Attention Revolution: Unlocking the Power of the Focused Mind (2009).

Wang, Tao(王燾): Wàitáimìyào(外臺秘要, 752).

Wayman, Alex: Introduction to the Buddhist Tantric Systems (1978).

Witzel, Michael & Gotō, Toshifumi: Rig-Veda, das heiligen Wissen (2007).

Yamaguchi, Shinobu: A Sanskrit Text of the Nepalese Buddhist Homa (2001).

Yun, Myong Gu: Untersuchungen zu Funktionen des Mediums im Ṛgveda, Julius Maximilians Uni. Würzburg (2007).

찾아보기

한글/한자/가나

ㄱ

가네샤 25, 29, 85, 111, 149

가뫄 77

迦蘭陀, 迦蘭駄 109, 111

迦藍陀 109

呵蠡勒 184

가르침 18, 19, 20, 35, 39, 47, 67, 75, 83, 93, 105, 107, 109, 111, 115, 135, 139, 143, 153, 161, 171, 173, 183, 187

가르침의 살피미 18, 111, 183

가르침의 지기 18, 135, 152

迦沙曳 140

가운데 내려온 말씀 18, 111

伽吒迦 91

간뫄 141, 143

羯攞賖/-勢, 羯羅舍, 迦羅舍 77, 79

甘露 143, 185

값진 바구니 뜰 111

값진 새김 145

값진 셋 87, 109, 139

값진 이룸인 깨달음을 이루는 다라늬 글 18, 27

같이 가는 무리 109

갠지스강 16

갯복숭아 181

去鼻音化 19, 32, 197

거울 101, 103

犍地 141

犍吒 141

검푸른 연꽃 105

羂索 29, 31

慶雲, 景雲 113

經藏 169

鏡智 101

鷄林類事 19, 69, 72, 80, 105, 192

계림의 갖가지 일 19, 69, 80, 105

罽賓 111

고다니야 183

高麗 19, 20, 48

高麗國新雕大藏校正別錄 19, 48

고려에서 새로 새긴 말씀바구니로 고쳐 따로 적은 것 19, 48

고리 89

孔雀經真言等梵本 18, 55

공작새 다라늬 상스끄르따 글 18, 55

戈 125

관세음보살 15, 29, 33, 52, 85, 97, 143, 176

觀世音菩薩 1~42 진언

觀自在菩薩 18, 19, 47, 49, 67

瞿曇般若流支 18, 187

鳩摩羅什 18, 25, 197

俱尸鐵鉤 149

拘耶尼 160

국제음표문자 197

捃多 125

君持, 君遲, 軍持, 軍持, 軍遲 117

君稚(迦) 117, 119

捃稚迦 117

굳센 마음 18, 45

굳센 슬기 18, 51, 87, 151, 168

굳센 화살 63, 67

귀때병 77

鬼神 39, 40, 59, 135, 159, 165, 168

규기(窺基) 183

그른 생각을 고치는 숨겨진 길 19, 59

戟 125

隙棄羅 153

글발 169, 197

金剛恐怖集會方廣軌儀觀自在菩薩三世最勝心明王經 19, 47

金剛輪 103

金剛薩陀 18, 45

金剛杵 45

金剛頂經觀自在王如來修行法 19, 51

金剛頂經曼殊室利菩薩五字心陀羅尼品 19, 151

金剛頂經毘盧遮那一百八尊法身契印 19, 47, 83

金剛頂蓮華部心念誦儀軌 19, 159

金剛頂瑜伽青頸大悲王觀自在念誦儀軌 19, 51

金剛智 18, 51, 87, 168

기도(祈禱) 157

까란돠 대숲 111

까르무까 61

까만돨루 77
까슈미르 111
깐돠 65
깔라샤 77, 79
깨끗함의 길 19, 108
깨달은 이의 이름 5453 분의 글 19, 95
깨달은 이의 이름 글 19, 95, 99, 123, 163, 175
깨달은 자리가 가리키는 외자의 튼 머리로 바퀴를 굴리는 님의 글 19, 179
깨달음 14, 15, 18, 20, 27, 35, 39, 95, 99, 103, 109, 111, 123, 147, 153, 155, 163, 167, 171, 173, 175
깨달음을 즐기는 이[菩提流支] 18, 95, 99, 123, 163, 175
깨달음을 즐기는 이[菩提流志] 18, 111, 155
깨달음의 떠올림 ㅂ, 143
깨달음이 훌륭한 이 18, 167
께라우노스 41
꽃갓 143
꾸마라지바 18, 28
꾼듸(까) 77, 117, 119
꾼따 125, 127
꿀술 143, 185
喫棄羅 153

ㄴ
나가라자 25
나가르주나 18
나스띠까 109
나이를 받는 글 19, 111
南海寄歸內法傳 19, 120
낫 125, 128
네 가지 지킬 것 19, 167
놀이하는 것이 넓은 것 19, 183
누리를 살피며 오롯한 슬기에 든 님 18, 1~42진언
누뿌라 141
니까야 137
尼羅烏鉢羅, 尼羅烏盋羅 105
니르마놔붇다 161
닐롣빨라 97, 105, 107, 108, 121

ㄷ
다나빨라 18
다누스 61
다라늬 14, 16, 18, 19, 20, 27, 55, 59, 87, 123, 139, 151, 191, 193, 197
다라늬 모음 19, 87, 139
다르마락솨 18
다르마빨라 18
다르빠놔 101
다른 소리 20, 184
다보탑 168
다섯 빛깔 구름 113, 115
다이쇼신슈다이쇼꾜(大正新修大藏經) 15
多利心菩薩念誦法 19, 87
단따까슈톼 69
닫집 168
達弩, 達耨 61
달리 나투신 부처 161
달리 지은 집 165
달빛돌 57
대기설법(對機說法) 161
大吉祥尊 43, 143
大寶積經 19, 111
大佛頂如來放光悉怛多鉢怛囉陀羅尼 20, 191
大毘盧遮那經廣大儀軌 20, 35
大毘盧遮那成佛經疏 20, 171
大毘盧遮那成佛神變加持經蓮華胎藏悲生曼荼羅廣大成就儀軌供養方便會 20, 40, 147
대숲 까란돠 뜰 111
大日如來劍印 20, 63
大智度論 20, 25, 28, 68, 108, 132, 185
도깨비 60, 63, 67, 83, 87, 88, 192
도끼 85
闍那崛多 18, 95
두 손 모음 157, 159
두따 117
頭陀 117, 120
뒤돌림없는 바퀴 173
따타가따 18
따타가또슈늬솨 177
또니뜨루스 41
뜻대로 되는 구슬 25, 27, 28

ㄹ
螺 129
囉怛曩謨捺囉賀薩多 148, 147
라뜨나가르바, 라뜨나가릅 109
라뜨나-까란돠(까) 109
라뜨나무드라(하스따) 145
락슈미 77, 143

랑까의 임금 165
禮言(利言) 16
龍樹, 龍勝 18, 25
龍珠 25
六師外道 188
르그베다 13, 15, 41, 44, 185, 193, 196
理教 169
麟角 37

ㅁ
마댜데샤 16
마두, 摩頭, 麻豆 185
마음모음의 울림 18, 67, 75, 107, 113, 115
마이뜨레야바드라 18
麼馱也泥舍 16
摩偸 185
마하깔라 95, 96
마하빠드마 97
摩醯首羅天 96
曼荼攞 11, 35, 103
만돨라 77, 103
만돨라까 101
만뜨라 14, 15, 19, 1~42 진언
말꾸밈/말솜씨 192
末度, 末杜 185
魍魎 39, 40
매우 값진 더미의 글 19, 111
매우 좋고 고르며 숨긴 마음을 모으는 딴뜨라의 큰 임금 글 19, 79
맨 꼭대기 18, 87
머리 위 부처님 177
머리 위의 이긴 여인 요가 닦기 19, 159
名界 133
명두 101
모두 다 보는 오롯한 슬기에 든 님 18, 19, 67, 75, 105, 107, 113, 115,
沒曳達利瑟致 140
妙吉祥平等祕密最上觀門大教王經 19, 79
妙法蓮華經 19, 93, 183
妙法蓮華經玄贊 19, 183
妙成就 59
뫼니르 16, 41
無極高 18, 87
무드리까 145
무리의 하늘 18, 111
無智 37
無着 85
물병 59, 77, 79, 117, 120
뭇 그렇게 오신 분 그대로의 모음 글 19, 135
뭇부처글의소리와뜻(K1063) 19, 111, 131, 179
뭇부처글의소리와뜻(K1498) 19, 119, 127
뭇 살아 있는 것들 109, 189
미꾸사노가무다가라 101
민속어원 65
밀교(密敎) 25, 29, 37, 45, 65, 77, 109, 125, 128, 129, 133, 137, 141

ㅂ
바라나시 187
바루, 바리 33, 36
바즈라보디 18
바즈라샨뜨바 18
바즈라낄라 45
般那摩 121
般若 18, 159
半者路婆銘伽 113, 115
鉢納摩 121
鉢弩摩 121
鉢怛囉 20, 33, 35, 191
鉢曇摩 96, 100, 121, 124, 128
鉢頭摩 121
鉢盂 9, 12, 104
跋日啝二合句捨 151
跋折羅 41, 144, 192
鉢特摩, 缽特摩 121
방울 141, 143, 144, 188, 196
방패 81, 83, 84
傍牌 63, 81, 84, 112, 164
白蓮華 93, 108
白拂 73, 75
번개꼬챙이 45
번개꼭대기 글 - 모두 다 보며 같이 가는 이의 닦는 길 19, 51
번개꼭대기 글 - 아름답게 빛나며 오롯한 슬기에 든 분의 아라빠짜나 다라니 19, 151
번개꼭대기 글 - 해님 108 높은 가르침몸의 손짓 19, 83, 143
번개꼭대기 연꽃부의 마음으로 외는 것 19, 159
번개꼭대기 요가 파란 목의 큰 가여움의 임금이자 모두 보시는 분의 외는 의례 19, 51

번개꼭대기 119
범어 13, 14, 15, 17, 71, 81, 89, 101, 103, 115, 127, 147, 169, 177, 193, 194, 195, 197, 198
梵語雜名 16, 19, 20, 151
梵語千字文 19, 91, 197
法 18, 19, 23, 47, 51, 59, 63, 67, 71, 83, 87, 93, 105, 109, 111, 135, 139, 147, 159, 161, 171, 173, 183, 187
法全 40, 147
베다 13, 14, 15, 33, 36, 41, 44, 69, 73, 109, 144, 185, 189, 193, 196, 202
베풂의 지기 18, 135
벼락의 무서움이 모여 모두 보는 오롯한 슬기로 듣고 세 누리에서 뛰어난 마음과 앎의 으뜸인 분의 말씀 19, 47
寶鏡 101
寶経 169
寶弓 61, 80, 124
寶戟 125
寶螺 129
보라 연꽃 105, 121
寶鈴 141
寶鉢 28, 33
보배 바구니 109
보배 설기 109
보배로운 화살 67
寶瓶 60, 77, 80, 117, 124
보살 15, 29, 35, 48, 52, 85, 97, 143, 147, 152, 176
菩薩 18, 19, 23, 1~42 진언
寶悉地成佛陀羅尼經 18, 27
普曜經 19, 183
보이는 곳 133
寶印 145
寶鍜 37
寶藏 109
보디루찌 18
寶箭 65, 67
菩提流支 18, 95, 99, 123, 163, 175
菩提流志 18, 111, 155
菩提場所說一字頂輪王經 19, 116, 179
寶鐸 141
寶篋 31, 109
寶篋園 111
本拏哩迦 93
봉원사 13, 16, 144
不動明王 29
부처님의 이름 5453 20
부처의 길에 꼭 알 것 19, 184
分荼利迦, 芬荼利迦, 奔荼利迦 93
分陀利 95, 96, 100, 124, 128
分陀利迦 93
불리는 곳 133
붇다스므르띠 18
붇다야샤스 18
붇도슈늬솨 177
不空羂索神變真言經 19
不空金剛 18, 23, 27, 80, 159, 175, 197
不放逸品 20, 108
佛說大孔雀呪王經 19, 55
佛說大悲空智金剛大教王儀軌經 19, 135
佛說無上依經 19, 179
佛說佛名經 18, 95
佛說一切如來真實攝大乘現證三昧大教王經 19
佛日 53
佛頂尊 177
佛陀耶舍 18, 167
不退金輪 173
붉은 연꽃 91, 97, 105, 107, 121, 123
브라만 15, 119, 137, 143, 144, 178, 180, 188, 202
비마나 165, 167, 168
비슈누 14, 25, 96, 143, 189
非人 157, 159
빈틈없고 굳센 이 18, 20, 23, 27, 47, 51, 120, 135, 144, 159, 175, 179, 181, 191, 197
빈틈없는 올가미 쓰기의 임금의 글 19, 155
빎 157
빔바 101
빗자 25
빛나는 큰 하늘아씨의 내다봄 19, 175
빠드마 18, 93, 97, 105, 107, 108, 121, 123, 143, 119
빠드마삼바바 18
빠뜨라 33, 35
빠라슈 85
빠샤(paśa) 63
빠샤(pāśa) 29, 83, 111
빠알리 18, 60, 108, 169, 198
빤짜 루빠 메가 113
뿐돠리까 93, 95
쁘라즈냐 18
쁘라즈냐루찌 18
삐나까 61

ㅅ

娑訶娑囉二合部逝 189
사기(史記) 181
사람 아닌 것 157, 159, 165, 168
사마디스바라 18
四分律 19, 167
사인검(四寅劍) 37
舍支 125
사하스라-바후 189
사하스라-부자 189
사하스라-하스따 189
鑠枳底 125, 127
薩頗羅 81, 83
삼경(三經) 169
三昧蘇嚩二合羅 18, 67, 75, 107, 113, 115
三寶 109, 139
삼인검(三寅劍) 37
三種の神器 101
商迦 63, 67, 129
상가데바 18
傷佉 131
商佉, 霜佉 129, 131
상스끄르따 14, 16, 18, 19, 20, 55, 91, 119, 151, 164, 165, 197
상스끄르따 1000자 19, 91, 197
상스끄르따로 된 여러 이름들 16, 19, 20, 151
祥雲 113
色界 133
샤라 65
샥띠 125, 127
샥띠즘 141
샹카 129, 131
石蜜 185
釋氏六帖 19, 80, 184
錫杖 153
仙道 113
善無畏 18, 35, 39, 63
譫浮 181
攝大毘盧遮那成佛神變加持經入蓮華胎藏海會悲生曼荼攞廣大念誦儀軌供養方便會 20, 35
成就 20, 40, 59, 95, 115, 116, 141, 143, 147, 119, 123
素怛纜, 素呾纜 169
素懀纜 169
소라 89, 129, 131
소륵(疏勒) 119, 120
蘇利耶建帝 53, 55
蘇摩 185
蘇蜜 185
蘇悉地羯羅供養法 19, 63, 68, 72
소유의 여격 139
石蜜 185
쇠갈고리 149
修多羅 169, 171
수뜨라 169, 171
수랴깐따 53, 55
수랴마늬 53
수레 20, 28, 165, 168, 173
수바까라싱하 18
修辭 192
受歲經 19, 111
數珠 137, 148
修他羅 169
修妒路 169
輸波迦羅 18, 35
儴佉 129
순따-니빠따 169
순따-삐똬까 169
술구, 술기 173
술위 173
슈끌라-발라바자나 73
僧 18, 20, 109, 119, 139, 167, 172, 192
勝伽 129
施無畏 49
시바 29, 37, 49, 52, 55, 61, 77, 83, 85, 96, 97, 121, 123, 125, 133, 143, 171, 176, 189
施護 18, 135
神鬼 157
十方諸佛 107, 139, 179
슈끌라-발라바자나 73

ㅇ

아가마 137
아다르샤 77
아똬바까 대장이 부처님께 올리는 다라늬 글 닦는 것 19, 59
아띠꾸똬 18
아랫바다에서 부처온 부처님 이야기 20, 71, 156
아르한 65
阿摩洛迦 181

阿摩勒 181, 183
아마륵 181
阿末羅 181
아말라까 181, 183, 184
아모가바즈라 18
아모가빠샤 29
아므르따 77
아바따라 161
아바이바르따니야-짜끄라 173
아바이바르띠까-짜끄라 173
아발로끼따스바라 18
아발로끼떼슈바라 18
아베스타 41, 189, 193
阿毘跋致 173, 175
아유르베다 33, 36, 69, 73
阿惟越致 173
아이누(アイヌ) 36
阿地瞿多 18, 87
阿吒薄俱元帥大將上佛陀羅尼經修行儀軌 19, 59
阿含 137
악솨말라 137, 139
菴摩羅迦 181
菴摩洛迦 181
앙꾸샤 149, 151
앞선 슬기를 즐기는 이 18, 187
앞선 슬기를 지닌 이 18, 159
앞소리되기 36
야따노가가미(やたのかがみ) 101
야마라자 29
夜叉 83
楊(柳)枝 60, 69, 72, 124
양치 69
어질고 뛰어난 이 18, 79
얼차림의 토막 20, 108
엔닌(圓仁) 55
餘甘子 181
여덟 뱀의 임금 152
여러 부처 나라의 참된 글 20, 159
여섯 가지 보는 눈 188
여섯 스승들 188
如意珠 25, 28, 43
10 빠라미따 139
염라, 閻羅 29
閻浮 181, 183
염주(念珠) 137
英雄 63, 87
예티 60
오대진언 14, 15, 16, 23, 1~42진언, 197, 200
오롯한 슬기에 든 따라 님의 외는 길 20, 87
烏鉢羅 97, 105
五色雲 113, 115, 116
烏瑟膩沙 21, 177, 179, 180
五千五百佛名神呪除障滅罪經 18, 95
玉環 89, 107
올가미 19, 29, 31, 87, 88, 111, 155
嗢鉢羅 97
嗢瑟尼沙 177, 179
外道 43, 44, 188
요령 141, 192
龍 18, 23, 25, 159
龍歌 192
龍王 25, 151, 152
優鉢羅 96, 97, 99, 100, 124, 128
優缽羅 97
우슈늬샤, 우슈늬슈 177
욷빨라 93, 97, 99, 121
鬱鉢羅 97
움직이는 s 81
鉞斧 85
月長石 57
月精摩尼 57, 80, 88, 124
위없이 기댈 글 20, 179
乳耄羅婆 105
유삐데르 41
六師外道 188
六派哲學 188
의정(義淨) 55, 71, 91, 197
25,000 줄의 넘어선 앞선 슬기의 글 20, 104
이슈(까) 65
異音 20, 184
인드라 15, 29, 33, 41, 44, 49, 96, 99, 147, 188, 189
日本 16
一字奇特佛頂經 20, 135
日長石 53
一切經音義(K1063) 19, 111, 131, 179
一切經音義(K1498) 19, 119, 120, 127, 136
日精摩尼 53
일행(一行) 171

잇나무 69, 71
잇솔 69, 71

ㅈ

紫蓮華 105, 107, 108, 121
자리(jhārī) 77
자빠말라 137
慈賢 18, 79, 80
잔무늬거울 101
잘 이루게 이바지하는 길 20, 63
잘되고 힘센 이 18, 35, 39, 47, 48, 59, 63, 83, 143, 156, 159
잠부 181, 183
잠부나디 183
저거경성(沮渠京聲) 59
赤蓮 105, 108, 121
轉輪聖王 18, 37
旃陀羅摩尼 57, 59
절대의 처소격 40
頂髻尊 177
精紋鏡 101
正法念處經 19, 187
淨瓶 117
頂上佛 177
頂上化佛 36, 177
諸佛境界攝真實經 19, 159
제우스 41
조개 105, 107
조선어학회 16, 195, 201
尊勝佛頂脩瑜伽法軌儀 19, 159
졸본 16, 21
周敦義 20
竹林迦蘭陀園 111
中國 16
衆生 85, 165
中阿含經 18, 111
즈냐나굽따 18
支那泥舍 16
智慧 20, 23, 68, 101, 103
振多摩尼 25, 27
眞實/諦 85
執寶印普薩 145
짜끄라바르띤 18
짜빠 61
짠드라깐따 57
짠드라마늬 57, 59
찌나데샤 16
찐따마늬 25, 27, 28

ㅊ

車衣 173
참나 29, 145
참된 가르침을 떠올리는 곳의 글 20, 187
참된 가르침인 흰 연꽃의 글의 깊은 기림 20, 183
창(槍) 125
천 갈래 팔 23, 29, 189
천 개의 빛나는 눈으로 모두 다 보는 오롯한 슬기에 든 님의 숨긴 길의 글 20, 67, 75, 105, 107, 113, 115
千光眼觀自在菩薩祕密法經 20, 67, 108
天女 19, 43, 175, 187
天魔 43, 44
千臂 21, 23, 189, 192
千手 19, 23, 1~42 진언
千手觀音 29
瞻部 181, 183
瞻部那提 183
청동검 37
靑蓮華 97, 108
淸淨道論 19, 108
髑髏杖 133
觸瓶 117
摠攝千臂 189
추운 지옥 여덟 97
竺法護 18, 111
竺佛念 18, 167
齒木 69, 71
治禪病祕要法 18, 59
칫솔 69
車衣 173

ㅋ

카뜨방가 133, 135
칵카라 153, 155, 156
칼 20, 37, 39, 63, 67, 87, 88, 128
콧소리벗기 20, 32, 40, 44, 48, 64, 68, 76, 84, 88, 92, 96, 104, 140, 144, 148, 152, 160, 168, 172, 176, 180, 184, 192, 197
큰 가르침의 임금-곡두 다루기 20, 135
큰 공작새 만뜨라여왕의 글 20, 55
큰 넘어선 앞선 슬기를 넘어선 가리킴 20, 25, 65, 105, 129

큰 부처님 머리 위의 그렇게 오신 분의 빛 나는 우산 다라니 20, 191
큰 수레 20, 21, 28, 165
큰 수레를 푼 말씀 20, 165
큰 수레에서 나아갈 여섯 너머의 글 20, 28
큰 해님 그렇게 오신 분의 칼을 쥔 손짓 20, 63, 67
큰 해님 말씀의 넓은 의식 보기 20, 35
큰 해님 옹근 깨달음 말씀 풀이 20, 171
큰 해님 옹근 깨달음의 여러 가지 힘을 더 밝힌 글 20, 35, 39, 147
큰 해님 옹근 깨달음의 여러가지 힘을 더 밝힌 글을 모아 연꽃 바구니 바다에 담은 가여움이 생기는 동그라미의 두루 외는 이바지 방법 모음 20, 35
큰 해님 옹근 깨달음의 여러가지 힘을 더 밝힌 글의 연꽃 바구니에서 가여움이 생기는 동그라미의 두루 이루는 이바지 방법 모음 20, 147
큰 가르침의 임금-곡두 다루기 19, 135
큰 공작새 만뜨라여왕의 글 19, 55
큰 부처님 머리 위의 그렇게 오신 분의 빛 나는 우산 다라니 20, 191
큰 넘어선 앞선 슬기를 넘어선 가리킴 20, 25, 65, 105, 129

ㅌ

陀羅尼集經 19, 87
토르 41
튼 머리로 바퀴를 굴리는 딴뜨라 20, 135

ㅍ

波頭摩 121, 123
頗羅迦 81
波罗奈 187
婆去音羅輸 85, 87
波羅戍, 波羅輸 85
波囉輸 87
八大龍王 152
팔만대장경 16
八咫(の)鏡 101
팔찌 89
八寒地獄 97, 121
貝 129, 131, 132
蒲桃 181, 184

ㅎ

하나로 모두를 192
하리륵 183, 184
하얀 먼지떨이 73, 75
하얀 연꽃 93, 95
漢國 16
한글학회 16
合掌 157, 159
해골지팡이 133, 135
햇빛돌 53, 55
餉佉 129
현응(玄應) 111, 131, 179
현장(玄奘) 14
혜림(慧琳) 119, 127
護法 18, 135
護法善神 152
紅蓮 105, 108, 121
化宮殿 160, 165
化佛 161, 163
화살 63, 65, 67
활 61, 63, 67, 83
힉깔라 153

알파벧(로마/그리스/끼릴)-기본형 위주

a

abhaya 49, 51, 52
abhaya-da 49
abhaya-datta 49
abhijñā 135
ablativus absolutus 40
Acala 29
accha 63
ādarśa 101, 103
ādarśa-jñāna 101
adbhuta 139
āgama 18, 111, 137
agrottara 151
aham 115, 119
āhara 171
ā + √i- 68

ajñāna 37
ākara 107
akṣa 83, 137, 189
akṣamālā 137, 139, 140
āḷavaka 60, 88
āḷavika 60, 88
allophone 20, 184
āmalaka 181, 183
amanuṣya 40, 157
amata 185
abhaya 49, 51, 52
amoghapāśa 19, 29
amogha-pāśa-kalparāja-sūtra 19, 155
Amoghavajra 18, 27, 120, 159, 175, 197
amṛta 72, 143, 185
āmukta 71
anāpatti 139
añjali 157, 159, 160
aṅkuśa 149, 151, 152
anuttarāśraya sūtra 19, 179
arhat 65
asaṅga 85
asi-musala-vajra-paraśu-pāśa-hasta 87
asitotpala 105
aṣṭanāgarāja 152
āstika 185
āṭavaka 60, 88
āṭavi-ka 60
Atikūṭa 18, 87, 139,
ātman 17, 145
avaivartanīya-cakra 173
avaivartika-cakra 173
Avalokitasvara-Bodhisattva 1~42 진언
Avalokiteśvara 18, 28, 49, 191
avatāra 27, 43, 161, 189
Avesta 41
avidyā 29, 32
avivarta 173, 175
avivarti 175
āyācana 157
āyurveda 33, 69

b

bambaj(бамбай) 84
bāṇa/vāṇa 65
bandh- 99, 163
bandha 51, 71, 99
bhā 163
bhacakra 163
bhagavat 75
bhagavatoṣṇīṣa 177, 179
bhuṭa 𑖥𑖲𑖘 18, 21
bimba 101
bodhi(sattva) 1~42 진언, 189
Bodhiruci 18, 95, 99, 111, 123, 155, 163, 175
brahmā 144
brāhmaṇabhāṣā 14, 144
brāhmaṇāḥ 144
buddha 18, 25, 53, 95, 99, 107, 109, 161, 163
buddhānāṃ 35, 39
Buddhanāma sahasrapañca śatacatus tripañcadaśa sūtra 18, 95
buddha-nāma-sūtra 18, 95, 163
buddhanirmāṇa 161
Buddhasmṛti 18, 167, 175
buddha-sūrya 53
Buddhayaśas 18, 167
buddhoṣṇīṣa 177

c

cakra 173
cakravarti(n) 18, 19, 20, 21, 37, 116, 135
-cakṣas 189
-cakṣu 189
candra 55, 57, 163, 164
candrakānta 57
candramaṇi 57, 59
cāpa 61, 63, 67
carman 81
cāturvargīya-vinaya 19, 167
china 21, 184
cikitsāsthāna 72, 76
cīna-deśa 𑖓𑖱𑖡𑖟𑖸𑖫 16, 20
cintāmaṇi 25, 27, 28
circle 173
crystal ball 25
crystallum orbis 25
cycle 173
cakra 173

d/ḍ

Dānapāla 18, 135
dantakāṣṭha 69
darpaṇa 101
daśapāramitā 139
dativus possessivus 139
denasalization 19, 32, 197, 199
deva-māra 44
ḍhāla 81
dhanu 61, 63, 83
dhāraṇī-samuccaya 19, 87
dhārin 135, 136
dharma 18, 32, 39, 67, 75, 107, 109, 115, 183
Dharmapāla 18, 135, 152
Dharma-rakṣa 18, 111, 183

dhuna 135
dhūpi-kāya 55, 56
dhūpin 55
dhūta 117
dīpa 43
dīpaṃkara 99
dīpya 43
divya, divyā 43
-dos 189
-dṛś 101, 189
Druids 25
dur-āhā 15
durvijñeya 55
duṣṭa 191
Dānapāla 18, 135

e
ehyehi 67, 179

f
folk etymology 65

g
ga(m)bha 143
gaṇa 31, 111
gandha 95, 99, 108
Gaṇeśa 25
garbha 109, 123, 143
genitivus absolutus 40
ghaṇṭā 141
ghaṭa 77
ghaṭaka 91
ghṛṇa 163
ghṛṇi 163
godānīya 183
ga(m)bha 143

h
haṃ 51, 147
han- 71
hana 71
hari 127, 128
harītakī 184
has 135
-hasta 61, 145, 148, 189
havis 15
heruka 45, 61
hikkala 153, 156
hiraṇyagarbha 55
hṛ- 159, 171
hrī 159, 160
hūṃ 14, 15, 16, 27, 39, 40, 43, 47, 51, 52, 135

i
√i- 68, 127
Indra 44
IPA(International Phonetic Alphabet) 16, 1~42 진언, 195, 197, 200
iṣu(ka) 65
Īśvara 85, 189
Iupiter 41

j
jagamohana 75
jambu 181
jambūnadī 183
japamālā 137, 140
jaya 147
jhārī 77
√ji- 123
jñāna 101, 107
Jñānagupta 18, 95, 99, 123
jvalana 51
jvālinī 55, 56
jvalita 72, 87

k
kalaśa 77, 79
kamala 67, 68
kamalā 67
kamaṇḍalu 77
kāṇḍa 65
kaṅkaṇa 89
kara 151
karaṇḍa-venu-vana 111
karin 71, 111, 115
karma 29, 32, 108, 175
kārmuka 61
kaṣāya 140
Kaśmīra 111
kaṭaka 89, 91
κεραυνός 41
khaḍga 37, 39
khakkhara 153, 155, 156
khaṭvāṅga 133, 135
khaṭvāṅgabhṛt 133
kheṭa 81
kilikili(ta) 35, 36
kiṅkiṇi 141
kiri 31, 35, 36, 99
kirika 31, 99
kirikiri 35, 36
kleśa 61, 65
kokanada 105, 121, 108
koṭī 191

kriyā 17, 79, 123, 131
Kumārajīva 18, 25, 96, 197
kumbha 77
kuṇḍi(kā) 77, 117, 119
kunta 125, 127

l
Lakṣmī 77, 143
lalita-vistara 19, 21, 183
laṅkāpati 165
lapis philosophorum 25
-locana 189
locativus absolutus 40, 116
Lokativ 40

m
mā 111, 115, 119
madhu 143, 185
madhyadeśa 𑖦𑖠𑖿𑖧𑖟𑖸𑖫 16
madhyama āgama 18, 111
Mahāmāyūrī-vidyārājñī-sūtra 19, 55
mahāpadma 97, 121
Mahāprajñā-pāramitopadeśa 20, 25, 96
Mahāratnakūṭa-sūtra 19, 111
mahāsamaya 19, 21, 131
mahāsaukhya 63, 67
Mahāśrī 43
mahātantrarāja-māyākalpa 19, 135
mahā-vajra-cāpa 63, 67
mahāyakṣasenāpati 87
mahāyāna 20, 21, 28
Maheśvara 96
Maitreya-bhadra 18, 79
mām/māṃ 31, 51, 111, 115, 119
maṇḍala 77, 101, 103, 104, 163
maṇḍalaka 101, 103
maṇḍalīkaraṇa 163
māra 44, 45, 63, 67, 75, 76, 192
māyādṛḍṭi 140
Mayrhofer, Manfred 21, 68, 156, 204
Mjölnir 16, 41
mohaya 75
Monier-Williams, Monier 21, 40, 72, 84, 88, 116, 128, 152, 156, 160, 168, 188, 192, 204
moonstone 57
mudra 31
mudrā 31, 49, 145, 147, 157, 1~42 진언
mudrāmantra 1~42 진언
mudrikā 145
√muh- 75
-mukha 189, 198
mukuri 𑖦𑖲𑖎𑖲𑖨𑖰 17, 21

-mūrdha 189, 194

n
√nad- 83
nadaya 83
nāga 25, 152
nāgamaṇi 25
nāgarāja 25, 152
Nāgārjuna 18, 21, 25, 96
namaḥ 35, 95, 123, 139, 143
nāma-loka 133
√nad- 83
nadaya 83
nāga 25, 152
nāgamaṇi 25
nāgarāja 25, 152
Nāgārjuna 18, 20, 25, 96
namaḥ 11, 15, 63, 71, 99, 109, 116, 119, 123, 127
nāma-loka 109
namas 115, 116, 127
namaś 87
namo 63, 67, 87, 88, 99, 139, 152, 163, 175, 179
nartin 155
nāstika 109, 185
-nayana 189
-netra 189
nikāya 137
nīlotpala 97, 105, 107, 108, 121
nīluppala 97
nirjāta 40, 147, 148
nirjetṛ 148
nirmāṇabuddha 161
nirmāṇakāya 161
nṛt 155
nṛtā-pati 155, 156
nṛti 155, 156
nṛtya 155
nūpura 141
nartin 155

o
Oṃ ㄴ

p
-pād 189
-pāda 189
padma 18, 45, 51, 91, 93, 97, 105, 107, 108, 121, 123, 143, 144, 159
padma-añjali 159
padmapāṇi 143
padmin 75
padminī 75
Pāḷi 18, 169

pañca-rūpa-megha 113, 115
pañca-varṇa 113
pañcaviṃśatisāhasrikā-prajñāpāramitāsūtra 19, 104
paraśu 85, 87, 88
parimārjana 180
pars pro toto 192
paśa 63
pāsa 29
pāśa 29, 31, 87, 88, 111, 155
pātra 33, 35
patta 33
phala(ka) 81
phara(ka) 81
phaṭ 14, 15, 27, 31, 35, 39, 40, 43, 47, 51, 52, 71, 99, 103, 107, 127, 135, 155, 156, 163, 167, 179, 198
pināka 61
pra 55
pradīpta 47, 48, 87
Prajña Gautama 18, 159
Prajñā-tripiṭaka 20
Prajñāruci Gautama 18, 187
prārthanā 157
prasurū 163
priya 55, 63, 83,
pūji-ta 171
puṇḍarīka 19, 21, 93, 95, 96
punī-ta 171

r

ra/rā 111
rakṣa 18, 51, 103, 111, 183
raṃ 35, 36
√ram- 36
√raṭ- 115, 116
ratna 37, 65, 67, 87, 109, 111, 139, 145, 147, 175
ratnagarbha 109
ratnakaṇḍa 67
ratna-karaṇḍa(ka) 109
ratnamudrā 145
ratnamudrāhasta 145, 147
ratnatraya 87, 109, 139
rdo rje 41, 45
Ṛgveda 13
ῥητορική τέχνη 192
rose apple 181
rūpa-loka 133

s/ś/ṣ

ṣaḍ-darśana 188
Saddharma-smṛty-upasthāna-sūtra 19, 187
sādhaya 39
sahara 36
sahasra-bāhu 189
sahasra-bhuja 29, 189, 191
sahasra-hasta 189
sākṣi 107
śakti 125, 127
sam- √i- 127
Samādhisvara 18, 67, 75, 107, 115
samanta 35, 39, 55, 147, 179
samantabuddha 35, 39
ṣaḍ-darśana 188
samaya 19, 21, 79, 80, 127, 131, 132, 159
samayāgni 127, 128
saṃgha 172
Saṃghadeva 18, 111
śaṃ-kṛt 123
saṃskṛta 13, 18
śanameca 175
śaṇameca 175
śaṅkha 129, 131
śara 65
śaraṇam 140
sarasara 107
sarvatathāgata-tattva saṃgraha-sūtra 19, 135
sarva-vidyā-dhara 171
ṣaṭ-śāstārāḥ 188
sattvāḥ 109
satya 85
ścandra 63, 83, 87, 164
shaktism 141
siddhānta 35
siddhārtha 139
siddhi 59, 71, 139
siddhī-kṛt 59
-śiras 189
-śīrṣa 189, 191, 192
śīta-narakā aṣṭau 97, 121
Śiva 29, 85, 96
s-mobile 81
soma 77, 185
sphara 81, 83, 84
spharaka 81
√sṛ- 167
śrī 21, 43, 55, 56, 143, 175
śrībhadra 55, 56
śrī-mālinī 143
śriyā 143
suahā, su-āha 15
Śubhakarasiṃha 18, 35, 39, 47, 48, 59, 63, 83, 143, 159
śukla-vālavyajana 73, 75
sunstone 53
surū 187
surūya 187
sūryakānta 53, 55

sūryamaṇi 53
susiddhi 59, 71
susiddhikari 71
su-siddhī-kṛt 59
Suśrutasaṃhitā 72, 76
sūtra 18, 19, 20, 21, 28, 55, 93, 95, 104, 111, 116, 135, 155, 163, 169, 175, 179, 187, 197
sutta-nipāta 169, 180
sutta-piṭaka 169
sva-dhā, sva-gā 15
svāhā 14, 15, 27, 35, 43, 47, 48, 55, 56, 59, 63, 67, 75, 79, 83, 87, 91, 95, 107, 115, 123, 131, 139, 143, 147, 151, 152, 171, 175, 179, 183, 187, 191
syzygium jambos 181

t/ṭ
ṭa 115, 116, 119, 194
tadyathā 56, 87, 191, 192
tantra 19, 20, 21, 25, 135, 144
tathāgata 18, 19, 39, 40, 99, 109, 135, 172, 192
tathāgatoṣṇīṣa 177, 179
te … ye 71
teja 39
tejinī 183
thanka 125, 128
Thor 41
tīrthika 44
tonitrus 41
triratna 145
tu 39
ṭa 115, 116, 119, 194

u
ugra-daṃṣṭra 87, 88
ūhanīya 191
uppala 97
uṣṇīṣa 19, 20, 35, 135, 177,
uṣṇīṣa-cakravarti-tantra 20, 135
uṣṇīṣavijayā 21, 180
utpala 93, 97, 99, 105, 121
uttara 151

v
-vadana 189
vajira 27
vajra 27, 31, 35, 41, 43, 45, 47, 51, 63, 67, 71, 75, 83, 87, 96, 99, 103, 107, 111, 115, 119, 135, 143, 147, 151, 159, 180, 198
vajra-aṅkuśa 151
vajrabandha 71
vajrabhṛt 99
Vajrabodhi 18, 51, 87, 151, 168
vajra-ghanta 143
vajrāgni 47, 48, 128
vajrājita 147
vajrākara 107
vajra-karin 115
vajrakīla 45, 47, 48
vajra-maṇḍala 103
vajra-nāya 51
vajrāṅga 179, 180
vajrāṅgī 179, 180
vajrānīta 147
vajrāñjali 159
vajra-pāṇi 87
vajra-pāśa 111
vajrasattva 18, 45
vajraśekhara 119
vajravāṇa 63, 67
vajrāvatāra 15, 27, 197
vajravīra 95
vajrin 179
vaktra 189
valaya 89
Vārāṇasī 187
vārita 71
vāsanā 29
vazra 41
vidyā 19, 25, 29, 55, 79, 115, 171, 172, 192
vijaya 139
vijjā 25, 28
vimāna 165, 168
vimukti 40, 75
vinitoda 39
vīra 63, 87, 95
visara 167
viṣaya 151
Viṣṇu 14, 25
visphuraṇa 103
visuddhi-magga 19, 108
vivarti 175
Vowel fonting 36
vyāḍa 40
vyākaraṇa 21, 175, 180

y
yajña 15
yakṣa 60, 63, 83, 87, 88
Yamarāja 29
yathā 56, 87, 108, 191, 192

z
Ζεύς 41

글쓴이: 윤명구

인천에서 태어남.

부산성지국민학교 졸업.

부산중앙중학교 졸업.

부산가야고등학교 졸업.

한국외국어대학교 독일어과 졸업. 학사.

한일시멘트주식회사 외자담당.

독일 뷔어츠부억 대학교 비교인도유럽언어학 졸업. 석사
(Julius-Maximilians-Universität Würzburg,
M.A. Vergleichende Indogermanische Sprachwissenschaft)

현재 한국의 언어와 역사 및 불교 오대진언에 대해 연구 및 집필

부처님의 당부

부처님께서 원래 상스끄르따(*saṃskṛta*)를 깨우침의 틀로 쓰지 말라고 하셨던 말씀이 빠알리 율장(*Vinayapiṭaka*)에는 남아 있다.

“***na, bhikkhave, buddhavacanaṃ chandaso āropetabbaṃ. Yo āropeyya, āpatti dukkaṭassa. anujānāmi, bhikkhave, sakāya niruttiyā buddhavacanaṃ pariyāpuṇitun*”***ti.***

‘비구들아, 깨달음의 말을 베다의 말(씨)로 하지 말며,
그대들 말로 깨달음의 말씀을 배울 것을 허락하노라.’

부처님은 그때 벌써 베다를 배워 알던 이들(*brāhmaṇāḥ*)의 혹세무민하는 권위와 허세를 경계하셨다. 더 나아가 깨달음(*buddha*)의 길로 나아가는 이들에게도 이를 삼가길 바라셨던 듯하다. 실제 부처님께서 걱정하신 대로 그 배웠다는 제자들은 옛 버릇을 버리지 못한 채 상스끄르따를 끌어들여 자신들의 말이란 뜻으로 범어(梵語, *brāhmaṇabhāṣā*)라고 불렀다.

이 따끔한 부처님의 말씀을 새기지 않고 다라니나 만뜨라만 읊는다면 부처님께서 그리 말라 하셨던 허상과 무지를 깨뜨리지 못하고 오히려 따르는 상황이 펼쳐질 뿐이 아닐까 싶어 저어된다.

누리를 살피며 오롯한 슬기에 든 님의 마흔 둘 손만뜨라

2023년 10월 3일 초판 1쇄 인쇄
2023년 10월 9일 초판 1쇄 발행

옮긴이 윤명구
펴낸이 정창진
펴낸곳 여래
출판등록 제2022-000003호
주소 서울시 종로구 인사동11길 16, 403호(관훈동)
전화번호 (02)871-0213
전송 0504-170-3297

ISBN 979-11-90825-23-8 93220
Email yoerai@hanmail.net
blog naver.com/yoerai

값은 뒤표지에 있습니다.

※ 저자와의 협의에 따라 인지를 생략합니다.
※ 잘못된 책은 구입하신 서점에서 바꿔드립니다.
※ 이 책의 저작권은 저자에게 있습니다. 서면에 의한 저자의 허락 없이 내용의 일부를 인용하거나 발췌하는 것을 금합니다.